Industriebetriebslehre

Von
Dr. Karl-Werner Hansmann
o. Professor für Betriebswirtschaftslehre
und Industriebetriebslehre, Hamburg

R. Oldenbourg Verlag München Wien

CIP-Kurztitelaufnahme der Deutschen Bibliothek

Hansmann, Karl-Werner:
Industriebetriebslehre / von Karl Werner
Hansmann. – München ; Wien : Oldenbourg,
1984.
ISBN 3-486-28831-8

Gesamtherstellung: R. Oldenbourg Graphische Betriebe GmbH, München

ISBN 3-486-28831-8

Inhaltsverzeichnis

Vorwort

Die Erkenntnisse und Methoden der Industriebetriebslehre sind Gegenstand einer Reihe von Lehrbüchern der betriebswirtschaftlichen Literatur. Es bedarf daher einer Begründung, warum dieser Literaturbestand durch das vorliegende Buch noch vermehrt werden soll.

Der erste Grund liegt in der Konzeption des vorliegenden Lehrbuchs. Die Industriebetriebslehre wird hier als entscheidungsorientierte Betriebswirtschaftslehre des strategischen Managements (Auswahl der Produktfelder und Produktionsverfahren) und des operativen Managements (Personalwesen, Produktionsplanung und Produktionsvollzug) aufgefaßt. Daraus ergibt sich, daß den strategischen Marktproblemen wie z.B. der Prognose des Gewinnpotentials von Produktfeldern oder der Produktinnovation ein größerer Raum gewidmet wird als in traditionellen Lehrbüchern. Die Industriebetriebslehre ist also nicht nur „Produktionswirtschaft", sondern muß in ausgewogener Weise die „Absatzwirtschaft" mit einbeziehen.

Der zweite Grund zur Abfassung dieses Lehrbuchs berührt die Planungsmethoden der Industriebetriebslehre. Aufbauend auf einer eigenen empirischen Untersuchung, die eine geringe Anwendung der anspruchsvollen mathematischen Optimierungsmethoden in der Praxis aufdeckte, habe ich versucht, den Leser vorzugsweise mit praxisnahen heuristischen Verfahren vertraut zu machen, ohne jedoch die exakten Optimierungsverfahren über Gebühr zu vernachlässigen. Wo immer möglich, werden die quantitativen Verfahren anschaulich eingeführt und an Beispielen aus der Unternehmenspraxis erläutert. Ich sehe in dieser verstärkten Anwendung heuristischer Methoden eine Möglichkeit, die Kluft zwischen betriebswirtschaftlicher Theorie und praktischer Unternehmensführung etwas zu verringern.

Das Buch ist aus industriebetrieblichen Vorlesungen entstanden, die ich in den letzten drei Studienjahren an der Hochschule der Bundeswehr Hamburg gehalten habe. Der Inhalt des Buches entspricht etwa dem Lehrstoff einer sich über drei Semester erstreckenden zweistündigen Lehrveranstaltung und enthält das Wissen, das ein Student der Industriebetriebslehre in der Diplomhauptprüfung wirklich parat haben sollte. Soweit in diesem Rahmen möglich, ist das von der „Fachkommission für Ausbildungsfragen im Bereich der Industriellen Produktionswirtschaft" der Schmalenbach-Gesellschaft erarbeitete Anforderungsprofil berücksichtigt worden. Die Bereiche Rechnungswesen, Produktions- und Kostentheorie und Investitionsplanung bleiben außerhalb der Betrachtung, da sie in den meisten Lehrplänen der Allgemeinen Betriebswirtschaftslehre (z.T. abgedeckt im Grundstudium) zugeordnet werden und demzufolge für das vorliegende Lehrbuch vorauszusetzen sind. Damit kann die Zielgruppe des Buches definiert werden: Adressaten sind in erster Linie Studenten der Wirtschaftswissenschaften im Hauptstudium mit der Ausrichtung Industriebetriebslehre oder Industrielle Produktionswirtschaft. Darüber hinaus wendet sich das Buch auch an Praktiker, die ihr industriebetriebliches Wissen „auffrischen" und auf den neusten Stand bringen wollen.

Mein herzlicher Dank gilt meinen Mitarbeitern am Institut für Industriebetriebsforschung der Hochschule der Bundeswehr Hamburg, den Herren Dipl.-Kfm. Gunter Paetow, Dipl.-Kfm. Andreas Roggon und Dipl.-Kfm. Wolfgang

Zetsche, die mich bei der Abfassung dieses Buches maßgeblich unterstützt haben, insbesondere bei den Anwendungsbeispielen, der Software für die Planungsverfahren und den Zeichnungen.

Darüber hinaus sind viele ihrer kritischen Anmerkungen in den endgültigen Text eingeflossen.

Ganz besonders danke ich Frau Elfriede Walsemann; ihr ist es mit bewundernswertem Einsatz gelungen, in extrem kurzer Zeit aus vielen einzelnen Manuskriptteilen eine druckfertige Reinschrift zu erstellen.

Schließlich gilt mein Dank dem Oldenbourg Verlag für die wohlwollende Zusammenarbeit, sowie für die großzügige Ausgestaltung und rasche Drucklegung des Buches.

Karl-Werner Hansmann

1. Kapitel: Der Industriebetrieb

A. Merkmale des Industriebetriebs

I. Herkunft des Begriffs

riebetrieb verkörpert eine der wichtigsten Institutionen von modernen chaften. In der Bundesrepublik Deutschland entfiel **1980 52,2%** des satzes der Wirtschaft auf Industriebetriebe und über **43,3%** des Brut-rodukts wurde im industriellen Sektor erzeugt (Stat. Jahrbuch **1983**). nd Funktionsweise des Industriebetriebs sichtbar zu machen und einer en betriebswirtschaftlichen Analyse zu unterziehen, ist Gegenstand rbuchs. Dazu müssen zunächst die charakterisierenden Merkmale des etriebs herausgearbeitet werden.

nem **Betrieb** wird eine Wirtschaftseinheit verstanden, in der die Pro-ktoren menschliche Arbeit, Betriebsmittel und Werkstoffe vom dispo-ktor (Geschäftsleitung) planvoll mit dem Ziel kombiniert werden, zu produzieren und/oder Dienstleistungen bereitzustellen.

solcher Betrieb dem erwerbswirtschaftlichen Prinzip (Gewinnerzie-kann er autonom handeln, so bezeichnen wir ihn in Anlehnung an (Gu-76, S. 510) als **Unternehmung**.

ge der Industriebetriebe (bzw. Industrieunternehmungen) ist eine be-definierende Teilmenge von allen Betrieben (bzw. Unternehmun-Charakterisierung gehen wir von der etymologischen Bedeutung des dustrie" aus.

urzel ist das lateinische Wort industria = Fleiß, Betriebsamkeit, des-ung später beim Übergang in die französische Sprache auf „Gewerbe-engt wurde. Seit dem 18. Jahrhundert ist der Begriff allgemein auf das erbe" mit maschineller Ausstattung und vielen Beschäftigten ange-rden.

dieser etymologische Definitionsansatz bereits eine grobe Orientie-für den heutigen Bedeutungsinhalt des Begriffs „Industriebetrieb" lie-int eine weitere Präzisierung zweckmäßig.

itigsten Merkmale eines Industriebetriebs können folgendermaßen werden:

ebetrieb (traditionelle steuerliche Abgrenzung zur Landwirtschaft)
ng von Sachgütern
schender Einsatz von Maschinen
ende Arbeitsteilung und Spezialisierung der Beschäftigten
er Produktion auf großen (z.T. anonymen) Märkten

letzten Merkmale können leider nur mit unscharfen Begriffen (vor-, weitgehend, groß) beschrieben werden, was die konkrete Abgren-sondere zu Handwerksbetrieben, erschwert. Bevor hierauf näher ein-wird, seien die aufgeführten Merkmale zu einer endgültigen Definition gefaßt.

Teil I:
Grundtatbestände der Ind

Der Indu
Volkswir
Gesamtu
toinlands
Struktur
eingehen
dieses Le
Industrie

Unter
duktionsf
sitiven F
Sachgüte

Folgt e
lung) und
tenberg 1

Die Me
sonders z
gen). Zu
Wortes „

Seine V
sen Bede
fleiß" ein
„Großgev
wendet w

Obwoh
rungshilfe
fert, ersch

Die wi
formulier

- Gewer
- Erzeug
- Vorher
- Weitge
- Absatz

Die dre
herrschen
zung, insb
gegangen
zusamme

Ein **Industriebetrieb** ist ein Betrieb, der gewerblich unter maßgeblichem Einsatz von Maschinen nach dem Prinzip der Arbeitsteilung Sachgüter erzeugt und auf großen Märkten absetzt.

Die Produktion der Sachgüter kann auf drei Arten erfolgen:

- Gewinnung von Stoffen (z.B. Bergbau)
- Bearbeitung von Stoffen (z.B. Stahlindustrie)
- Verarbeitung von Stoffen (z.B. Chemische Industrie)

II. Abgrenzung des Industriebetriebs vom Handwerksbetrieb

Die Schwierigkeiten in der Abgrenzung dieser beiden Produktionswirtschaften liegen in der Tatsache begründet, daß die Industrie historisch aus dem Handwerk hervorgegangen ist und somit viele Merkmale übereinstimmen.

Auch Handwerksbetriebe setzen heute Maschinen zur Produktion ein und sind z.T. arbeitsteilig organisiert. Doch sind diese Merkmale wesentlich weniger ausgeprägt als bei Industriebetrieben.

Die Arbeitsteilung ist im Handwerk schon dadurch eingeschränkt, daß Meister und Gesellen den Produktionsablauf im ganzen überblicken und auch an jeder Stelle prinzipiell eingesetzt werden können. In der industriellen Fertigung hat sich demgegenüber schon früh infolge des komplizierteren und umfangreicheren Produktionsablaufs die weitgehende Spezialisierung und Arbeitsteilung durchgesetzt, die in der Fließbandarbeit ihre vorläufige größte Steigerung erreicht hat.

Der Unterschied zwischen Industrie- und Handwerksbetrieben bei der Verwendung von Maschinen liegt vor allem darin, daß im Handwerk die Handarbeit mit einfachen Universalmaschinen (z.B. Bohrmaschinen) unterstützt wird, während in den meisten Industriebetrieben neben Universalmaschinen vor allem Spezialmaschinen (z.B. Druckwerke) verwendet werden, hinter denen die menschliche Arbeit weit zurücktritt und häufig nur noch in einer Überwachungsfunktion besteht.

Ein weiteres unterscheidendes Merkmal ist der geringere Kapitaleinsatz bei Handwerksbetrieben, der sich in niedrigeren fixen Produktionskosten und größerer Flexibilität bei Beschäftigungsschwankungen niederschlägt.

Die Gesamtheit dieser Merkmale dürfte ausreichen, um einen konkreten Betrieb unter betriebswirtschaftlichen Gesichtspunkten mit hinreichender Genauigkeit als Industriebetrieb klassifizieren zu können.

III. Stellung des Industriebetriebs innerhalb der Wirtschaft

Die relative Bedeutung der Industriebetriebe für die Gesamtwirtschaft läßt sich aus ihren Beiträgen zum Bruttoinlandsprodukt herleiten. In der folgenden Tab. 1 sind die Beiträge aller volkswirtschaftlichen Sektoren für die Jahre 1960 und 1980 zum Vergleich gegenübergestellt.

Tabelle 1 läßt erkennen, daß die Industrie den größten Beitrag zum Bruttoinlandsprodukt leistet, im Wachstum aber deutlich vom Dienstleistungssektor und vom Staat übertroffen wird. Die Bedeutung der Industrie als Wirtschaftssektor nimmt somit ab. Diese Tendenz wird sich auch in Zukunft fortsetzen und markiert deutlich den Übergang von der industriellen zur postindustriellen Gesellschaft mit wachsendem Staatsanteil, der bei allen führenden Industrieländern der westlichen Welt zu beobachten ist. Die gesamtwirtschaftliche Nachfrage verlagert sich von den Sachgütern, wo bereits Sättigungserscheinungen auftreten, immer mehr zu den Dienstleistungen, die von der Privatwirtschaft und vom Staat angeboten werden.

Tab. 1 Beitrag der Wirtschaftsbereiche zum Bruttoinlandsprodukt der BRD in Mrd DM

Sektor	1960	1980	Zuwachs (%)	Anteil (%) 1980
Land-/Forstwirtschaft	17,4	30,5	75,3	2,5
Industrie	125,4	497,2	296,5	40,5
Handwerk	35,9	143,3	299,2	11,7
Handel u. Verkehr	55,2	228,2	313,4	18,6
Dienstleistungen	41,4	327,5	691,1	26,7
Unternehmen zus. (unbereinigt)	275,3	1226,7	345,6	100,0
Unternehmen zus. (bereinigt)	270,7	1172,2	333,0	
Staat	21,9	172,1	685,8	
Private Haushalte	4,5	27,0	500,0	
Bruttowertschöpfung	297,1	1371,3	361,6	
+ nichtabzugsf. Umsatzst.	–	96,2	–	
+ Einfuhrabgaben	5,7	13,5	136,8	
= Bruttoinlandsprodukt	302,8	1481,0	389,1	

Quelle: Statistische Jahrbücher der Bundesrepublik Deutschland 1963, 1983

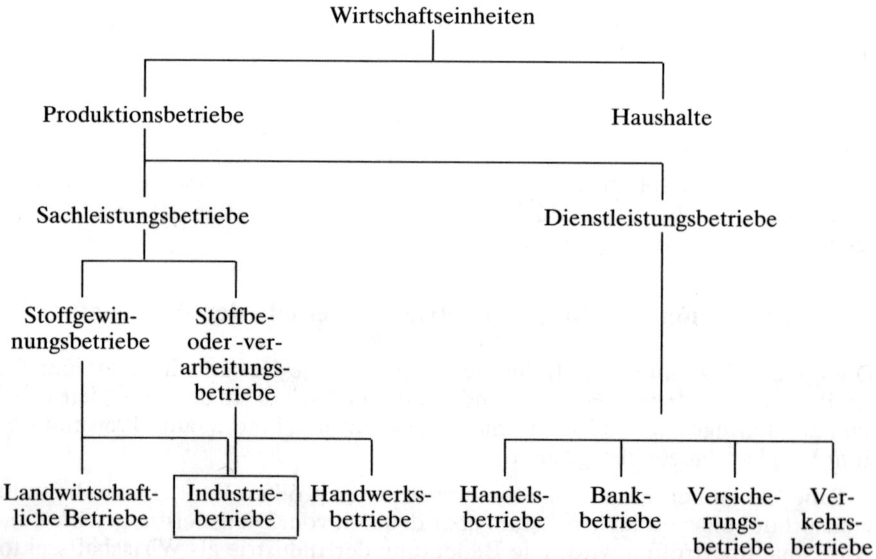

Abb. 1 Strukturdiagramm zur Stellung der Industrie innerhalb des gesamtwirtschaftlichen Produktions- und Konsumsystems

Die Stellung der Industrie innerhalb des gesamtwirtschaftlichen Produktions- und Konsumsystems kann durch ein Strukturdiagramm übersichtlich dargestellt werden, das in Abb. 1 wiedergegeben ist (vgl. Reisch 1979, S. 15). Man erkennt, daß die landwirtschaftlichen und die Handwerksbetriebe den Industriebetrieben im Hinblick auf den Produktionsprozeß am nächsten verwandt sind (Sachleistungsbetriebe) und nur durch die zusätzlichen Merkmale unserer Definition (S. 3) abgegrenzt werden können.

B. Industriebetriebs-Typen

I. Die Typologie von E. Schäfer

Nachdem die industriellen Merkmale entwickelt worden sind, sollen nun die Industriebetriebe einer näheren Betrachtung unterzogen werden. Hierbei stellt man zunächst fest, daß das Erscheinungsbild der heutigen Industriebetriebe außerordentlich vielfältig ist. Über die Definitionsmerkmale hinaus lassen sich kaum Gemeinsamkeiten aller Industriebetriebe finden. Vom Produktionsprogramm über die Produktionsverfahren bis hin zur Materialdisposition erstreckt sich eine erhebliche Variationsbreite, wenn man z.B. einen Möbelhersteller mit einer chemischen Fabrik vergleicht.

Für die Industriebetriebslehre als angewandte Wissenschaft ergibt sich aus dieser Heterogenität ihres Erkenntnisobjektes eine ernstzunehmende Schwierigkeit:

Es ist kaum möglich, Erkenntnisse wissenschaftlich zu gewinnen, die auf alle Industriebetriebe anwendbar sind, geschweige denn eine Theorie der Industriebetriebe zu entwickeln.

Ein Ausweg aus dieser Situation ist der Versuch, homogene Klassen von Industriebetrieben zu bilden, die ähnliche Eigenschaften aufweisen und für die man theoretische oder empirische Erkenntnisse ableiten kann.

Eine solche Klassenbildung wird z.B. durch die Betriebstypologie von Erich Schäfer (1978) erzeugt. Zur Charakterisierung seiner Industriebetriebstypen verwendet er drei Arten von Merkmalen

- allgemeine Merkmale der technisch-ökonomischen Struktur,
- Merkmale der Anlagenwirtschaft (Fertigungsaufbau),
- Merkmale des Fertigungsablaufs,

die im folgenden etwas eingehender dargestellt werden sollen. Schäfer verwendet acht allgemeine Merkmale der technisch-ökonomischen Struktur.

1. Stellung des Industriebetriebs in der Gesamtwirtschaft
   Die Einteilung erfolgt (etwas verkürzt) in **naturnahe** Industriezweige (z.B. Bergbau, Erdölgewinnung), **mittlere** Industriezweige (Maschinenbau, Werkzeugindustrie) und **konsumnahe** Branchen (elektrische Haushaltsgeräte, Möbel usw.).
2. Art der Stoffverwertung
   Die Gruppierung erfolgt hier durch Unterscheiden zwischen **analytischer** Stoffverwertung (Ölraffinerie, Sägewerk), **synthetischer** Stoffverwertung

(Maschinenbau, Fahrzeugbau) und **veredelnder** bzw. **verformender** Stoffverwertung (Walzwerk, Nagelfabrik).

3. Vorherrschende Technologie

   Ein Teil der Industriebetriebe wendet in erster Linie **mechanische** Technologie an (z.B. Textil-, Elektro-, Möbelindustrie), der andere Teil vorherrschend die **chemische** Technologie (Farben-, Kunststoff-, Waschmittelindustrie).

4. Verwirklichung des Massenprinzips

   Die hauptsächlichen Ausprägungen dieses Merkmals sind **Massenfertigung** (Elektrizitäts-, Aluminiumwerk), **Serienfertigung** (Unterhaltungselektronik, Schuhindustrie) und **Einzelfertigung** (Bauindustrie, Schiffbau).

5. Absatz- und Marktbeziehungen

   Hier reicht die Variationsbreite von der Produktion auf **Bestellung** über verschiedene Formen der **Vordisposition** bis zur Produktion **„auf Verdacht"** für den anonymen Markt.

6. Grad und Richtung der Spezialisierung

   Die Richtung der Spezialisierung kann **materialgebunden** (Glaswaren, Gummi), **verfahrensgebunden** (Gießerei, Färberei) oder **bedarfsgebunden** (Baumaschinen) sein.

7. Vermögens- und Kostenstruktur

   Hier unterscheidet Schäfer u.a. anlagen-, lohnkosten-, materialkosten-, energiekosten- und abschreibungsintensive Betriebe.

8. Betriebsgröße

   Dieses Merkmal weist besondere Abgrenzungsschwierigkeiten auf, die in erster Linie die Ausprägungen (kleine, mittlere, große Betriebe) betreffen. Aber auch die zugrunde zu legende Maßgröße ist umstritten, denn man kann **nicht allgemein** festlegen, welche der möglichen Maßgrößen Umsatz, Lohnsumme, Kapazität, Anzahl der Beschäftigten usw. zur Messung der Betriebsgröße am geeignetsten ist.

Zu diesen allgemeinen Merkmalen treten nun bei Schäfer noch die Merkmale des Fertigungsaufbaus (z.B. Standort, Art der Produktionsanlagen, Organisationsform der Fertigung) sowie die Merkmale des Fertigungsablaufs (zeitlicher und räumlicher Produktionsablauf) hinzu. Diese Merkmale werden in den Teilen II. und III. näher analysiert.

Die Typologie von Schäfer vermittelt einen Eindruck von der Vielfalt möglicher Klasseneinteilungen der Industriebetriebe. Da die meisten Ausprägungen der verschiedenen Merkmale miteinander kombiniert werden können, entsteht die Gefahr, daß zu viele Typen konstruiert werden, die Einteilung unübersichtlich wird und für die praktische Anwendung nicht mehr geeignet ist.

Schäfer versucht, die Übersichtlichkeit dadurch zu wahren, daß er in einem typisch heuristischen Vorgehen durch „ständiges Hin und Her von empirisch beobachtender Erfassung industrieller Tatbestände einerseits und gedanklicher Einordnung andererseits" (Schäfer 1978, S. 331) acht Typen von Industriebetrieben herausarbeitet. Da dieses Vorgehen eine Reihe subjektiver Elemente enthält, werden wir im nächsten Abschnitt – aufbauend auf Schäfers Merkmalen – mit Hilfe einer empirischen Untersuchung und den Methoden der Clusteranalyse eine eigene Industrietypologie entwickeln.

II. Entwicklung von Industriebetriebstypen mit Hilfe der Clusteranalyse

Die nachstehende Typologie ist das Ergebnis einer unter Betreuung des Verfassers am Institut für Industriebetriebsforschung der Hochschule der Bundeswehr Hamburg verfaßten Diplomarbeit von H. D. Schöneberg (1982). Sie beruht auf einer repräsentativen Befragung von Industriebetrieben über die Ausprägungen von ausgewählten Typisierungsmerkmalen und verwendet die Clusteranalyse (vgl. z.B. Steinhausen/Langer 1977) zur Klassifikation der Betriebe. Aus den charakteristischen Eigenschaften jeder Klasse wird anschließend eine Typologie abgeleitet.

Folgende Merkmale führten zu einer zufriedenstellenden und stabilen Klassifikation der befragten Industriebetriebe:

- die allgemeinen Merkmale Schäfers außer den Merkmalen 1 und 6, wobei die Betriebsgröße durch Umsatz und Anzahl der Beschäftigten gemessen wurde,
- Organisationsform der Fertigung (Werkstatt-, Reihen-, Fließfertigung),
- Lohnform (Akkord-, Zeit-, Prämienlohn),
- Absatzweg (Direkt an Endabnehmer, Großhandel, Einzelhandel).

Außer dem Merkmal Betriebsgröße sind alle übrigen Merkmale nominalskaliert, so daß als Ähnlichkeitsmaß der Betriebe der Tanimoto-Koeffizient (Schuchard-Ficher 1980, S. 110ff) für binär codierte Merkmalsausprägungen anwendbar ist. Für zwei beliebige Industriebetriebe i und j hat der Tanimoto-Koeffizient folgende Gestalt:

$$T_{ij} = \frac{a}{a+b+c}$$

Dabei gilt

a = Anzahl der Merkmalsausprägungen, die bei beiden Betrieben vorhanden sind;

b = Anzahl der Merkmalsausprägungen, die nur Betrieb i aufweist;

c = Anzahl der Merkmalsausprägungen, die nur bei Betrieb j vorhanden sind.

Der Koeffizient kann zwischen 0 und 1 variieren und nimmt seinen größten Wert an, wenn keine verschiedenen Merkmalsausprägungen bei beiden Betrieben vorhanden sind ($b = c = 0$). Er wird Null, wenn es keine gemeinsamen Merkmalsausprägungen gibt. Daraus zieht man die Schlußfolgerung: Zwei Betriebe sind um so ähnlicher, je größer ihr Tanimoto-Koeffizient ist. Dies zeigt auch ein – einfach gewähltes – **Beispiel** mit den drei letzten Merkmalen (s.o.). Tab. 2 gibt für drei Betriebe an, ob die jeweiligen Merkmale vorhanden sind (1) oder nicht (0).

Tab. 2

	Betrieb I	Betrieb II	Betrieb III
Werkstattfertigung	1	1	0
Reihenfertigung	0	0	0
Fließfertigung	0	0	1
Akkordlohn	0	0	0
Zeitlohn	1	1	1
Prämienlohn	1	0	0
Absatz an Endabnehmer	0	0	0
Absatz an Großhandel	1	1	1
Absatz an Einzelhandel	0	0	1

Die Tanimoto-Koeffizienten für die drei Betriebspaare lauten:

$$T_{I,II} = \frac{3}{3+1+0} = 0{,}75 \quad T_{I,III} = \frac{2}{2+2+2} = 0{,}33 \quad T_{II,III} = \frac{2}{2+1+2} = 0{,}40$$

Die Betriebe I und II sind sich also ähnlicher als z.B. II und III.

Auf der Grundlage dieser durch den Tanimoto-Koeffizienten gemessenen Ähnlichkeiten werden die Industriebetriebe mit einem hierarchischen und einem anschließenden partitionierenden Cluster-Algorithmus in sieben Klassen eingeteilt. Die Analyse der gemeinsamen charakteristischen Eigenschaften der verschiedenen Klassenmitglieder erlaubt eine Typologie der Industriebetriebe, die für die weitere Konzeption dieses Lehrbuchs brauchbar ist.

Ergänzend zur verbalen Beschreibung der wichtigsten Eigenschaften wird für jeden Typ auch der Schwerpunkt der Branchen- und Industriegruppenzugehörigkeit im Sinne der amtlichen Statistik (vgl. Stat. Jahrbuch 1982, S. 167) angegeben. Die verbalen Charakterisierungen der Klassen gelten natürlich nur mehrheitlich und nicht immer für jeden einzelnen Betrieb der Klasse.

Klasse 1
Bau- und Baustoffindustrie (vorwiegend)
Die Klasse enthält hauptsächlich Betriebe mit lohnkostenintensiver Baustellenfertigung, mechanischer Technologie, zusammenfügender Stoffverwertung und mittlerer Betriebsgröße. Es wird in Einzelfertigung auf Bestellung produziert und direkt an den Endverbraucher abgesetzt.

Klasse 2
Grundstoff- und Produktionsgüterindustrie (insbesondere Mineralölverarbeitung)
Die Großbetriebe produzieren mit Zwangslauffertigung, chemischer Technologie und analytischer Stoffverwertung in Sortenfertigung Produkte, die vorwiegend über den Handel vertrieben werden.

Klasse 3
Investitionsgüterindustrie (insbesondere Stahlverarbeitung und Elektroindustrie)
Mechanische Technologie und synthetische Stoffverwertung sind die Grundlagen der Produktion, die in Werkstattfertigung auf Bestellung direkt für den Endabnehmer durchgeführt wird. Einzelfertigung ist mit Serienfertigung kombiniert.

Klasse 4
Investitionsgüterindustrie (vorwiegend Maschinenbau)
Die Betriebe produzieren materialkostenintensive Produkte mit mechanischer Technologie und synthetischer Stoffverwertung, vorwiegend in Reihenfertigung. Die Serienproduktion erfolgt auf Bestellung und wird direkt an den Endabnehmer abgesetzt.

Klasse 5
Verbrauchsgüterindustrie (insbesondere chemische Industrie)
Die Betriebe produzieren materialkostenintensive Produkte mit chemischer Technologie und synthetischer Stoffverwertung in Fließ- bzw. Zwangslauffertigung. Die Massen- oder Sortenproduktion erfolgt für den anonymen Markt und wird über den Großhandel abgesetzt.

Klasse 6
Verbrauchsgüterindustrie (insbesondere Nahrungs- und Genußmittel)
Die Betriebe produzieren mit mechanischer Technologie und veredelnder Stoffverwertung in Fließfertigung Produkte für den anonymen Markt, die über den Handel vertrieben werden. Es herrscht die Sortenfertigung vor.

Klasse 7
Verbrauchsgüterindustrie (insbesondere Druck-, graphische und Eisen-/Bundmetallindustrie)
Die Betriebe veredeln Stoffe mit mechanischer Technologie in Werkstattfertigung. Die Produktion ist lohnintensiv und erfolgt auf Bestellung in Einzel- bzw. Serienfertigung und wird zumeist direkt an den Endabnehmer verkauft.

Mit diesen sieben Klassen und den angegebenen charakteristischen Merkmalen läßt sich eine befriedigende Einteilung der Industriebetriebe erreichen, die allerdings keine Ideallösung darstellt, da sie auf vielen unscharfen Begriffen wie „vorwiegend Werkstattfertigung" oder „hauptsächlich Produktion auf Bestellung" beruht. Diese Unschärfe ist jedoch bei keiner Klassifikation einer heterogenen Grundmenge ganz zu vermeiden.

Als Konsequenz für das vorliegende Lehrbuch Industriebetriebslehre ergibt sich aus der empirischen Untersuchung und der erarbeiteten Typologie das folgende Vorgehen:

Da die Merkmale Technologie, Art der Stoffverwertung, Verwirklichung des Massenprinzips und Organisationsform der Fertigung Bestandteile des **Produktionsverfahrens** eines Industriebetriebs sind, werden die Entscheidungen über das Produktionsverfahren (5. Kapitel, S. 70ff) und den Produktionsvollzug (9. Kapitel, S. 169ff) unter Berücksichtigung einzelner Industriebetriebstypen analysiert. Damit soll der heterogenen Vielfalt im Bereich der Industriebetriebe möglichst weitgehend entsprochen und eine breite Anwendung der gewonnenen Erkenntnisse in der Industrie ermöglicht werden.

Zur Abrundung des ersten Kapitels dieses Lehrbuchs wird nun ein kurzer Überblick über die historische Entwicklung der Industriebetriebe gegeben.

C. Historische Entwicklung der Industrie

Der folgende Abriß beleuchtet die industrielle Entwicklung nur in sehr groben Zügen, um die für das Verständnis der heutigen Industriebetriebe wichtigsten Tatsachen zusammenzustellen. Über den Rahmen dieses Lehrbuchs hinausgehende umfangreichere Darstellungen der Wirtschafts- und Industriegeschichte sind z.B. in Aubin/Zorn (1971), Kellenbenz (1981), Lütge (1966) und Hoffmann (1965) zu finden.

I. Die industrielle Revolution in England während des 18. Jahrhunderts

England wird üblicherweise das Geburtsland der modernen Industrie genannt. Im Verlauf des 18. Jahrhunderts kam es dort zu einer Entwicklung, die unter dem Namen „Industrielle Revolution" in die Literatur eingegangen ist (David Landes 1973). Es war der rasche Übergang von einer seit dem Mittelalter in Europa vorherrschenden **handwerklichen** Produktionsweise zu einer industriellen Fertigung, die im Sinne unserer Definition von S. 3 zunehmend gekennzeichnet war durch

- Einsatz von Maschinen,
- arbeitsteilige Produktion,
- Absatz auf „großen“ Märkten.

Als weiteres Merkmal kam in England die Verwendung neuer mineralischer Rohstoffe zur Energieerzeugung hinzu (Ersatz von Holz durch Kohle).

a) Textilindustrie

Ausgangspunkt der Entwicklung war der **Textilsektor** mit den Bereichen Leinen-, Woll- und Baumwollfabrikation. Um 1760 wurden diese Textilerzeugnisse in ländlichen Gebieten als Heimarbeit mit der Hand hergestellt. Der erste Fortschritt gelang 1765 Hargreaves mit der Erfindung der Jenny-Spinnmaschine, die 1779 von Crompton verbessert wurde (Mule-Spinnmaschine). Mit Hilfe dieser Spinnmaschinen konnte die Arbeitsproduktivität (Produktion pro Stunde) um den Faktor 24 gegenüber dem Handspinnen gesteigert werden (Landes 1973, S. 88). Darüber hinaus wies das maschinengesponnene Garn eine weitaus höhere Qualität auf.

Der technische Fortschritt beim Spinnen führte zu einem Angebotsdruck auf die nachgelagerte Produktionsstufe „Weben“, die in der Folge die Produktion ebenfalls zu erhöhen trachtete. Dies wurde zunächst durch erhöhte Beschäftigung der Handweber erreicht, bis es schließlich 1787 Cartwright gelang, einen mechanischen Webstuhl zu konstruieren, der sich immer mehr durchsetzte und schließlich eine 20fache Produktivität gegenüber dem Handweben erreichte.

Der zunehmende Einsatz dieser Maschine, verbunden mit einer wesentlich größeren Produktionsmenge, veränderte auch die **Arbeitsorganisation**, indem die zu Hause arbeitenden Spinner und Weber nach und nach in Fabriken zusammengefaßt wurden, um die Energieerzeugung zu zentralisieren sowie die Rohstoff- und Produkttransportkosten zu senken.

Es bleibt noch in bezug auf die Textilerzeugung zu klären

- ob für das steigende Produktangebot auch eine wachsende Nachfrage entstand und
- ob das Rohstoffangebot (Wolle, Baumwolle) mit der steigenden Nachfrage Schritt halten konnte.

Wie bei jeder wirtschaftlichen Entwicklung stimmten Rohstoffangebot, Produktionskapazitäten und Bedarf nicht in jedem Zeitpunkt überein, sondern standen häufig in einem Spannungsverhältnis zueinander, wodurch gleichzeitig die weitere Entwicklung forciert wurde.

Ein trendmäßiger Anstieg der Nachfrage ergab sich aus einem starken Bevölkerungswachstum Englands im 18. Jahrhundert (Landes 1973, S. 55) und dem Fehlen von Zollschranken innerhalb des Königreichs. Darüber hinaus waren die mit den neuen Maschinen erzeugten Textilien billiger als ihre Vorgänger, so daß auch dadurch ein Anreiz zu erhöhter Nachfrage pro Kopf ausgeübt wurde.

Das Rohstoffangebot konnte im Bereich der Wolle nicht mit den größer werdenden Produktionskapazitäten Schritt halten, da die Schafzucht nicht so schnell gesteigert werden konnte. Das Wachstum verlagerte sich daher auf die Baumwollverarbeitung, deren Rohstoffbasis durch Importe aus Indien und vor allem von nordamerikanischen Baumwollplantagen dem Bedarf rasch angepaßt werden konnte.

b) Bergbau

Da England über reiche Kohlevorkommen und wenig Wälder verfügte, hatte sich der Kohlebergbau schon in vorindustrieller Zeit entwickelt. Er konnte aber erst dann wesentlich gesteigert werden, als es mit Maschinenkraft gelang, beim Bau tieferer Schächte das eindringende Grundwasser abzupumpen. Dies war die ursprüngliche Aufgabe der **Dampfmaschine**, die 1705 von Newcomen erfunden und 1769 von Watts wesentlich verbessert wurde. Erst im Laufe des 19. Jahrhunderts verbreitete sich die Dampfmaschine vom Bergbau über die anderen Industriezweige.

c) Eisenindustrie

Der dritte Industriezweig der industriellen Revolution in England nahm ebenfalls einen großen Aufschwung durch eine technische Neuerung. Im Jahr 1784 erfand Cort das **Puddle-Verfahren** zur Weiterverarbeitung des im Hochofen gewonnenen Roheisens zu Schmiedeeisen und Schweißstahl. Das Roheisen wird hierbei in Flammöfen durch Umrühren (= to puddle) mit Sauerstoff in Berührung gebracht, um den Kohlenstoffanteil des Eisens zu vermindern. Dieses Verfahren setzte sich zu Beginn des 19. Jahrhunderts auch in Deutschland durch.

Durch die stürmische Entwicklung dieser drei Industriezweige Ende des 18. Jahrhunderts sicherte sich England trotz Kontinentalsperre für ein halbes Jahrhundert die industrielle Führungsposition unter den europäischen Ländern, die ihrerseits nach dem Ende der napoleonischen Kriege durch Kopieren der englischen Vorbilder den eingetretenen Rückstand aufzuholen trachteten. Den weiteren Verlauf der industriellen Entwicklung wollen wir am Beispiel Deutschlands darstellen, wobei die Bestimmungsfaktoren dieser Entwicklung von besonderem Interesse sind.

II. Die Determinanten der industriellen Entwicklung in Deutschland

Deutschland begann recht spät mit der industriellen Entwicklung, was zum einen mit der politischen Zersplitterung nach dem Wiener Kongreß (1815) und zum anderen mit einer konservativen Grundeinstellung zusammenhängen dürfte. Obwohl die Industrialisierung selbst erst ab 1840 richtig in Gang kam und sich dann in der zweiten Hälfte des 19. Jahrhunderts stark beschleunigte, wurden ihre Voraussetzungen doch schon zwischen 1800 und 1840 geschaffen. Diese Voraussetzungen sollen nun herausgearbeitet werden.

a) Technische Voraussetzungen

Die in England konstruierten Maschinen (Dampfmaschine, Spinnmaschine, mechanischer Webstuhl) und entwickelten Produktionsverfahren (Puddle-Verfahren, Koksverwendung im Hochofen) mußten in Deutschland verfügbar sein, um den Industrialisierungsprozeß in Gang zu setzen. Das geschah nach 1815 zunächst durch Import englischer Maschinen, im weiteren Verlauf mehr und mehr durch Nachbau der Maschinen und Nachahmung der Produktionsverfahren. Die ersten Dampf- und Textilmaschinen wurden schon kurz vor 1800 im Rheinland und in

Oberschlesien verwendet. Das Puddle-Verfahren fand zum ersten Mal 1824 auf der Rosselsteiner Hütte Verwendung und setzte sich dann schnell im Saarland, in Sachsen und in Schlesien durch, so daß ab etwa 1830 die technischen Voraussetzungen für die Industrialisierung in Deutschland vorlagen. Es mußten jedoch noch politische Voraussetzungen und eine Verbesserung des Verkehrswesens hinzutreten.

b) Politische Voraussetzungen

1. Einführung der Gewerbefreiheit

Während in England faktisch seit 1760 die volle Gewerbefreiheit herrschte, war Deutschland noch mit der alten Zunftordnung behaftet, die am besten durch die Formulierung der Thorner Zunfturkunde von 1523 (Lütge 1966, S. 360) charakterisiert wird: „Kein Handwerksmann soll etwas Neues erdenken oder erfinden oder gebrauchen.“ Eine solche Grundhaltung konnte natürlich zu keinem wirtschaftlichen Fortschritt führen.

Der entscheidende Schritt zur Durchsetzung der Gewerbefreiheit in Preußen war die Stein-Hardenberg'sche Reformgesetzgebung. Die beiden Edikte von 1807 und 1810 erlaubten jedem Bürger die Ausübung jedes Gewerbes. Eine Zulassungsregelung gab es nur noch für bestimmte Berufe (z.B. Arzt, Apotheker). Diese Gewerbefreiheit wurde zwar im Laufe der Restauration wieder etwas eingeschränkt, blieb aber doch die Grundlage der Wirtschaft und setzte sich auch in den anderen deutschen Staaten durch.

Die Folgen der Gewerbefreiheit können in zwei Punkten zusammengefaßt werden:

- Die Entwicklung und Anwendung neuer Techniken und Produktionsmethoden wurden erheblich erleichtert. Der neue Typ des von den Zünften unabhängigen „Unternehmers“ setzte die neuen Erkenntnisse in die Praxis um und schaffte damit eine der Grundlagen der Industrialisierung.
- Da die Zünfte die Anzahl der Handwerksmeister nicht mehr reglementieren konnten, ließen sich viele Gesellen als selbständige Meister nieder. Dieser Zuwachs an Meistern führte zu einem durchschnittlichen Einkommensrückgang und mancherorts zu einer „Proletarisierung der Handwerker“ (Lütge 1966, S. 450), die in zunehmendem Maße in die neu entstehenden Fabriken gingen und deren Bedarf an **gelernten Industriearbeitern** deckten.

Die Gewerbefreiheit kann somit als Ausgangspunkt des neuen Unternehmertums und ebenso der neuen **gelernten** Industriearbeiterschaft gelten.

2. Die Bauernbefreiung

Beginnend mit dem Stein'schen Edikt von 1807 wurde die Bindung des Bauern an den Gutsherrn in Preußen endgültig mit der Deklaration von 1816, die die zu erbringende Entschädigung regelte, aufgehoben. Der Bauer wurde freier Staatsbürger und mußte als Entschädigung ein Drittel des Landes an den Gutsherrn abtreten. Die verbliebenen Parzellen reichten aber häufig nicht aus, die Familien zu ernähren, besonders als ab 1817 eine Agrarkrise großen Ausmaßes, die bis in die Zwanziger Jahre andauerte, sinkende Agrarpreise (um etwa 60%) verursachte.

Viele Bauern verloren dadurch ihre Existenz und zogen zusammen mit Landarbeitern in die Städte, insbesondere in die Zentren der aufblühenden Industrie, um dort als **ungelernte Industriearbeiter** ihren Lebensunterhalt zu verdienen. So ist, wie Lütge (1966, S. 445) feststellt, das industrielle Wachstum zu einem erheblichen Anteil von der abgewanderten Landbevölkerung getragen worden.

3. Die Gründung des Deutschen Zollvereins

Die Erhöhung der industriellen Produktion erforderte größere Märkte, die im wirtschaftlich und politisch zersplitterten Deutschland von 1815 nicht vorhanden waren. Nach langen Verhandlungen und mehreren Zwischenlösungen gelang es 1834, durch den Deutschen Zollverein ein einheitliches Wirtschaftsgebiet mit 25 Millionen Einwohnern ohne Binnenzölle zu schaffen. Einige deutsche Länder schlossen sich erst später an, als letzte 1888 (!) die Hansestädte Hamburg und Bremen. Dieser „gemeinsame Markt" war eine notwendige Voraussetzung für industrielles Wachstum, doch mußte eine fundamentale Verbesserung der Verkehrsmittel zum Transport der wachsenden Gütermenge hinzukommen.

c) Das Verkehrswesen

Die Verkehrssituation war in Deutschland bis zum Beginn des 19. Jahrhunderts für wirtschaftliche Aktivitäten ungeeignet. Die Landstraßen waren weitgehend unbefestigt und konnten nach längeren Regenfällen nicht passiert werden. An den Flüssen gab es noch große Hindernisse für die Schiffahrt (Binger Loch am Rhein, Eisernes Tor an der Donau) und Kanäle fehlten zur Verbindung der großen Flüsse. Um das einheitliche Wirtschaftsgebiet nach 1834 als Markt nutzen zu können, mußte das Problem der Raumüberwindung in großem Maßstab gelöst werden.

1. Der Bau des Eisenbahnnetzes

Die Eisenbahn kam über England (1804 Erfindung der Lokomotive) und Belgien nach Deutschland. 1835 wurde die erste Eisenbahnlinie zwischen Nürnberg und Fürth eingeweiht. Weitere Linien folgten rasch, doch ergab sich zunächst noch kein Verbundnetz. Die einzelnen Strecken wurden – nach grundlegenden Plänen von Friedrich List (1831) – bis 1870 zu einem einheitlichen Eisenbahnnetz ausgebaut.

Der Eisenbahnbau gab drei gewaltige Impulse für die industrielle Entwicklung Deutschlands im 19. Jahrhundert:

- Man benötigte **Eisen** und **Kohle**, was zu einem Aufschwung der Hüttenindustrie und des Bergbaus führte, später auch des Maschinen- und Waggonbaus.
- Für den Bau der Eisenbahnstrecken brauchte man eine erhebliche Zahl von **Arbeitskräften**, die sich aus der mittellosen Landbevölkerung rekrutierten.
- Die Eisenbahn wurde ein schnelles und sicheres Verkehrssystem, das den **Transport** großer Mengen von Gütern über weite Entfernungen wirtschaftlich ermöglichte und damit erst große räumliche Märkte schuf, die ihrerseits bedeutende Rückwirkungen auf die Industrie hatten.

Die quantitative Bedeutung der Eisenbahn geht aus der Tatsache hervor, daß zwischen 1840 und 1880 15-25% der Gesamtinvestitionen der deutschen Wirtschaft auf den Eisenbahnbau entfielen (Kellenbenz 1981, S. 79). Die dafür benötigten Kapitalien wurden teils von privaten Aktiengesellschaften, teils vom Staat über Anleihen aufgebracht. Erst unter der Regierungszeit Bismarcks erfolgte die endgültige Verstaatlichung des Eisenbahnwesens.

2. Der Chausseebau

Die Landstraßen wurden in der ersten Hälfte des 19. Jahrhunderts von der öffentlichen Hand gepflastert und befestigt, um sie jederzeit benutzbar zu machen. Die zunächst für die Benutzung erhobenen Gebühren (Chausseegelder) sind im Laufe des Jahrhunderts wieder beseitigt worden. Die große Bedeutung der Landstraßen für den Gütertransport begann jedoch erst nach der Erfindung des Automobils im Zuge der allgemeinen Motorisierung.

3. Die Binnenschiffahrt

Nach der Erfindung der Dampfmaschine dauerte es nicht lange, bis diese Energiequelle für den Schiffsantrieb verwendet wurde. Bereits 1816 fuhr zum ersten Mal ein englisches Dampfschiff den Rhein hinauf. Der Zeitgewinn gegenüber dem alten „Treideln“ (Ziehen eines Schiffes stromaufwärts vom Ufer aus durch Menschen oder Pferde) war so erheblich, daß die Dampfschiffahrt auf den Binnenwasserstraßen einen raschen Aufschwung nahm und schließlich zur Regulierung der Flußläufe (1832 Sprengung des Binger Lochs) und zum Ausbau des Wasserstraßennetzes führte. Da der Gütertransport auf dem Wasser besonders kostengünstig war, erhielt die Industrialisierung durch die Entwicklung der Binnenschiffahrt wichtige Impulse.

An dieser Stelle wollen wir die wichtigsten Determinanten der industriellen Entwicklung in Deutschland noch einmal zusammenfassen.

- Die Erfindung bestimmter **Maschinen** und **Produktionsverfahren** (Dampf- und Spinnmaschine, mechanischer Webstuhl, Puddle-Verfahren) in England am Ende des 18. Jahrhunderts und ihre Übernahme durch deutsche Unternehmer ist die Grundlage der industriellen Entwicklung.
- Die Einführung der **Gewerbefreiheit** erleichtert den Unternehmern die Anwendung neuer Techniken und Produktionsverfahren und schafft gleichzeitig ein Überangebot von Handwerksmeistern, die als gelernte Industriearbeiter in die Fabriken gehen.
- Die **Bauernbefreiung** führt zur Abwanderung der Landbevölkerung und versorgt die wachsende Industrie mit ungelernten Arbeitskräften.
- Der **Deutsche Zollverein** schafft durch Aufhebung aller Binnenzölle einen gemeinsamen deutschen Markt von 25 Mio. Nachfragern.
- Der Bau des **Eisenbahnnetzes** ermöglicht ein sicheres und schnelles Verkehrssystem für den Transport großer Gütermengen zur Versorgung des deutschen Marktes. Dies System wird ergänzt durch Verbesserungen der Landstraßen und den Ausbau des Binnenschiffahrtsnetzes.

Diese fünf Determinanten trafen in der ersten Hälfte des 19. Jahrhunderts aufeinander (z.T. mit Wechselwirkungen) und ermöglichten durch ihr Zusammenwirken die Entwicklung der deutschen Industrie, deren historische Betriebsformen nun erörtert werden sollen.

III. Betriebsformen der entstehenden Industrie

a) Das Verlagssystem

Diese Betriebsform entwickelte sich schon in vorindustrieller Zeit (ab 1500) aus dem Handwerk. Sie besteht in der Zusammenarbeit zwischen einem unselbständigen Handwerker, der in Heimarbeit produziert und einem Kaufmann, der die

Rohstoffe beschafft und die Fertigerzeugnisse auf entfernten Märkten absetzt. Da der Kaufmann das Kapital für die Produktion „vorlegte“, erhielt er den Namen „Vorleger“, aus dem später der Verleger wurde.

Das Verlagssystem hatte zunächst den Vorteil der Arbeits- und Risikoteilung, weil der Verleger das Marktrisiko übernahm und der Handwerker sich auf die Produktion konzentrieren konnte. Im Laufe der Zeit wurden die zu Hause arbeitenden Handwerker jedoch immer abhängiger von ihrem Verleger, der inzwischen auch die Produktionsanlagen und Werkzeuge zur Verfügung stellte. Damit waren die Handwerker vom Eigentum an den Produktionsmitteln ausgeschlossen und gerieten immer mehr in die Lage von Lohnarbeitern, die ihre Arbeitskraft verkauften. Da die Löhne infolge des Überangebots von unselbständigen Handwerkern niedrig blieben, wurden auch Frauen und Kinder zunehmend zur Lohnarbeit herangezogen.

Diese dezentrale Produktionsweise war so lange vorteilhaft, wie die Produktionsprozesse kurz waren und nicht der Arbeitsteilung bedurften. Zur Erhöhung der Arbeitsproduktivität wurde deshalb bei komplizierteren Produktionsprozessen der Weg der Zentralisierung beschritten, der zur Manufaktur führte.

b) Die Manufaktur

Bei dieser Betriebsform wurden die Lohnarbeiter an einem Ort konzentriert und in Werkstätten zusammengefaßt. Die Arbeitgeber hofften, dabei die Prinzipien der Arbeitsteilung anwenden zu können. Die Handarbeit stand weiterhin im Vordergrund und gab der Betriebsform den Namen (aus lat. manu facere = mit der Hand machen). Außer den Verlegern gründeten auch die Landesfürsten im 17./18. Jahrhundert Manufakturen, um ihren Bedarf an Luxusartikeln (Porzellan, Glas, Spiegel, Fayence usw.) zu decken. Die Manufakturen wurden erst im 19. Jahrhundert im Zuge der zunehmenden Maschinisierung von den Fabriken verdrängt.

c) Die Fabrik

Die Fabrik ist die heute vorherrschende Betriebsform der Industrie. Ihr Name leitet sich von den lateinischen Wörtern homo faber = Handwerker und fabrica = Werkstätte ab; ihre Definition wird jedoch enger gefaßt. Die Fabrik ist eine Zusammenfassung von Arbeitern in Werkstätten, wobei die manuelle Arbeitsweise hinter der **maschinellen Arbeitsweise** zurücktritt. Es werden Maschinen verwendet, die die handwerkliche Arbeit nicht nur erleichtern, sondern in gewissem Umfang ersetzen. Die Fließbandproduktion bzw. die volle Automation ist der vorläufige Endpunkt dieser Entwicklung. Durch den umfangreichen Einsatz von maschinellen Produktionsanlagen ist die Fabrik mit wesentlich mehr Kapital ausgestattet als die Manufaktur.

Die Fabrik ist heute die typisch industrielle Betriebsform. Das Verlagssystem hat nur noch in einigen Zweigen der Textilindustrie, bei Spielwaren und im Buchverlag Bedeutung; Manufakturen im ursprünglichen Sinn gibt es heute nicht mehr.

IV. Schwerpunkte der Industrieproduktion im 19. Jahrhundert

Nachdem sich die industrielle Entwicklung in der ersten Hälfte des 19. Jahrhunderts in Deutschland weitgehend durchgesetzt hatte, begann ein wirtschaftlicher Aufschwung, der – unterbrochen von temporären Krisen – bis zum 1. Weltkrieg dauerte. Die Schwerpunkte der industriellen Entwicklung verschoben sich in diesem Zeitraum von der zunächst dominierenden Textilindustrie in andere Industriezweige (besonders Metallindustrie), ein Trend, der bis heute angehalten hat. Die folgende Tabelle zeigt diese Strukturveränderungen anhand der Verteilung der Beschäftigten auf die wichtigsten Industriezweige (Hoffmann 1965, S. 68/69).

Tab. 3. Struktur der Beschäftigten in Industrie und Handwerk nach Wirtschaftsgruppen

Gruppe	Anteil der Beschäftigten in %			
	1850	1875	1913	1959
1. Industrie der Steine/Erden	5,0	6,5	7,2	4,6
2. Metallindustrie	10,8	14,6	20,9	33,4
3. Textil/Leder/Bekleidungsindustrie	45,4	39,8	25,2	15,2
4. Holz-/Papierindustrie	11,4	11,7	11,3	8,4
5. Chemische Industrie	0,8	1,3	2,5	5,0
6. Nahrungs- u. Genußmittelindustrie	14,3	13,1	12,7	9,5
7. Gas-, Wasser-, Elektrizitätswerke	0,1	0,3	0,9	1,7
8. Bauindustrie	10,6	10,3	15,6	19,2
9. Sonstige Industriegruppen	1,6	2,5	3,8	3,0

Die Textilindustrie beschäftigte 1850 fast die Hälfte der Industriearbeiter und ist mittlerweile (1959) auf 15% der Beschäftigten geschrumpft. Im Gegenzug steigerte die Metallindustrie, die in dieser Gliederung auch die Elektroindustrie enthält, ihren Anteil an den Beschäftigten von 10,8% (1850) über 20,9% (1913) auf 33,4% (1959). Für eine eingehende Analyse ist die von Hoffmann erarbeitete Statistik zu grob, so daß wir uns der feineren Industriegliederung des Statistischen Bundesamtes bedienen werden, um die heutige industrielle Aktivität zu erfassen.

V. Die moderne Struktur der Industrie

a) Industriegruppen und -zweige

Das Statistische Bundesamt unterteilt die private Wirtschaftstätigkeit in die Bereiche Land- und Forstwirtschaft, Warenproduzierendes Gewerbe, Handel/Verkehr und Dienstleistungen. Die Industrie, die zum Warenproduzierenden Gewerbe gehört, wird zunächst in die drei Hauptgruppen Bergbau, Verarbeitende Industrie und Bauindustrie gegliedert, die Verarbeitende Industrie nochmals in folgende Untergruppen:

- Grundstoff- und Produktionsgüterindustrie,
- Investitionsgüterindustrie,
- Verbrauchsgüterindustrie,
- Nahrungs- und Genußmittelindustrie.

Eine weitere Unterteilung dieser Untergruppen führt schließlich zu den Industriezweigen, z.B. Mineralölverarbeitung, Straßenfahrzeugbau oder Eisenschaffende Industrie. Um einen Eindruck von der wirtschaftlichen Aktivität der einzelnen Industriezweige zu bekommen, werden im folgenden die Anzahl der Unternehmen und Beschäftigten sowie der Umsatz der Industriezweige aufgeführt.

b) Die wirtschaftliche Entwicklung der Industriezweige

Tab. 4 zeigt die vom Statistischen Bundesamt veröffentlichten Zahlen für Unternehmen, Beschäftigte und Umsatz in den Jahren 1950, 1965 und 1980.

Tab. 4. Unternehmen, Beschäftigte und Umsatz der Industrie

Industriegruppen	Unternehmen Anzahl			Beschäftigte in Tsd.			Umsatz in Mio. DM		
	1950	1965	1980	1950	1965	1980	1950	1965	1980
Bergbau	543	582	79	573	474	234	4573	10606	29011
darunter:									
Kohlenbergbau	240	273	14	518	426	220	3992	8792	25983
Gewinnung v. Erdöl, Erdgas	–	73	6	–	9	4	–	557	1059
Verarbeitendes Gewerbe	46592	58586	38932	4485	7986	7412	75822	364006	1178967
Grundstoff- u. Produktionsgüterindustrie	11322	13077	7279	1135	1804	1581	22459	108161	393331
darunter:									
Mineralölverarbeitung	–	113	55	–	34	40	–	12503	101787
Eisenschaffende Industrie	231	149	106	204	359	301	4693	20865	50342
Chemische Industrie	2084	2176	1201	298	531	590	6880	33735	133920
Investitionsgüter produzierendes Gewerbe	12019	16416	14801	1573	3629	3776	18348	132714	470787
darunter:									
Maschinenbau	3749	5032	4545	494	1084	1023	5570	38565	124372
Straßenfahrzeugbau	695	686	1907	209	514	809	3311	26803	124569
Elektronische Industrie	1570	2890	2250	290	975	1017	3421	31601	114699
Verbrauchsgüter produzierendes Gewerbe	16544	22331	12814	1428	2032	1537	20139	69718	167888
darunter:									
Holzverarbeitung	3160	3152	2470	177	219	240	1615	8127	28839
H. v. Kunststoffwaren	314	1338	1681	24	123	194	252	4608	25659
Textilgewerbe	3791	4096	1665	564	547	305	9863	20922	32851
Nahrungs- und Genußmittelgewerbe	6707	6762	4038	350	520	519	14875	53413	146962
darunter:									
Brauerei	778	943	536	41	94	70	1301	6174	12437
Tabakverarbeitung	718	333	47	77	39	24	3122	7969	15730
Baugewerbe	8385	64452	18567	876	1647	1188	3376	46752	110080

Quellen: Statistische Jahrbücher der Bundesrepublik Deutschland 1952, 1967, 1982

Zunächst ist festzustellen, daß die Anzahl der Unternehmen in den Hauptgruppen von 1950 bis 1965 angestiegen, danach aber bis 1980 stark zurückgegangen ist. Dabei muß berücksichtigt werden, daß durch die Änderung der Erhebungsbasis im Jahr 1979 Firmen mit weniger als 20 Beschäftigten nicht mehr in der Statistik erscheinen. Hiervon ist vor allem die Bauindustrie mit einem erheblichen Anteil von Kleinbetrieben betroffen. Trotzdem gilt generell die Tendenz der sinkenden Anzahl von Industrieunternehmen.

Die Entwicklung der Beschäftigtenanzahl stützt dieses Bild. Allerdings ist der Beschäftigtenrückgang in der verarbeitenden Industrie von 1965 bis 1980 nicht so ausgeprägt (von knapp 8 Millionen auf 7,4 Millionen).

Die Umsätze der Industrieunternehmen haben demgegenüber eine stetig steigende Tendenz, die im wesentlichen durch den Produktivitätsfortschritt und die laufende Geldentwertung verursacht wird.

Sucht man nach sog. Wachstumsindustrien in den letzten 15 Jahren, so sind – gemessen an der Beschäftigten- und Umsatzentwicklung – in erster Linie der Straßenfahrzeugbau, die Kunststoff- und die elektrotechnische Industrie zu nennen.

Mit Tab. 4 wollen wir die Darstellung der Geschichte und der heutigen gesamtwirtschaftlichen Einbettung der Industriebetriebe abschließen und zu den wesentlichen Bestandteilen einer Industriebetriebs**lehre** übergehen.

2. Kapitel: Anforderungen an eine praxisorientierte Industriebetriebslehre

Es herrscht heute in Theorie und Praxis Einigkeit darüber, daß die Betriebswirtschaftslehre eine angewandte Wissenschaft ist, die nicht nur theoretische Erkenntnisse über ihren Untersuchungsgegenstand gewinnen, sondern auch darüber hinaus für die Praxis verwertbare Planungsverfahren und Entscheidungshilfen entwickeln soll. Dies gilt in gleichem Maße für die Industriebetriebslehre als einer speziellen Betriebswirtschaftslehre. Sie hat sich in den letzten 25 Jahren zu einer quantitativ ausgerichteten mit vielen mathematischen Entscheidungsmodellen durchsetzten Planungslehre entwickelt.

Diese Entwicklung wird von Praktikern nicht selten als zu mathematisch und zu wenig praxisorientiert kritisiert. Es erscheint daher geboten, zunächst einmal empirisch zu überprüfen, welche Erkenntnisse, Entscheidungshilfen und Planungsverfahren der Industriebetriebslehre in der Unternehmenspraxis angewandt werden, um den Lehrstoff besser auf die Bedürfnisse und Möglichkeiten der Praxis abzustimmen.

A. Empirische Untersuchung über die Anwendung von Erkenntnissen und Verfahren der Industriebetriebslehre in der Unternehmenspraxis

I. Gegenstände der Untersuchung

Die Untersuchung wurde vom Institut für Industriebetriebsforschung der Hochschule der Bundeswehr Hamburg unter Leitung des Verfassers durchgeführt und umfaßt eine vollständig auswertbare Zufallsstichprobe von 77 Hamburger Industriebetrieben, repräsentativ verteilt über die einzelnen Industriezweige. In bezug auf die Betriebsgröße ist die Stichprobe nicht ganz repräsentativ, da die Großbetriebe aufgrund ihrer größeren Rücklaufquote etwas stärker vertreten sind. Die schriftliche Befragungsaktion selbst und ihre numerische Auswertung waren Inhalt der Diplomarbeit von W. Hauschildt und M. Schumacher (1981). Erfragt wurden – neben anderen Tatbeständen – insbesondere Anwendungen von Planungsverfahren und Entscheidungshilfen der Industriebetriebslehre.

Die Untersuchungsergebnisse können für die gesamte Bundesrepublik als Annäherungswerte angesehen werden, da sich die Hamburger Industriebetriebe nicht signifikant aus dieser Grundgesamtheit herausheben.

Gegenstand der Untersuchung waren

1. die angewendeten Verfahren zur Bestimmung des **Produktionsprogramms**, einschließlich der Absatzprognose, der Kostenrechnungsverfahren, des Lebenszykluskonzepts und der Gewinnung von Neuproduktideen;
2. die Auswahl des **Produktionsverfahrens** mit Hilfe der Investitionsrechnungsmethoden (unter Berücksichtigung der Unsicherheit) sowie die Standortanalyse;

3. die Verfahren der **Arbeitsbewertung** und **-entlohnung**;
4. die **Materialbedarfs-** und **Bestellmengenplanung**;
5. die Verfahren der **Ablaufplanung**, einschließlich Projekt- und Maschinenbelegungsplanung.

Einen zusammenfassenden Überblick der Untersuchungsergebnisse enthält der nächste Abschnitt.

II. Zusammenstellung der wichtigsten Ergebnisse

Das wichtigste Ergebnis der Untersuchung ist die weitgehende Bestätigung folgender Grundthese:

Die den Lehrstoff der traditionellen Industriebetriebslehre bildenden anspruchsvollen Planungsverfahren und Entscheidungshilfen werden in der Praxis selten angewandt.

Dies zeigt sich eindrucksvoll bei der Bestimmung des Produktionsprogramms (vgl. Tab. 5)[1].

Tab. 5 Das gewinngünstigste Produktionsprogramm wird mit folgenden Methoden ermittelt

Methode	Anteil der Betriebe
Vollkostenrechnung	43,8%
Deckungsbeitragsrechnung	37,5%
lineare Optimierung	2,7%
heuristische Methoden	1,4%
sonstige Methoden oder gar nicht	14,6%

Die in fast jedem Industrie-Lehrbuch ausführlich und in vielen Varianten dargestellte Bestimmung des optimalen Produktionsprogramms mit Hilfe der linearen Optimierung (Jacob 1983, S. 519ff; Kern 1980, S. 136ff; Heinen 1983, S. 455ff) wird also nur von weniger als 3% der befragten Industriebetriebe in der Praxis durchgeführt (hauptsächlich von Firmen der Mineralölindustrie). Noch nicht einmal die einfache Deckungsbeitragsrechnung kann mit der von der Theorie schon lange überwundenen Vollkostenrechnung gleichziehen.

Ein ähnliches Bild ergibt die Anwendung von **Prognoseverfahren**. 30% der Firmen prognostizieren ihren Absatz in ganz einfacher Form aufgrund von selbsterstellten Statistiken, Übersichten und Kontrollisten, 25% benutzen gleitende Durchschnitte und 5% die exponentielle Glättung. Die restlichen 40% führen keine systematischen Prognosen durch. Auch hier wird das anspruchsvollere Instrumentarium der Theorie (vgl. Hansmann 1983) kaum angewendet.

Im **Investitionsbereich** ergibt sich folgendes Bild: 28,6% (22 Betriebe) wenden **keine** Investitionsrechnungsmethoden an. Von den restlichen 55 Betrieben gibt Tab. 6 die Verteilung wieder.

[1] Die Basis der Prozentzahlen sind alle 77 Betriebe, sofern nicht etwas anderes angegeben ist.

Tab. 6 Verwendung von Investitionsrechnungsmethoden (Basis: 55 Betriebe)[2]

Methode	Anteil
Statische Methoden (Kostenvergleich, Gewinnvergleich, Payoff-Methode)	66,7%
Dynamische Methoden	36,1%
davon Kapitalwertmethode	15,3%
Interne Zinsfußmethode	13,9%
Annuitätenmethode	6,9%

Bezogen auf alle 77 Unternehmen benutzen also nur etwa ein Viertel die dynamischen Methoden (im wesentlichen Großbetriebe), während anspruchsvollere Verfahren der Investitionsprogrammplanung auf der Basis der linearen oder ganzzahligen Optimierung überhaupt nicht vorkommen.

Auch die Berücksichtigung der Unsicherheit in der Investitionsplanung ist bei mehr als der Hälfte der Unternehmen (56,2%) **nicht** vorgesehen und beschränkt sich bei einem Viertel auf einen einfachen Risikozuschlag zum Kalkulationszinsfuß.

Tab. 7 Berücksichtigung der Unsicherheit in der Investitionsrechnung

Art	Anteil
keine	56,2%
Risikozuschlag zur Mindestverzinsung	24,7%
Methode der kritischen Werte	2,7%
Sensitivitätsanalyse	4,1%
Wahrscheinlichkeitstheoretische Risikoanalyse	6,8%
sonstige Methoden	5,5%

Grundlage für die **Materialbereitstellungsplanung** ist in der Theorie die Ermittlung der optimalen Bestellmenge, auf der anspruchsvollere Verfahren aufbauen. Die Befragung ergab jedoch, daß nur 44,2% der Unternehmen ihre Bestellmengen planen. Die angewendeten Methoden sind relativ einfach und enthalten zumeist nur die Andler-Formel (vgl. S. 157). Bestimmte Bestell- und Lagerstrategien (z.B. sS-Regel) benutzen nur 35,1% der Industriebetriebe, während die übrigen einfach bei Bedarf bestellen.

Abschließend seien noch kurz die Ergebnisse bei der **Ablaufplanung** betrachtet. Zunächst erscheint es bemerkenswert, daß immerhin 88,3% aller Betriebe eine konkrete Ablaufplanung durchführen. Dabei steht eindeutig die Auftragsterminplanung im Vordergrund, wie die folgende Tabelle zeigt.

Tab. 8 Ablaufplanung für den Produktionsprozeß (Basis: 68 Betriebe)[3]

Art	Anteil
Zeitliche Ablaufplanung (z.B. Netzpläne)	4,2%
Maschinenbelegungsplanung	25,8%
Auftragsterminplanung	85,0%

---

[2] Mehrfachnennungen möglich

[3] Mehrfachnennungen möglich

Die Maschinenbelegung wird mit Hilfe einfacher Prioritätsregeln geplant, wobei nur selten versucht wird, die günstigsten Prioritätsregeln durch Simulation zu finden. Überhaupt werden die in der Theorie ausführlich beschriebenen mathematischen Verfahren nur ganz selten verwendet.

Tab. 9 Anwendung mathematischer Verfahren in der Ablaufplanung

Methode	Anteil
keine	91,9%
Kombinatorische Verfahren (z.B. Branch and Bound)	0,0%
Ganzzahlige Optimierung	2,6%
Simulation der Wirkung von Prioritätsregeln	3,9%
Ganzzahlige Optimierung und Simulation	1,6%

Von der großen Zahl möglicher Prioritätsregeln werden am häufigsten die Regeln „Vorrang hat der Auftrag mit der kürzesten Bearbeitungszeit auf der nächsten Maschine" und „Vorrang hat der Auftrag mit der höchsten Kapitalbindung" benutzt.

Die weitgehende Abstinenz der Unternehmen von fortgeschrittenen und anspruchsvollen Verfahren der quantitativen industriebetrieblichen Theorie zieht Konsequenzen für die Konzeption eines Lehrbuchs der Industriebetriebslehre nach sich.

Soll die Betriebswirtschaftslehre tatsächlich angewandte Wissenschaft sein – und davon wird hier ausgegangen –, so darf der Graben zwischen Theorie und Praxis nicht zu tief werden, d.h. die Theorie darf sich nicht vorwiegend mit Problemlösungen beschäftigen, die in der Praxis nicht akzeptiert werden oder nicht durchsetzbar sind. Daher wird in diesem Lehrbuch der Schwerpunkt zu Lösungsansätzen verlagert, deren Anwendbarkeit in der Praxis eher zu erwarten ist. Ein gewisser zeitlicher Vorsprung ist der Theorie jedoch in jedem Fall einzuräumen, da die Anwendung theoretischer Erkenntnisse immer einige Zeit erfordert und z.B. auch von dem Entwicklungsstand der EDV-Anlagen abhängt. So können sich Verfahren, die heute noch nicht von der Praxis akzeptiert werden, in naher Zukunft eventuell durchsetzen.

In diesem Lehrbuch wird daher versucht, den Studierenden mit praxisorientierten (heuristischen) Lösungsansätzen **und** anspruchsvollen theoretischen Instrumenten in einem ausgewogenen Verhältnis vertraut zu machen, um eine tragfähige Brücke zwischen Theorie und Praxis zu konstruieren.

B. Elemente einer neuen Konzeption der Industriebetriebslehre

Es ist nicht das Ziel dieses Lehrbuchs, den traditionellen Lehrstoff der Industriebetriebslehre durch neue Lehrinhalte zu ersetzen, da historisch gewachsene Problemfelder und zugehörige Lösungsansätze nicht einfach substituiert oder eliminiert werden können. Vielmehr kommt es darauf an, zwei entscheidende Elemente zu entwickeln, die sich zu einer veränderten Konzeption der Industriebetriebslehre zusammenfügen lassen. Diese Elemente sind

- ein heuristisches Lösungsverhalten in der Unternehmensplanung, um praktisch durchsetzbare Ansätze zu entwickeln,

- eine hierarchische Struktur der Unternehmensplanung mit strategischen und operativen Planungsbereichen.

Diese Elemente sind im folgenden näher zu erläutern.

I. Heuristisches Planungsverhalten im Industriebetrieb

Die empirische Erhebung zeigte, daß die insbesondere im Rahmen des Operations Research entwickelten Optimierungsverfahren (lineare, nichtlineare, ganzzahlige und dynamische Optimierung, kombinatorische Lösungsverfahren, Branch and Bound) zwar bei Großbetrieben und in bestimmten Industriezweigen (z.B. Mineralölindustrie) in gewissem Maße Eingang gefunden haben, jedoch insgesamt in deutschen Industriebetrieben wenig verbreitet sind. Als Gründe für diese Reserviertheit der Unternehmenspraxis werden hauptsächlich genannt

- die Verfahren sind zu komplex und nur für Experten durchschaubar,
- die Ergebnisse der Optimierungsrechnung können nicht von den Entscheidungsträgern überprüft werden,
- die Datenanforderungen der Optimierungsmodelle sind zu hoch,
- der ständige Zwang, sich an verändernde Umweltbedingungen anzupassen, läßt „statische optimale Lösungen", die mit Hilfe von komplexen Modellen erzeugt wurden, schnell veralten.

Diese Argumente müssen von der Wissenschaft ernst genommen werden, um die Verbindung von Theorie und Praxis nicht zu gefährden. Als Konsequenz sollten die Hochschulabsolventen stärker als bisher ein Problemlösungsverhalten beherrschen, das dem der Praxis ähnlich ist und auf dem Prinzip beruht, eine bisher verwirklichte, aber als unbefriedigend empfundene Lösung schrittweise und mit heuristischen Methoden zu verbessern.

Unter Heuristik versteht man ganz allgemein eine methodische Suche nach Lösungen (von griechisch heuriskein = finden, ausfindig machen, entdecken). Zuweilen wird die Bedeutung des Begriffs etwas enger gefaßt und unter heuristischen Methoden Suchregeln verstanden, die der Problemstruktur besonders angepaßt sind und bei geringem Planungsaufwand eine befriedigende – nicht notwendig optimale – Lösung versprechen (ähnlich Müller-Merbach 1973, S. 290). Dabei kann eine Lösung manchmal schon dann als befriedigend bezeichnet werden, wenn sie besser als die bisher praktizierte Lösung ist.

Es ist das Anliegen des Verfassers, in diesem Lehrbuch ein solches heuristisches Problemlösungsverhalten an Beispielen aus verschiedenen Problemkomplexen von Industriebetrieben zu erläutern und den Leser damit vertraut zu machen. Er soll dadurch in die Lage versetzt werden, selbst heuristische Methoden für konkrete Probleme zu entwickeln und anzuwenden.

Die Fruchtbarkeit einer heuristischen Planung kann mit drei Argumenten gestützt werden:

- Bei heuristischer Planung steht das zu lösende **Problem** im Vordergrund. Hierfür wird ein Lösungsverfahren „maßgeschneidert". Die Gefahr, daß standardisierte Verfahren auf unpassende Probleme angewendet werden, entfällt.
- Heuristische Verfahren sind für die Entscheidungsträger des Unternehmens in der Regel nachvollziehbar. Auf diese Weise gefundene Lösungen haben größere Chancen, realisiert zu werden.

- Heuristisches Problemlösungsverhalten scheint ein charakteristisches Kennzeichen von evolutionierenden Systemen zu sein. Dies zeigt nicht nur die Evolution des Lebens auf der Erde, die eindeutig heuristische Züge trägt, sondern auch viele menschliche und gesellschaftliche Entwicklungen, insbesondere die industrielle Revolution (vgl. 1. Kapitel, Abschnitt C, S. 9ff). Spinnmaschine und Webstuhl waren nie von vornherein „optimale Lösungen“, sondern mußten laufend verbessert und dem Bedarf angepaßt werden. Dies Prinzip ist auch heute noch für die industrielle Erzeugung gültig.

Aus diesen Gründen werden im vorliegenden Lehrbuch heuristische Problemlösungen bevorzugt; trotzdem ist es selbstverständlich, daß die exakten Optimierungsverfahren vorgestellt und bei den Problemen angewendet werden, wo es vertretbar erscheint. Sie bilden jedoch nicht den Schwerpunkt der Betrachtungen.

II. Strategische und operative Planungskonzeption

Das zweite Element der hier vertretenen Industriebetriebslehre ist eine Planungskonzeption, die von strategischen Entscheidungen wie globaler Festlegung der Märkte, Produktfelder, Ressourcen und Produktionsverfahren ausgeht und innerhalb dieses Rahmens die operativen Entscheidungen, z.B. über Bestellmengen, Maschinenbelegung und Produktionsablauf behandelt. Der Aufbau der gesamten Unternehmensplanung mit Hilfe einer hierarchischen Struktur, die strategische von operativen Planungsbereichen unterscheidet, soll hier zum ersten Mal für die Industriebetriebslehre zugrunde gelegt werden. Das geschieht aus zwei Gründen:

- Die Probleme der strategischen Planungsbereiche unterscheiden sich erheblich von denjenigen auf der operativen Ebene, so daß sie auch methodisch anders zu erarbeitende Lösungsansätze verlangen. Diese standen im letzten Jahrzehnt im Zentrum betriebswirtschaftlicher Forschung.
- Die Unternehmenspraxis hat in hohem Maße den theoretischen Ansatz zur strategischen Planung akzeptiert und die Notwendigkeit von strategischen Entscheidungen erkannt. Durch Einbeziehung von strategischen Planungsentscheidungen in dieses Lehrbuch kann die Verbindung zwischen Theorie und Praxis enger gestaltet werden.

Im nächsten Kapitel werden wir auf die Grundlagen der strategischen Planung noch näher eingehen, so daß diese grobe Skizzierung zunächst genügen soll.

Mit der Erläuterung der vorgestellten Konzeptionselemente sind die Grundtatbestände der Industriebetriebslehre erarbeitet. Wir können uns nun den Management-Entscheidungen und den zugehörigen Planungsverfahren im Industriebetrieb widmen.

Gemäß unserer Konzeption enthält Teil II die strategischen Entscheidungen, die das Produktprogramm und die Auswahl der Produktionsverfahren betreffen, während im Teil III die operativen Entscheidungen über Produktmenge, Lagerhaltung, Beschaffung und Produktionsdurchführung (Ablaufplanung) behandelt werden.

Teil II:
Strategisches Management im Industriebetrieb

3. Kapitel: Die Grundlagen der strategischen Planung

A. Die strategische Aufgabe der Unternehmung

Die grundlegende Aufgabe eines Unternehmens im marktwirtschaftlichen System besteht in der **Sicherung seiner Existenz** auf lange Sicht. Die Grundentscheidungen mit dieser langfristigen Perspektive nennen wir **strategische** Entscheidungen. Sie bestehen in der systematischen Suche nach Positionen innerhalb der wirtschaftlichen und gesellschaftlichen Umwelt, die dem Unternehmen ein nachhaltiges wirtschaftliches Überleben ermöglichen.

Eine strategische Unternehmensführung muß also

1. die langfristigen **Markt-** und **Umweltentwicklungen**, die für das Unternehmen wichtig sind, frühzeitig erkennen und zutreffend einschätzen,
2. die Produktfelder[1], auf denen das Unternehmen tätig ist oder tätig werden könnte, im Hinblick auf ihr zukünftiges Gewinnpotential analysieren und entsprechende globale Produktionsprogrammentscheidungen treffen,
3. die zur Wahrnehmung der langfristigen Marktchancen und zur Ausschöpfung der Gewinnpotentiale notwendigen Entscheidungen über die einzusetzenden **Ressourcen**, insbesondere über die Produktionsverfahren, den betrieblichen Standort und die Umweltauswirkungen der Produktion treffen.

Diese strategischen Aufgaben eines Industrieunternehmens und Möglichkeiten zu ihrer Bewältigung werden im folgenden konkretisiert.

I. Bildung strategischer Einheiten

Die historische Entwicklung der Industriebetriebe verlief in Richtung vom Einprodukt- zum Mehrproduktbetrieb. Es wurde dadurch möglich,

- verschiedene Nachfragegruppen anzusprechen (Marktsegmentierung),
- das allgemeine Marktrisiko einer schrumpfenden Nachfrage auf mehrere Güter zu verteilen (Risikostreuung durch Diversifikation).

Viele Unternehmen sind auf diesem Weg konsequent fortgeschritten und bieten nicht nur wie z.B. in der Automobilindustrie Varianten eines bestimmten Grundtyps an, sondern sind auf sehr verschiedenen Produktfeldern tätig. Ein Beispiel hierfür ist die Siemens AG, deren Produktpalette von Halbleitern, EDV-Anlagen, Meßanlagen, über Starkstromkabel, Elektromotoren, Kraftwerken bis zum öffentlichen Telefonnetz, Röntgen- und Hörgeräten reicht. Hier kommt das Ziel der Risikostreuung durch Diversifikation sehr deutlich zum Ausdruck. Da die Marktchancen und Gewinnpotentiale der einzelnen Produktfelder sehr unterschiedlich sein dürften, ist es sinnvoll, das Unternehmen in **strategische Geschäftseinheiten** zu unterteilen und für jede Einheit spezifische Strategien festzulegen.

---

[1] Unter einem Produktfeld verstehen wir die Gesamtheit der Produkte, die sich gedanklich auf ein Grundbedürfnis zurückführen lassen (vgl. Jacob 1982, S. 44), z.B. umfaßt das Produktfeld „Unterhaltungselektronik" die Produkte Videorecorder, Kassettendecks, Plattenspieler usw.

Eine strategische Geschäftseinheit ist ein Unternehmensbereich mit eigener abgegrenzter **Marktaufgabe** (Produktfeld) und eigenständiger **Gewinnverantwortung**.

Hinterhuber (1980, S. 223/224) hat versucht, die strategischen Geschäftseinheiten durch verschiedene Merkmale, von denen die wichtigsten nachstehend angeführt werden, näher zu charakterisieren:

1. Die Marktaufgabe der Geschäftseinheit ist unabhängig von der Marktaufgabe anderer Geschäftseinheiten.
2. Die Geschäftseinheit steht eindeutig bestimmbaren Konkurrenzunternehmen gegenüber.
3. Die Geschäftseinheit kann eigenständige Ziele, Strategien und Aktionsprogramme festlegen, um relative Wettbewerbsvorteile zu erreichen.
4. Die Geschäftseinheit wird von einer Führungskraft geleitet, die unabhängig von anderen Bereichen die Realisierung der strategischen Entscheidungen (Investitionen, Marketingprogramme, Produktentwicklung usw.) durchsetzen und die für den Erfolg der Strategien wichtigen Kontrollmaßnahmen durchführen kann.

Werden die strategischen Geschäftseinheiten auf diese Weise gebildet, so können die Gewinnpotentiale der einzelnen Einheiten getrennt ermittelt und für die Zukunft vorausgeschätzt werden. Obwohl bei der Festlegung strategischer Geschäftseinheiten organisatorische Schwierigkeiten und personelle Widerstände auftauchen können, sollte dieser Weg beschritten werden, weil nur so das Gewinnpotential eines Unternehmens und seine zukünftige Überlebenschance am treffendsten analysiert werden können.

II. Die Analyse des Gewinnpotentials

Um wirtschaftlich überleben zu können, muß ein Unternehmen **langfristig** einen zumindest angemessenen Gewinn, der die Kapitalkosten deckt, erzielen. Es genügt daher nicht, in der Gegenwart befriedigende Gewinne zu erwirtschaften, sondern die Gewinnpotentiale der Zukunft, d.h. die Aussichten, zukünftig Gewinne zu erzielen (Jacob 1982, S. 45), sind von entscheidender Bedeutung.

Zur Beurteilung des Gesamt-Gewinnpotentials eines Industrieunternehmens müssen die Gewinnpotentiale der einzelnen strategischen Geschäftseinheiten untersucht werden, und zwar getrennt nach

- Produktfeldern, auf denen das Unternehmen bereits mit einem zufriedenstellenden Marktanteil vertreten ist,
- Produktfeldern, auf denen das Unternehmen tätig ist, aber nach einem wesentlich höheren Marktanteil strebt und
- Produktfeldern, zu deren Erschließung das Unternehmen durch Bereitstellung von Ressourcen (Kapital, Knowhow, Technologie) in der Lage wäre.

Zur Beurteilung des Gewinnpotentials der genannten Produktfelder werden wir in diesem Buch

- die **Produktpositionierung** im Vergleich zu den Konkurrenzprodukten (4. Kapitel, A.I., S. 94ff),
- die Analyse des **Lebenszyklus** von Produkten und Produktfeldern (4. Kapitel, A.II., S. 99ff) und

- langfristige **Prognoseverfahren** zur Schätzung des Gewinnpotentials, wie z.B. die logistische Funktion (4. Kapitel, A.III., S. 47ff)

verwenden. Mit Hilfe dieser Lösungsansätze gelingt es, die Gewinnpotentiale der strategischen Geschäftseinheiten hinreichend genau zu schätzen und durch Ergreifen von strategischen Maßnahmen auszuschöpfen.

III. Die Entwicklung von Strategien

Nach Hinterhuber (1980, S. 26) kann eine Strategie ganz allgemein durch vier Elemente gekennzeichnet werden:

1. Bestimmung der **Märkte**, in denen das Unternehmen tätig werden soll, sowie der Produkte, die auf diesen Märkten abgesetzt werden sollen.
2. Auswahl der **Ressourcen** und **Verfahren**, mit denen die Produkte hergestellt werden sollen, wobei relative Wettbewerbsvorteile anzustreben sind.
3. Festlegung von Maßnahmen, um das Unternehmen in die gewünschte Richtung zu bewegen.
4. Auswahl von Kriterien für die finanzwirtschaftliche Beurteilung der Strategie.

Wir werden die ersten beiden Elemente ausführlich und konkret im 4. Kapitel „Strategische Markt- und Produktionsprogrammentscheidungen" und im 5. Kapitel „Strategische Produktions- und Verfahrensentscheidungen" besprechen. Das dritte Element ist Gegenstand des 6. bis 9. Kapitels, während das vierte Element nicht getrennt von den übrigen, sondern integriert behandelt wird (z.B. die Investitionsrechnungsmethoden bei den Verfahrensentscheidungen des 5. Kapitels).

Außer diesen vier allgemeinen charakteristischen Elementen einer Strategie ist natürlich noch die Vorgehensweise wichtig, wie im konkreten Fall eine geeignete Strategie zu konzipieren ist. Hierfür hat sich zunächst in der Praxis durch die Beratungsfirmen Boston Consulting Group und McKinsey, dann auch in der Literatur das Schema der **Portfolio-Matrix** durchgesetzt (Hinterhuber 1980, S. 71ff, Kreikebaum 1981, S. 71ff, Albach 1978, S. 705ff, Jacob 1982, S. 56ff).

B. Der Portfolio-Ansatz zur Lösung der strategischen Aufgabe

I. Die Portfolio-Matrix

Grundgedanke dieses Konzepts ist die These, daß die wirtschaftliche (Überlebens-)situation eines Unternehmens bzw. einer strategischen Geschäftseinheit von zwei globalen Faktoren abhängt,

1. der **Attraktivität des Marktes** (Produktfeldes) und
2. dem relativen **Wettbewerbsvorteil** gegenüber der Konkurrenz.

Der erste Faktor wird am häufigsten durch das Marktvolumen und das potentielle Marktwachstum gemessen. Er ist für die strategische Geschäftseinheit eine weitgehend unbeeinflußbare **externe** Größe.

Der zweite Faktor, der die Stärke des Unternehmens im Markt widerspiegelt, wird hauptsächlich durch den **Marktanteil** und die **Rentabilität**, aber auch zusätzlich durch die Stärke des Produktionsapparates und das Forschungs-/Entwicklungspotential (Innovationsvermögen) bestimmt. Dieser Faktor ist von der strategischen Geschäftseinheit beeinflußbar und damit eine **interne** Größe.

Die Messung beider Faktoren erfolgt zumeist qualitativ mit den Ausprägungen „niedrig“, „mittel“ und „hoch“, so daß durch Kombination der möglichen Ausprägungen beider Faktoren eine 3×3-Matrix mit neun Feldern entsteht, wie Abb. 2 zeigt.

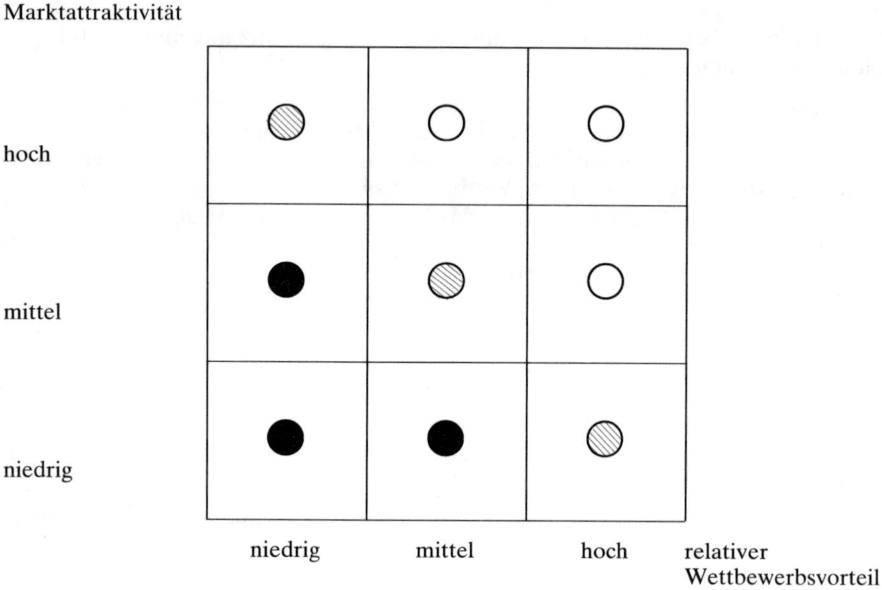

Abb. 2 Portfolio-Matrix

Jede strategische Geschäftseinheit des Unternehmens wird nun in bezug auf die Marktattraktivität und den relativen Wettbewerbsvorteil bewertet und je nach Ergebnis in eines der neun Felder der Portfolio-Matrix eingetragen.

II. Die Analyse der Matrix-Elemente

Angenommen, eine strategische Geschäftseinheit weise sowohl eine hohe Marktattraktivität (z.B. durch starkes Marktwachstum hervorgerufen) als auch einen hohen relativen Wettbewerbsvorteil (gemessen am Marktanteil und an der erzielbaren Rentabilität) auf. Ihr Platz ist dann oben rechts im idealen Feld der Matrix. Aus dieser Situation ergibt sich eine mögliche **Strategie** für diese Geschäftseinheit: Sie ist offensichtlich Marktführer in einem wachsenden Markt. Diese Stellung sollte ausgebaut oder zumindest gehalten werden. Eine solche Strategie erfordert die **Investition** zusätzlicher finanzieller Mittel, um das weitere Wachstum zu ermöglichen. Man spricht daher auch von einer **Investitions- und Wachstumsstrategie**. Trotz des infolge der Investitionsausgaben kurzfristig ungünstigen Cash Flow ist die Strategie sinnvoll, da die Geschäftseinheit langfristig erheblich zum Gewinn der gesamten Unternehmung beitragen kann.

Eine gegensätzliche Beurteilung erhält eine strategische Geschäftseinheit, die im linken unteren Feld der Matrix plaziert ist. Da sie in einem stagnierenden oder gar schrumpfenden Markt einen niedrigen Wettbewerbsvorteil aufweist, sind die langfristigen Aussichten negativ. Falls der Cash Flow kurzfristig noch positiv ist, sollten die Gewinne abgeschöpft werden. Im übrigen bietet sich eine Desinvestition dieser strategischen Geschäftseinheit an. Es wird also eine **Abschöpfungs-** bzw. **Desinvestitionsstrategie** angewandt.

Kurz gefaßt kann man sagen, daß die Investitions- und Wachstumsstrategien für die strategischen Geschäftseinheiten in Frage kommen, die in den Feldern mit weißen Kreisen (Abb. 2) plaziert sind, während sich die Abschöpfungs- und Desinvestitionsstrategien für die Felder mit schwarzen Kreisen empfehlen.

In der Diagonale von Abb. 2 (schraffierte Kreise) liegen die nicht eindeutig zuzuordnenden Geschäftseinheiten, für die bestimmte selektive Strategien (Hinterhuber 1980, S. 100) zweckmäßig sind. Wir betrachten sie anhand Abb. 3.

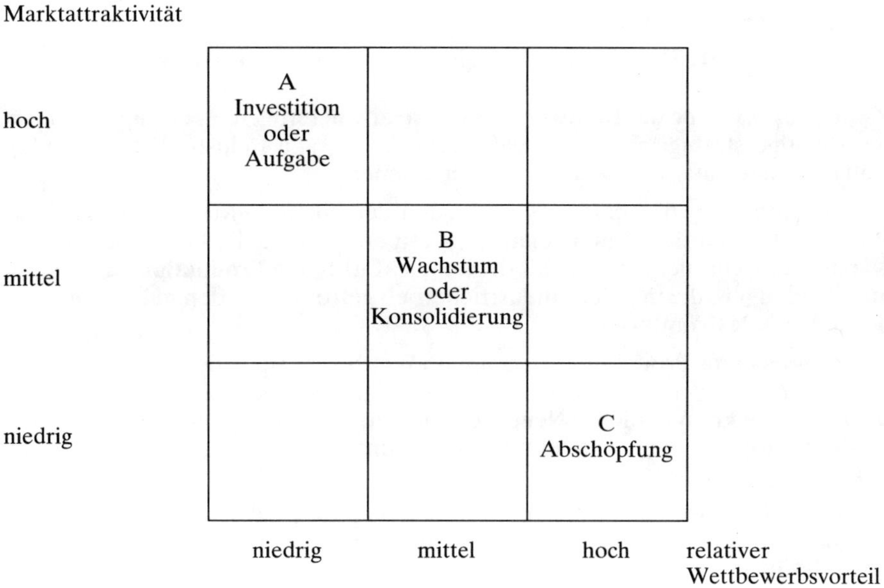

Abb. 3 Diagonalfelder der Portfolio-Matrix

Hat eine Geschäftseinheit einen niedrigen Marktanteil in einem wachsenden Markt (Feld A), so muß man überlegen, ob mit zusätzlichen Investitionen der Wettbewerbsvorteil erhöht werden kann oder ob solche Investitionen die Finanzkraft des Unternehmens im Hinblick auf andere Geschäftseinheiten zu stark belasten. Je nach Ergebnis der Analyse kann die Strategie eine Investitions- oder eine Desinvestitionsstrategie sein.

Bei hohem Wettbewerbsvorteil und niedriger Marktattraktivität (Feld C) lohnen sich keine großen Investitionen, da der Markt nicht mehr wächst. Hier sollte versucht werden, den gegenwärtigen Gewinn möglichst noch einige Zeit aufrechtzuerhalten und den Wettbewerbsvorteil abzuschöpfen.

Das mittlere Feld B ermöglicht eine Wachstumsstrategie, falls die Marktattraktivität als ausreichend angesehen wird, im anderen Fall ist eine Konsolidierung des gegenwärtigen Zustands mit Abschöpfung der investierten Mittel vorzuziehen.

Die selektiven Strategien der Hauptdiagonale können also sehr unterschiedlich sein und bedürfen einer sehr subtilen Analyse. In Abb. 2 sind sie jedoch einheitlich schraffiert eingezeichnet, um sie von den anderen beiden Hauptstrategien abzugrenzen.

Die Portfolio-Matrix läßt sich weiter verfeinern (z.B. auf 16 oder 25 Elemente erweitern), doch hat dies den Nachteil, daß die Übersichtlichkeit leidet und die definitorische Abgrenzung der Felder und der zugehörigen Strategien schwierig wird. Darüber hinaus gelingt es häufig nicht, Marktattraktivität und Wettbewerbsvorteil so genau zu beurteilen, wie es eine verfeinerte Matrix erfordern würde.

III. Die Hauptstrategien des Industriebetriebs

Zwar ist die Gruppe der Industriebetriebe relativ heterogen, doch gibt es immerhin wichtige strategische Entscheidungen, die für alle Industriebetriebe gültig sind und systematisch untersucht werden können.

Ausgehend von den beiden Koordinaten der Portfolio-Matrix (Markt- bzw. Produktfeldattraktivität und relativer Wettbewerbsvorteil), befaßt sich das 4. Kapitel des Lehrbuchs mit den strategischen **Markt- und Produktionsprogrammentscheidungen**, die in jedem Industriebetrieb getroffen werden müssen und folgende Komplexe umfassen:

- Das **realisierte** Produktionsprogramm (Wettbewerbsposition, Lebenszyklusphase und langfristige Absatzchancen der eigenen Produkte).
- Die **Produktinnovation** (Neuproduktideen, Forschung und Entwicklung, Marktdurchdringung, Produktdiversifizierung).

Da der relative Wettbewerbsvorteil des eigenen Unternehmens maßgeblich von seiner Kostensituation abhängt, werden im 5. Kapitel des Lehrbuchs die die Kosten determinierenden strategischen Investitionsentscheidungen behandelt, die sich auf die Komplexe „Standort“, „Produktionsverfahren“ und „Produktionsanlagen“ erstrecken. Mit diesen angeführten Problembereichen sind die wesentlichen strategischen Entscheidungen eines Industriebetriebs umrissen.

Um dieses Kapitel mit einem konkreten Beispiel aus der Unternehmenspraxis zu beschließen und gleichzeitig strategische Entscheidungen zu veranschaulichen, seien die wichtigsten Punkte des strategischen Programms der Deutschen BP kurz dargestellt (Buddenberg 1982).

1. Da sich die Nachfragestruktur der bisher angebotenen Erdölprodukte immer mehr in Richtung „leichte“ Produkte und in die Petrochemie verschiebt, hat man sich für den Bau von **Konversionsanlagen,** die schwere Komponenten in leichte umwandeln, entschieden, um mit den Raffinerien wirtschaftlicher produzieren zu können (Produktionsverfahrensentscheidung).
2. Der Aufbau von Aktivitäten im **Petrochemie-** und **Kunststoffbereich** wird verstärkt (Produktionsprogrammentscheidung).

3. Es wird eine Diversifizierung in die Energiebereiche Gas und Kohle angestrebt, wobei insbesondere die **Kohleveredlung** (Kohlevergasung und -verflüssigung) vorangetrieben wird (Produktinnovationsentscheidung).
4. Die Erforschung und Anwendung neuer Energietechnologien werden verstärkt (Verfahrensentscheidung).

Mit Hilfe dieses Strategieprogramms glaubt die Deutsche BP, ihre Unternehmensziele im nächsten Jahrzehnt innerhalb des extern vorgegebenen energiepolitischen Rahmens am besten erreichen zu können.

4. Kapitel: Die strategischen Markt- und Produktionsprogramm-Entscheidungen

A. Die Analyse des realisierten Produktionsprogramms

Jede strategische Entscheidung über das Produktionsprogramm eines bestehenden Industriebetriebs nimmt seinen Anfang bei den Produktfeldern, auf denen der Betrieb gegenwärtig tätig ist. Die zukünftigen Absatzchancen und Gewinnpotentiale der eigenen Produkte sind zunächst Gegenstand der Analyse.

Um eine fundierte strategische Entscheidung über ein Produktfeld einer strategischen Geschäftseinheit treffen zu können, müssen folgende Problemkomplexe untersucht werden:

1. Die Wettbewerbsposition der Produkte des Feldes,
2. die Phase des Lebenszyklus, in dem sich die Produkte des Feldes befinden,
3. das langfristige Absatz- und Gewinnpotential des Produktfeldes.

Nur bei Kenntnis dieser Sachverhalte kann entschieden werden, ob die Aktivitäten in diesem Produktfeld zu verstärken sind oder ob das Produktfeld eventuell aufgegeben werden sollte.

I. Markt- und Wettbewerbsposition der eigenen Produkte

Bevor eine Prognose über die Entwicklung der eigenen Produkte im Lebenszyklus und über die langfristigen Aussichten des Produktfeldes erstellt wird, ist zunächst eine Analyse der gegenwärtigen Wettbewerbsposition angebracht.

Hierbei ist zu untersuchen, wie das Produkt von den Abnehmern beurteilt und seine Position im Verhältnis zu den Konkurrenzprodukten eingeschätzt wird.

a) Produktbeurteilung durch die Käufer

Ein Käufer kauft ein Produkt, weil es ihm einen bestimmten **Nutzen** verspricht. Dieser Nutzen kann in verschiedene Nutzenkategorien aufgespalten werden (vgl. Böcker 1981, S. 108):

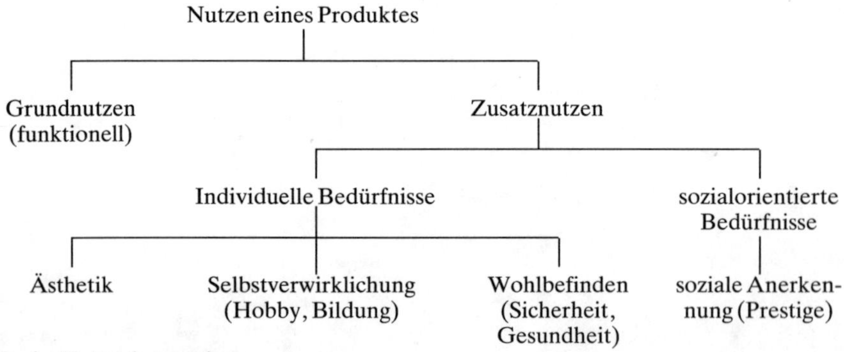

Abb. 4 Nutzenkategorien

Bei den heute am Markt angebotenen Produkten ist der funktionelle Nutzen und hier besonders das technische Niveau der meisten Konkurrenzprodukte sehr ähnlich (z.B. bei Waschmaschinen), so daß den Kategorien des Zusatznutzens immer größere Bedeutung zukommt. Die Industrie paßt sich dieser Entwicklung mit der besonderen Betonung der Aufmachung (Styling, Verpackung) und den sog. „Extras" (z.B. Metallic-Lackierung von Pkw) an, die insbesondere ästhetische und sozialorientierte Bedürfnisse befriedigen sollen.

In die Produktbeurteilung der Käufer gehen die Nutzenkategorien meist nicht getrennt ein, sondern es ergibt sich ein summarischer Wert, der Ausdruck für den Gesamtnutzen des Produktes ist. Durch eine Befragung lassen sich jedoch die einzelnen für den Verkaufserfolg des Produktes wichtigen Nutzen-Komponenten ermitteln und in einem **Nutzenprofil** zusammenfassen. Abb. 5 zeigt die Nutzenbeurteilung eines Fertiggerichts (Böcker 1981, S. 110).

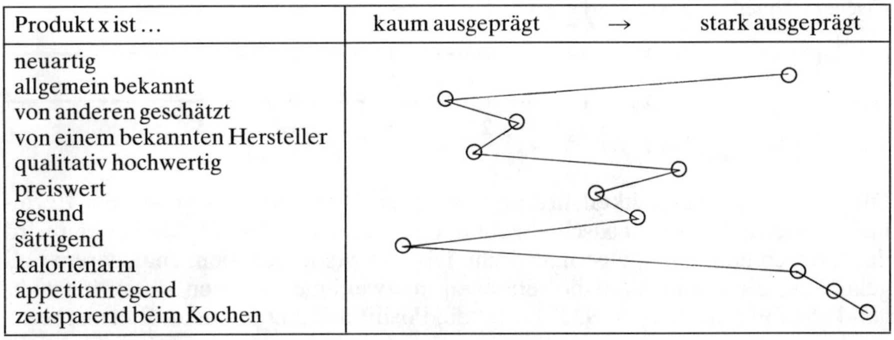

Abb. 5 Nutzenbeurteilung eines Fertiggerichts

Aus dem Nutzenprofil geht hervor, daß es sich um ein neuartiges Produkt handelt, das als qualitativ hochwertig, aber nicht gerade preiswert, vor allem aber als kalorienarm und appetitanregend angesehen wird und beim Kochen wenig Zeit erfordert.

Die Kenntnis einer solchen Produktbeurteilung ist für den Industriebetrieb sehr wichtig, da sie für die Produktgestaltung wesentliche Anhaltspunkte liefert. Eine Beurteilung der Wettbewerbsposition erfordert aber darüber hinaus einen Vergleich mit Konkurrenzprodukten.

Man könnte nun für alle Konkurrenzprodukte ebenfalls Nutzenprofile erstellen und sie in Abb. 5 einzeichnen. Durch die sich überschneidenden Linien wird jedoch die Übersichtlichkeit so stark gemindert, daß wir ein anderes Verfahren bevorzugen wollen: die Positionierung aller zu beurteilenden Konkurrenzprodukte in einem zwei-dimensionalen Raum mit Hilfe der multidimensionalen Skalierung.

b) Produktpositionierung im Umfeld der Konkurrenzprodukte

Das Verfahren der multidimensionalen Skalierung (MDS) kann in diesem Lehrbuch nicht explizit erläutert , sondern nur in seinen Grundzügen behandelt werden. Eine ausführliche Darstellung mit einem Anwendungsbeispiel findet sich in (Hansmann/Paetow/Zetsche 1983).

Grundlage der Produktpositionierung ist eine Befragung der Käufer über die **Ähnlichkeit** der einzelnen Konkurrenzprodukte. In solchen Ähnlichkeitsurteilen spiegeln sich die relativen Nutzen, die die Produkte den Käufern stiften, wider.

In einer empirischen – in Norddeutschland durchgeführten – Untersuchung über neun bekannte Biermarken hat der Verfasser solche Ähnlichkeitsurteile erhoben (Hansmann 1982). Das Befragungsschema sah folgendermaßen aus (auszugsweise für drei Biermarken):

Frage: „Wie ähnlich sind Ihrer Ansicht nach die Biermarken“

		vollkommen unähnlich						vollkommen ähnlich
Pilsener Urquell	– Jever							
Pilsener Urquell	– Becks							
Jever	– Becks							
		1	2	3	4	5	6	7

Die $\binom{9}{2} = 36$ Ähnlichkeitsurteile über neun Biermarken ergeben ein Beziehungssystem, das geometrisch abgebildet werden kann. Große Ähnlichkeit wird dabei durch eine geringe geometrische Distanz wiedergegeben. In unserem Fall gelang es, die Ähnlichkeitsbeziehungen im zweidimensionalen Raum befriedigend abzubilden. Abb. 6 (S. 37) zeigt die Positionierung der neun Biermarken.

Aus der Abbildung wird die besondere Ähnlichkeit zwischen Pilsener Urquell und König Pilsener sowie zwischen Astra Urtyp und Holsten Edel deutlich. Zur weiteren Analyse der Produktpositionierung fehlt jedoch noch eine inhaltliche Interpretation der Koordinatenachsen. Sie läßt sich durch eine zweite Untersuchung erreichen, in der die Nutzenkomponenten jeder Biermarke erhoben werden.

In unserer Erhebung wurden folgende sieben Nutzenkomponenten von einer Käufer-Stichprobe beurteilt:

1. Geschmack (Würze, Frische, Herbheit)
2. Bekömmlichkeit
3. Aussehen des Bieres (Farbe, Klarheit, Blume)
4. Aufmachung (Flaschenform, -größe, -farbe, Etikett)
5. Preis-Qualitäts-Verhältnis
6. Angebot im Handel (Beschaffungsmöglichkeiten)
7. Werbung für die Biermarke

Diese sieben Nutzenkomponenten konstituieren – wie eine faktoranalytische Studie des Verfassers gezeigt hat – den Gesamtnutzen des Produktes „Bier“.

Man kann nun diese Nutzenkomponenten mit den Produktpositionen der Abb. 6 über ein Regressionsmodell in Beziehung setzen (Hansmann/Paetow/Zetsche 1983, S. 112f). Als Ergebnis erhält man zweidimensionale Vektoren der Nutzenkomponenten, die mit den ursprünglichen Nutzenurteilen der Käufer am höchsten korreliert sind. In Abb. 7 sind diese Nutzenvektoren, die auch als Ei-

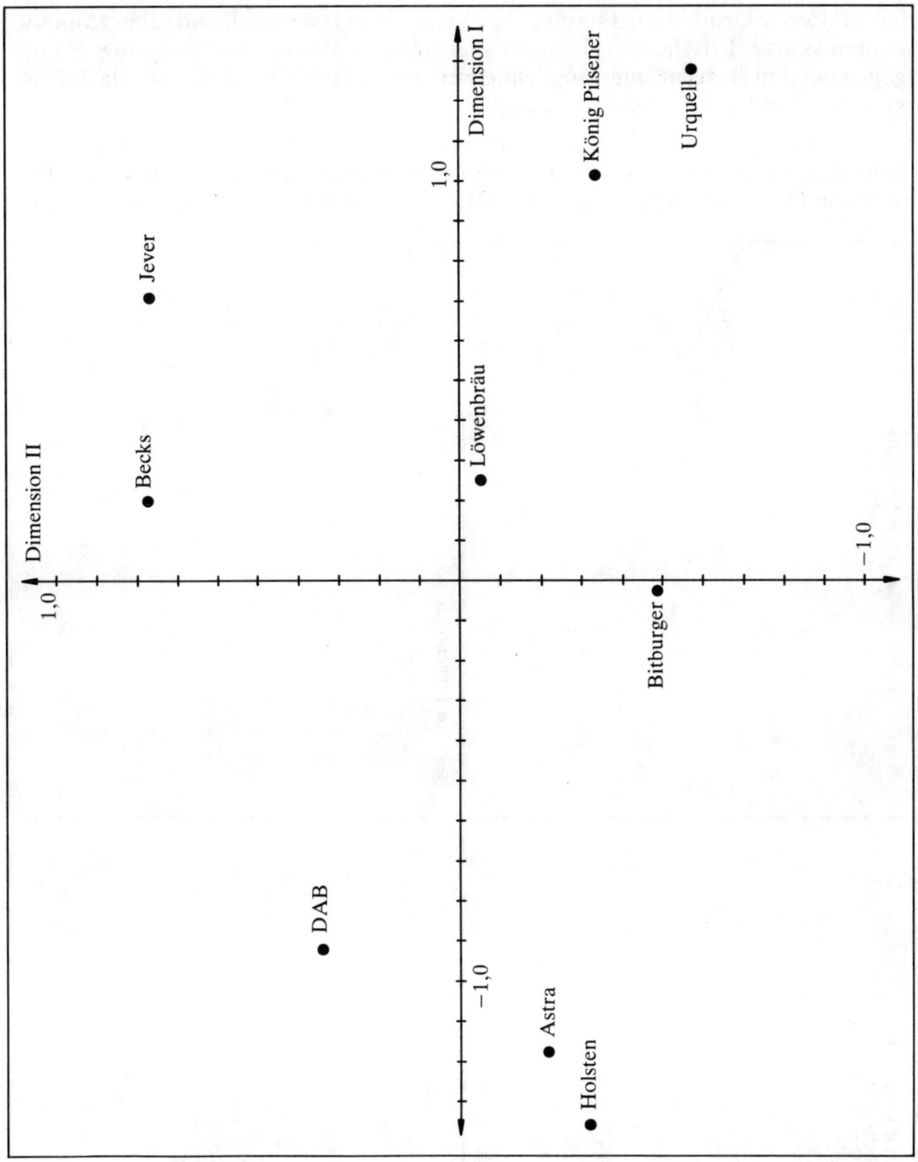

Abb. 6 Positionierung von neun Biermarken im zweidimensionalen Raum (Hansmann 1982, S. 317)

genschaftsvektoren bezeichnet werden, zusammen mit den Biermarkenpositionen eingezeichnet.

Die Eigenschaftsvektoren geben die Richtung im zweidimensionalen Raum an, in der die entsprechende Eigenschaft stärker ausgeprägt ist. So verläuft z.B. der Vektor „Geschmack“ fast parallel zur Achse der Dimension I. Bewegt man sich also in Abb. 7 von links nach rechts, werden die Biermarken „geschmackvoller". Pilsener Urquell wird somit in bezug auf den **Geschmack** und seine Komponenten Würze, Frische und Herbheit allen anderen Biermarken vorgezogen, hingegen bei den **Beschaffungsmöglichkeiten** am ungünstigsten beurteilt, da der zugehörige Vektor nach links oben zeigt.

Die Eigenschaftsvektoren dienen nun dazu, eine inhaltliche Interpretation der Koordinatenachsen vorzunehmen. Abb. 7 zeigt, daß dies für die Abszisse (Dimension I) relativ gut gelingt, da die Richtungen der Vektoren Geschmack, Be-

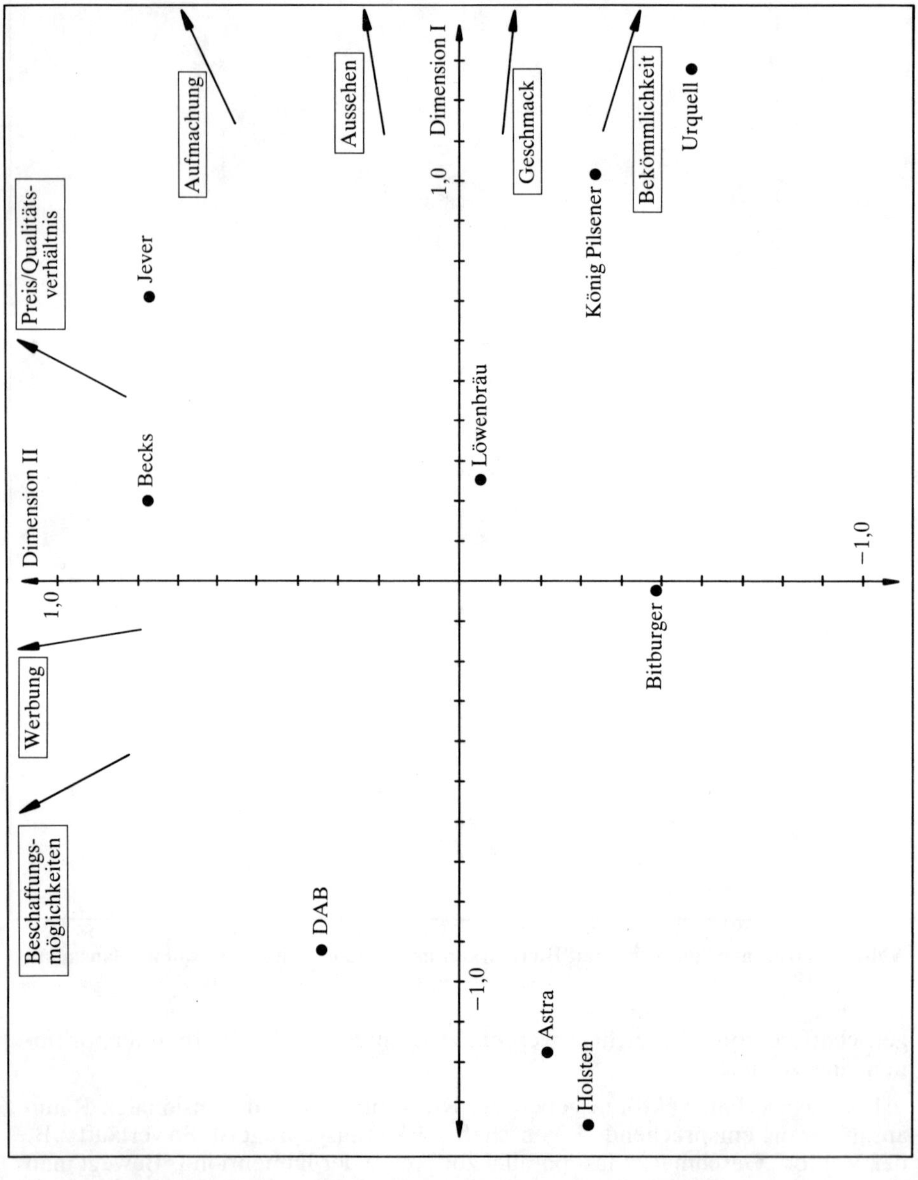

Abb. 7 Biermarken-Positionen und Nutzenkomponenten (Eigenschaften)

kömmlichkeit, Aussehen und Aufmachung nur wenig um die Achse streuen und sich zu einem Eigenschaftsbündel zusammenfassen lassen. Die Dimension I mißt demnach die „geschmackliche und visuelle Produktqualität" der einzelnen Biermarken.

Demgegenüber streuen die Richtungen der Vektoren Beschaffungsmöglichkeiten, Werbung und Preis-Qualitäts-Verhältnis stärker um die Ordinate (Dimension II), so daß eine inhaltliche Interpretation schwieriger ist. Die Dimension II mißt wahrscheinlich die Wirkungen der absatzpolitischen Instrumente Preis, Distribution und Werbung auf die Verbraucher.

Man kann die Dimension II daher auch als „Marketing-Qualität" der Brauereien bezeichnen, die der Produktqualität im engeren Sinn gegenübersteht (Hansmann 1982, S. 319). Offensichtlich besteht also auch bei Bier der Gesamtnutzen für den Verbraucher aus dem Grundnutzen (geschmackliche und visuelle Produktqualität) und einem Zusatznutzen, der durch das Marketing der Brauereien (Werbung, Preis, Distribution) beeinflußbar ist.

Die Biermarke, die den Vorstellungen und Wünschen der Bierkonsumenten am nächsten kommt, ist die Marke Jever, deren Position auch am weitesten nach rechts oben verschoben ist. Sie kann für die befragte Gruppe von Bierkonsumenten als Idealmarke angesehen werden.

Dieses empirische Beispiel soll zeigen, wie die Wettbewerbsposition eines Produktes dargestellt werden kann. Sie ergibt sich einmal aus der Entfernung zum Idealprodukt und zum anderen aus der Position der nächstliegenden Konkurrenzprodukte. Die beiden Hamburger Biere Holsten-Edel und Astra Urtyp liegen sehr nahe beieinander, aber weit entfernt vom Idealprodukt.

Falls eine Änderung in der Produktqualität (in Richtung auf Würze und Herbheit) nicht möglich oder durchsetzbar erscheint, können absatzpolitische Maßnahmen (Werbung und Preispolitik) eventuell eine Verbesserung des Marken-Images ergeben und die Positionen nach oben verschieben.

Produktbeurteilung und Produktpositionierung sind somit wichtige Grundbausteine zur Analyse der **gegenwärtigen** Wettbewerbsposition der eigenen Produkte. Die **zukünftige** Wettbewerbsposition ist für strategische Produktionsprogrammentscheidungen jedoch genauso wichtig. Sie hängt in erster Linie von der Stellung des untersuchten Produktes in seinem Lebenszyklus ab.

II. Die Stellung der eigenen Produkte im Lebenszyklusprozeß

a) Das Lebenszyklus-Konzept

Jedes Produkt wird nur eine begrenzte Zeit vom Markt akzeptiert. Diese Zeitspanne, in der sich das Produkt am Markt befindet, nennt man seinen **Produktlebenszyklus** oder auch Produktlebenslauf.

Die Länge des Lebenszyklus variiert bei industriellen Produkten erheblich. Sie reicht von drei Jahren (z.B. Quarz-Armbanduhren mit LED-Anzeige[2]) bis über 50 Jahre (z.B. Coca-Cola).

Zur näheren Analyse hat es sich als zweckmäßig herausgestellt, den Lebenszyklus eines Produktes in die folgenden fünf Phasen einzuteilen (vgl. Abb. 8):

---

[2] LED = **L**ight **E**mitting **D**iode

1. Die Einführungsphase

Sie beginnt mit der Einführung des Produktes auf dem Markt. Infolge der Kosten für die Einführungswerbung und den Aufbau der Verkaufsorganisation entstehen zunächst Anlaufverluste, die allmählich bei steigendem Bekanntheitsgrad durch Umsatzanstieg kompensiert werden. Die Phase endet mit dem Erreichen der Gewinnschwelle.

2. Die Wachstumsphase

Sie ist durch Umsatzanstieg mit wachsenden Zuwachsraten gekennzeichnet, der in erster Linie von der erfolgreichen Marktdurchdringung (Multiplikatoreffekt) und den beginnenden Wiederholungskäufen hervorgerufen wird. Die Phase endet, wenn der Umsatzanstieg schwächer wird (W_1 = Wendepunkt der Lebenszykluskurve in Abb. 8).

3. Die Reifephase

Der Anstieg des Umsatzes verlangsamt sich während dieser Phase, so daß eine zunehmende Marktsättigung für das Produkt sichtbar wird. Das Ende dieser Phase kann nur unscharf als „Tendenz zur Umsatzstagnation" definiert werden. Brockhoff (1981, S. 68) läßt die Phase ausklingen, wenn die Differenz vom Umsatzmaximum und dem tatsächlich erreichten Umsatz eine vorgegebene Größe δ unterschreitet (Abb. 8).

4. Die Sättigungsphase

Sie ist durch Umsatzstagnation auf hohem Niveau gekennzeichnet und enthält das Umsatzmaximum. Die Phase ist beendet, wenn der Umsatz nachhaltig sinkt (Umsatzmaximum – tatsächlicher Umsatz > δ).

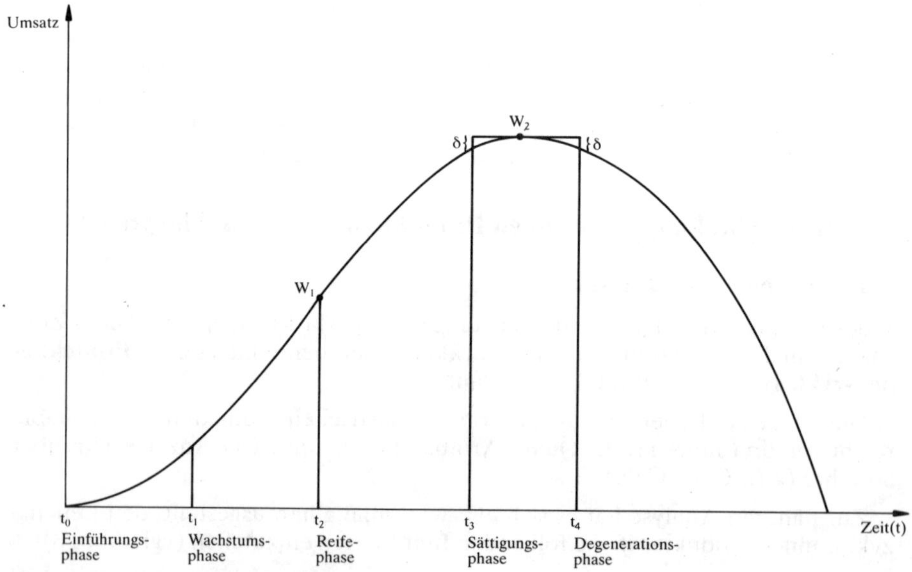

Abb. 8 Lebenszyklus eines idealtypischen Produktes

5. Die Degenerationsphase

Sie umfaßt die Zeitspanne bis zur Eliminierung des Produktes aus dem Produktionsprogramm.

Abb. 8 zeigt einen idealtypischen Produktlebenszyklus in der Form der zeitlichen Entwicklung des (inflationsbereinigten) Umsatzes. Es wäre ebenso zulässig, den Absatz des Produktes in ME (= Mengeneinheiten) als Variable zugrunde zu legen.

Kritisch zum Lebenszyklus-Konzept ist folgendes anzumerken:

- Die Vielfalt der Einflußfaktoren auf den Absatz eines Produktes wird auf eine Variable (die Zeit) reduziert. Die Analyse kann dadurch eventuell unzulässig vereinfacht werden.
- Die idealtypische Form der Abb. 8 trifft insbesondere in der Degenerationsphase nicht für alle Produkte zu. So gibt es Produkte (z.B. Coca-Cola oder Persil), die trotz langer Lebensdauer diese Phase noch nicht erreicht haben und andere (z.B. Fahrräder, Motorräder), die nach der Degenerationsphase eine neue Wachstumsphase durchlaufen. Außerdem ist das Ende der Lebenszykluskurve nicht immer in der Degenerationsphase, da aus langfristigen technologischen Erwägungen eine frühzeitige Elimination des Produktes und Substitution durch ein verbessertes Produkt angebracht sein kann.
- Das Ende der Einführungsphase kann nicht wie die anderen Phasenübergänge aus der Lebenszykluskurve direkt abgelesen werden. Man benötigt dazu außer der Umsatzkurve die Gewinnkurve, aus der die Gewinnschwelle entnommen werden muß. Durch diese Änderung der Betrachtungsebene wird die Einheitlichkeit des Konzepts etwas gestört.
- Der komplette Lebenszyklus liegt erst vor, wenn das Produkt bereits aus dem Markt ausgeschieden ist. Für noch existierende Produkte muß der zukünftige Teil des Lebenszyklus prognostiziert werden, ist also mit erheblichen Unsicherheiten behaftet. Wir kommen hierauf in Teil III dieses Kapitels (S. 47ff) ausführlich zurück.

Insgesamt kann gesagt werden, daß das Lebenszyklus-Konzept – vorsichtig angewandt – ein einfaches, aber doch brauchbares Instrument ist, um die zukünftigen Absatzchancen der eigenen Produkte zumindest qualitativ zu analysieren. Wir werden im folgenden die Anwendung des Konzeptes an zwei empirischen Absatzentwicklungen von Produkten demonstrieren.

b) Beispiele von Produktlebenszyklen

1. Die Absatzentwicklung des VW-Käfers 1945-1980

Ein gutes Beispiel für einen „idealtypischen" Lebenszyklus bietet die Zeitreihe „Käfer-Produktion des VW-Konzerns" von 1945 bis 1980 (Volkswagenwerk AG 1981, S. 31). Sie kann unbedenklich für unsere Zwecke als Absatzreihe interpretiert werden, da in der Automobilindustrie die Produktionsentwicklung der Absatzentwicklung relativ rasch folgt und die Lagerbestandsveränderungen hier vernachlässigt werden können. Tab. 10 enthält die Produktionsreihe für den VW-Käfer, die in Abb. 9 als Produktlebenszyklus graphisch dargestellt ist.

Tab. 10 Käfer-Produktion des VW-Konzerns 1945-1980 (in TSD Stck.)

Jahr	Produktion	Jahr	Produktion
1945	2	1963	838
1946	10	1964	948
1947	9	1965	1.091
1948	19	1966	1.081
1949	46	1967	926
1950	82	1968	1.186
1951	94	1969	1.220
1952	114	1970	1.196
1953	151	1971	1.292
1954	202	1972	1.221
1955	280	1973	1.206
1956	333	1974	791
1957	381	1975	441
1958	452	1976	383
1959	575	1977	259
1960	739	1978	272
1961	828	1979	263
1962	876	1980	236

Quelle: Festschrift zur Produktion des 20millionsten VW-Käfers, Volkswagenwerk AG 1981, S. 31

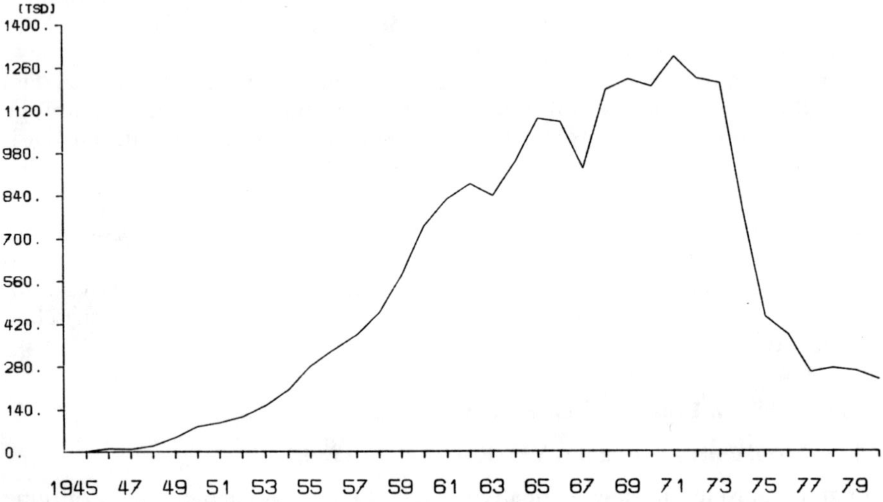

Abb. 9 Käfer-Produktion im VW-Konzern 1945-1980 (in TSD Stck.)

Wir erkennen in Abb. 9 eine deutlich ausgeprägte und von 1948 bis 1960 andauernde Wachstumsphase. Dabei verlegen wir das Ende der Einführungsphase, die eigentlich schon während des Krieges abgeschlossen war, etwas willkürlich in das Jahr der Währungsreform, um einen externen Anhaltspunkt zu haben.

Die anschließende Reifephase (1960-1968) wird optisch durch konjukturelle Entwicklungen, insbesondere durch die beiden Rezessionen 1963 und 1966/67 gestört.

Der Verlauf der Sättigungsphase (1968-1973) ist demgegenüber etwas ruhiger. Die Produktionszahlen erreichen hier Werte, die nur noch weniger als 10% vom absoluten Produktionsmaximum (1,292 Mio Einheiten im Jahr 1971) entfernt sind.

Etwas abrupt setzt dann Ende 1973 die bis 1980 andauernde Degenerationsphase ein. Sie wird wesentlich verstärkt durch die erste Ölkrise mit anschließender Rezession (1974-1976) und durch die einsetzende Substitution des Käfers durch die neuen VW-Modelle Golf und Polo.

Wir wollen nun versuchen, der empirischen Lebenszykluskurve eine Funktion anzupassen, die nur den Trend wiedergibt, ohne die konjunkturellen Schwankungen zu berücksichtigen, um die Form des Lebenszyklus klarer hervortreten zu lassen und die charakteristischen Punkte (z.B. Wendepunkt) berechnen zu können.

Wir legen folgende Funktionsform zugrunde (Brockhoff 1981, S. 67; Böcker 1981, S. 117):

(1) $$P_t = at^b e^{-ct} + u_t \qquad (t=1, \ldots, T)$$

P_t = Produktion in TSD ME im Jahr t
u_t = Störvariable im Jahr t
e = 2,71828... (Eulersche Zahl)

Die Parameter a, b und c werden so bestimmt, daß die Summe der quadrierten Abstände zwischen den wahren und den geschätzten Produktionszahlen minimal wird (Prinzip der Kleinsten Quadrate, abgekürzt KQ-Methode).

(2) $$\sum_{t=1}^{T} u_t^2 = \sum_{t=1}^{T} (P_t - at^b e^{-ct})^2 \Rightarrow \text{Min!}$$

Die partiellen Ableitungen dieser Zielfunktion nach a, b und c ergeben ein nicht-lineares Gleichungssystem, das z.B. mit dem Verfahren von Marquardt (Hansmann 1983, S. 81ff) gelöst werden kann.

Dabei ergeben sich folgende Schätzwerte[3] für die Parameter:

$\hat{a} = 3{,}9 \cdot 10^{-7}$ $\hat{b} = 10{,}299$ $\hat{c} = 0{,}455$

$\hat{\sigma}_{\hat{a}} = 1{,}0 \cdot 10^{-8}$ $\hat{\sigma}_{\hat{b}} = 0{,}0115$ $\hat{\sigma}_{\hat{c}} = 0{,}0015$

$R^2 = 0{,}885$ $DW = 0{,}487$

so daß Gleichung (1) für die Produktion von VW-Käfern lautet:

(3) $$P_t = 3{,}9 \cdot 10^{-7} \cdot t^{10{,}299} \cdot e^{-0{,}455t} + \hat{u}_t \qquad (t=1, \ldots, 36)$$

Alle Parameterschätzungen sind hoch-signifikant (99%-Niveau) und das Bestimmtheitsmaß R^2 zeigt, daß über 88% der Varianz der Käfer-Zeitreihe durch Funktion (3) erklärt werden kann. Allerdings ist der Durbin-Watson-Koeffizient

[3] Die mit der KQ-Methode ermittelten Schätzwerte der Parameter sowie die darauf aufbauenden Schätzungen bzw. Prognosen von Zeitreihenwerten (hier: Käfer-Produktion) werden stets mit einem Dach „^" versehen.

DW relativ niedrig und deutet auf eine positive Autokorrelation der Residuen $\hat{u}_t$ hin. Abb. 10 auf S. 45 deckt die Ursache hierfür auf: Die Residuen sind bis 1961 positiv, von 1962 bis 1967 negativ, dann wieder bis 1974 positiv. Diese „serielle" Korrelation der Residuen zieht den niedrigen Wert von DW nach sich. Man sieht also, wie schwierig die Anpassung einer theoretischen Kurve an die empirische Lebenszykluskurve sein kann.

In Gleichung (1) wird unterstellt, daß der Einfluß der Störvariablen u_t additiv ausgedrückt werden kann. Es ist jedoch möglich, daß der Einfluß der Störvariablen vom Niveau der Zeitreihe abhängt und daher besser **multiplikativ** berücksichtigt werden sollte. Dies führt zu

(4) $P_t = at^b e^{-ct+u_t}$. (t=1, ..., T)

Die Gleichung läßt sich auf beiden Seiten logarithmieren.

(5) $\ln P_t = \ln a + b \ln t - ct + u_t$

Das ergibt die Zielfunktion

(6) $\sum_{t=1}^{T} u_t^2 = \sum_{t=1}^{T} (\ln P_t - \ln a - b \ln t + ct)^2 \Rightarrow \text{Min!}$

Die partiellen Ableitungen nach ln a, b und c ergeben ein lineares Gleichungssystem, das mit jeder Standardmethode der linearen Regressionsrechnung (Schneeweiß 1978, Hansmann 1983, S. 106ff) gelöst werden kann.

Dabei ergeben sich folgende Werte:

$\widehat{\ln a} = -0{,}091$ $\hat{b} = 3{,}059$ $\hat{c} = 0{,}129$

$R^2 = 0{,}90$ $\hat{\sigma}_{\hat{b}} = 0{,}252$ $\hat{\sigma}_{\hat{c}} = 0{,}021$

$DW = 0{,}30$

Durch Entlogarithmieren errechnet man aus $\widehat{\ln a}$ $\hat{a} = 0{,}913$, wobei $\hat{a}$ jedoch keine erwartungstreue Schätzung für a ist, weil $(a - \hat{a})$ nicht linear von den u_t abhängt. Bei geringer Streuung von $\hat{a}$ kann man aber annehmen, daß der Erwartungswert $E[\hat{a}]$ nahe bei a liegt.

Die Schätzfunktion für die Käfer-Produktion lautet also im logarithmierten linearen Modell

(7) $P_t = 0{,}913 \cdot t^{3{,}059} \cdot e^{-0{,}129t+\hat{u}_t}$. (t=1, ..., 36)

Sowohl die lineare als auch die nicht-lineare Schätzung sind hochsignifikant (99%-Niveau). Darüber hinaus zeigen die Bestimmtheitsmaße (R^2) eine gute Anpassung, während der Durbin-Watson-Koeffizient (DW) die positive Autokorrelation der $\hat{u}_t$ widerspiegelt.

Die in beiden Modellen unterschiedlichen Parameterschätzungen sieht man deutlich in Abb. 10, in der die Lebenszykluskurve des VW-Käfers den beiden geschätzten Verläufen gegenübergestellt ist.

Aus Abb. 10 geht deutlich die Überlegenheit der nichtlinearen Schätzung (3) gegenüber der logarithmiert-linearen Schätzung (7) hervor, obwohl dies in den Signifikanz- und Gütemaßen nicht zum Ausdruck kommt. Dabei ist jedoch zu berücksichtigen, daß die Signifikanz- und Gütemaße beim zweiten Modell auf der logarithmierten Ebene errechnet worden sind. Geringe Schätzabweichungen bei den Logarithmen wirken sich aber bei den Grundzahlen viel stärker aus und führen zu schlechterer Anpassung in Gleichung (7) gegenüber Gleichung (3). Der nichtlinearen Schätzung ist daher auf jeden Fall der Vorzug zu geben.

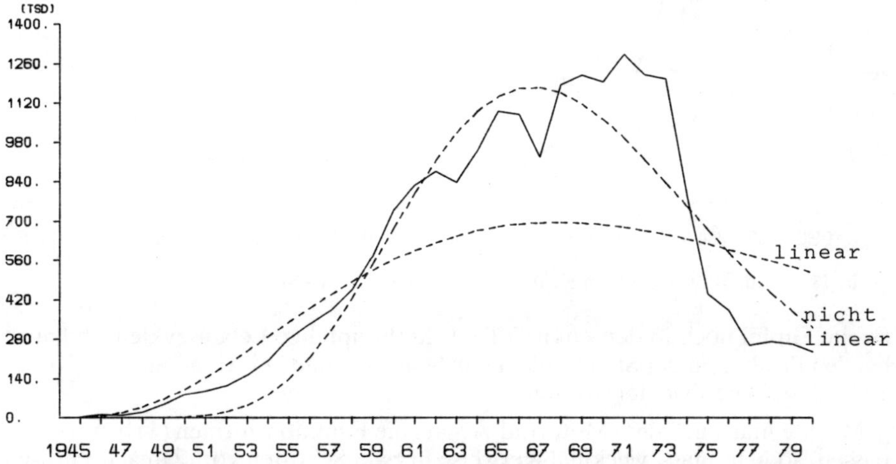

Abb. 10 Tatsächlicher und geschätzter (gestrichelt) Lebenszyklus des VW-Käfers (in TSD Stck.)

2. Die Entwicklung der Motorradproduktion 1950-1982

Die Absatzentwicklung des VW-Käfers kommt dem idealtypischen Verlauf eines Produktlebenszyklus recht nahe. Im Gegensatz dazu soll nun ein Beispiel betrachtet werden, das nicht so gut in das „Standard-Konzept" paßt. Es ist die Absatzentwicklung der Produktgruppe „Krafträder" seit 1950, gemessen an den jährlichen Neuzulassungen (Quelle: Der Bundesminister für Verkehr (Hrsg.), Verkehr in Zahlen 1983, S. 128f).

Abb. 11 zeigt den Lebenszyklus dieser Produktgruppe.

Die Abbildung zeigt, daß die Degenerationsphase von 1954 bis 1966 nicht zum Verschwinden dieser Produktgruppe vom Markt geführt hat, sondern in eine neue bis zur Gegenwart noch andauernde Wachstumsphase eingemündet ist. Das Motorrad wurde, nachdem es in den fünfziger Jahren vom Automobil weitgehend verdrängt worden war, am Ende der sechziger Jahre als Verkehrsmittel wieder „entdeckt" und erlebte anschließend einen starken Aufschwung.

Im Rahmen des Lebenszykluskonzeptes hat die Produktgruppe Krafträder einen abgeschlossenen ersten Teil ihres Lebenszyklus von 1950 bis 1966 absolviert und befindet sich heute am Übergang von der Wachstums- zur Reifephase eines zweiten Teilabschnittes, dessen weiterer Verlauf prognostiziert werden muß. Diesen Absatzverlauf nennt man einen **mehrgipfeligen** Lebenszyklus, wobei der

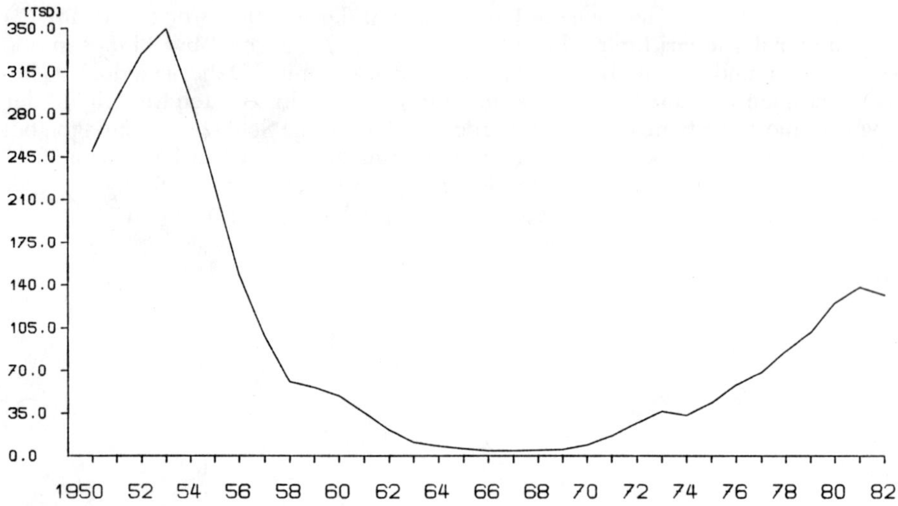

Abb. 11 Neuzulassungen von Krafträdern 1950-1982 (in TSD Stck.)

zweite Gipfel noch in der Zukunft liegt. Mehrgipfelige Lebenszyklen sind auch bei den Produkten der Steinkohle, beim Schiffbau und bei Arzneimitteln (Kotler 1977, S. 422) beobachtet worden.

Möchte man auch dem Motorrad-Absatz die Funktionsformen (1) bzw. (4) anpassen, so geht man zweckmäßigerweise in zwei Schritten vor. Zunächst erfolgt die Anpassung mit dem ersten Teilzyklus 1950-1966. Dabei erhalten wir folgende Ergebnisse:

Nicht-lineares Modell

$\hat{a} = 347{,}88$	$\hat{b} = 1{,}292$	$\hat{c} = 0{,}471$
$\hat{\sigma}_{\hat{a}} = 9{,}369$	$\hat{\sigma}_{\hat{b}} = 0{,}020$	$\hat{\sigma}_{\hat{c}} = 0{,}006$
$R^2 = 0{,}97$		$DW = 1{,}56$

Lineares Modell

$\hat{a} = 372{,}10$	$\hat{b} = 1{,}243$	$\hat{c} = 0{,}474$
$\hat{\sigma}_{\hat{a}} = 1{,}168$	$\hat{\sigma}_{\hat{b}} = 0{,}135$	$\hat{\sigma}_{\hat{c}} = 0{,}021$
$R^2 = 0{,}99$		$DW = 1{,}14$

Beide Modelle weisen eine befriedigende Anpassungsgüte auf und sind auf dem 99%-Niveau signifikant. Der Durbin-Watson-Koeffizient gibt an, daß nur im linearen Modell eine positive Autokorrelation besteht.

Im zweiten Schritt versuchen wir, die Funktionen (1 und 4) dem zweiten Teilzyklus des Motorrad-Absatzes (1967-1982) anzupassen; dies ist etwas riskant, weil die charakteristischen Punkte wie z.B. das Absatz-Maximum noch nicht empirisch vorliegen. Dieser Teil der Schätz-Kurve ist deshalb als eine Prognose anzusehen, die unter der Bedingung abgegeben werden muß, daß die Funktionen (1 und 4) tatsächlich diesem Absatzprozeß zugrunde liegen.

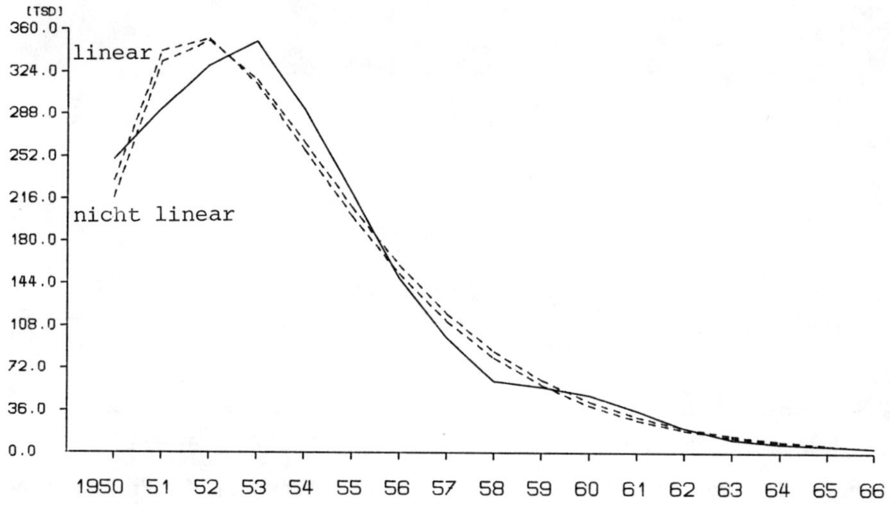

Abb. 12 Tatsächlicher und geschätzter (gestrichelt) Lebenszyklus der Produktgruppe „Krafträder“ (in TSD Stck.)

Die Schätzung 1967-1982 liefert folgende Ergebnisse:

Tab. 11

Parameter	nicht-lineares Modell	lineares Modell
$\hat{a}$	0,367	2,792
$\hat{\sigma}_{\hat{a}}$	0,008	1,257
$\hat{b}$	2,430	0,581
$\hat{\sigma}_{\hat{b}}$	0,008	0,208
$\hat{c}$	0,048	−0,159
$\hat{\sigma}_{\hat{c}}$	0,002	0,034
R^2	0,98	0,97
DW	1,36	0,98

Das lineare Modell ist hier nicht anwendbar, weil $\hat{c} < 0$ ausfällt. Die Prognosefunktion wächst exponentiell, ohne ein Maximum zu erreichen. In Abb. 13 sind die echten und geschätzten Werte der Neuzulassungen von Krafträdern gegenübergestellt.

III. Prognose der langfristigen Absatzchancen

Nach Analyse der Markt- und Wettbewerbsposition der eigenen Produkte und der Kenntnis ihrer Stellung im Lebenszyklus müssen nun die langfristigen Absatzchancen dieser Produkte prognostiziert werden, um eine sichere Grundlage für strategische Produktentscheidungen wie Produktintensivierung, -variation oder -elimination zu schaffen.

Im Anschluß an den vorigen Abschnitt könnten die langfristigen Absatzchancen durch eine Fortschreibung der Lebenszykluskurve prognostiziert werden. Wir haben jedoch bei der Produktgruppe „Krafträder“ gesehen, daß der Verlauf der Lebenszykluskurve noch zuwenig ausgeprägt war, um Gleichung (1) mit gu-

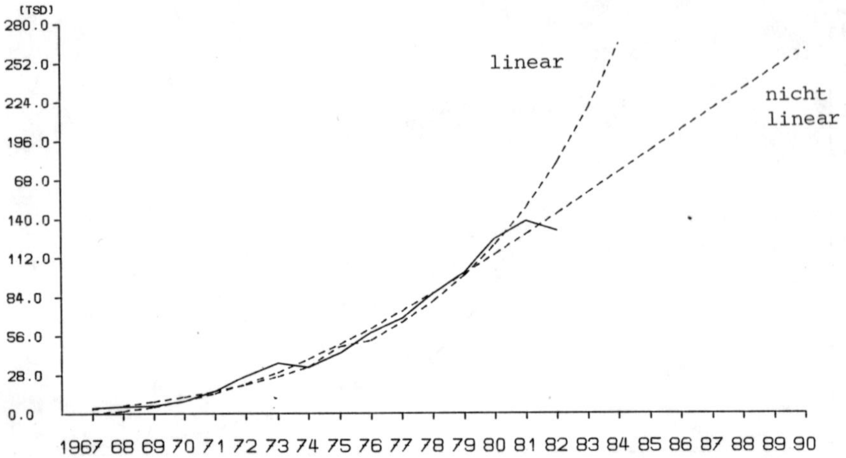

Abb. 13 Tatsächlicher und geschätzter (gestrichelt) Lebenszyklus der Produktgruppe „Krafträder" (in TSD Stck.)

tem Gewissen als Prognosefunktion zugrunde zu legen. Wir werden daher in diesem Abschnitt etwas „konservativere" Prognosefunktionen anwenden, die eine mögliche spätere Degenerationsphase außer acht lassen.

a) Die lineare Trendextrapolation

Das einfachste Verfahren der Absatzschätzung ist die Fortführung des in der Vergangenheit beobachteten Absatzverlaufs in linearer Form. Man begnügt sich mit der „allgemeinen Richtung" (Trend), ohne auf vorübergehende Schwankungen zu achten.

So weist z.B. die Produktgruppe „Dieselkraftstoff" von 1960 bis 1982 einen steigenden Trend auf, der für die nächsten Jahre wahrscheinlich erhalten bleibt. Es besteht heute noch kein Anlaß, eine zukünftige Sättigungs- oder gar Degenerationsphase ins Auge zu fassen, so daß wir das Verfahren der Trendextrapolation an diesem Beispiel demonstrieren wollen (vgl. auch Hansmann 1983, S. 104ff). Tab. 12 gibt die Zeitreihe wieder.

Tab. 12 Verbrauch von Dieselkraftstoff in der BRD p.a. (in Mio t)

Jahr	Verbrauch	Jahr	Verbrauch
1960	3,160	1971	6,532
1961	3,715	1972	6,900
1962	3,933	1973	7,330
1963	4,116	1974	6,750
1964	4,568	1975	7,060
1965	4,800	1976	7,650
1966	5,174	1977	8,350
1967	5,050	1978	8,900
1968	5,558	1979	9,650
1969	5,750	1980	9,880
1970	6,320	1981	10,070
		1982	10,270

Quelle: Der Bundesminister für Verkehr (Hrsg.), Verkehr in Zahlen 1983, S. 238-239

Wir unterstellen bei dieser Zeitreihe eine lineare Trendfunktion

(8) $x_t = a + bt + u_t$ (t=1, ..., T)

mit den zu schätzenden Parametern a und b und

x_t = Dieselkraftstoffverbrauch im Jahr t (t=1 ≙ 1960) in Mio t

u_t = Störvariable im Jahr t

Gemäß der Methode der kleinsten Quadrate (KQ) minimieren wir die Zielfunktion

(9) $Z = \sum_{t=1}^{T} u_t^2 = \sum_{t=1}^{T} (x_t - a - bt)^2 \Rightarrow$ Min!

Die ersten partiellen Ableitungen, gleich Null gesetzt, ergeben das bekannte System der **Normalgleichungen**.

(10a) $\hat{a}T + \hat{b} \sum_{t=1}^{T} t = \sum_{t=1}^{T} x_t$

(10b) $\hat{a} \sum_{t=1}^{T} t + \hat{b} \sum_{t=1}^{T} t^2 = \sum_{t=1}^{T} x_t \cdot t$

Für den Verbrauch von Dieselkraftstoff ergeben sich folgende Schätzwerte und Testgrößen:

$\hat{a} = 2{,}805$	$\hat{b} = 0{,}315$	$F_{emp} = 840$
$R^2 = 0{,}976$	$\hat{\sigma}_{\hat{b}} = 0{,}011$	$F^1_{19}(95\%) = 4{,}38$
$DW = 0{,}698$		

Man erkennt die hohe Signifikanz ($F_{emp} = 840 >> 4{,}38 = F(95\%)$)[4] und die sehr gute Anpassung ($R^2 = 0{,}976$). Fast 98% des Dieselkraftstoffverbrauchs wird vom Faktor „Zeit" erklärt. Allerdings weist der niedrige Durbin-Watson-Koeffizient auf eine positive Autokorrelation der Residuen hin, ein Zeichen dafür, daß wichtige Einflußfaktoren, wie z.B. der Motorisierungsgrad der Bevölkerung, vernachlässigt wurden. U.U. wäre aber auch eine quadratische Trendfunktion

(11) $x_t = a + bt + ct^2$

für das Problem angemessener. Dies soll hier, wo es sich nur um ein Beispiel handelt, nicht weiter verfolgt werden. Abb. 14 zeigt, daß die lineare Funktion

(12) $\hat{x}_t = 2{,}805 + 0{,}315 \cdot t$

eine brauchbare Anpassung liefert.

4 $F_{emp.}$ ist der empirische F-Wert, F(95%) der Wert der theoretischen F-Verteilung auf dem Signifikanzniveau von 95%.

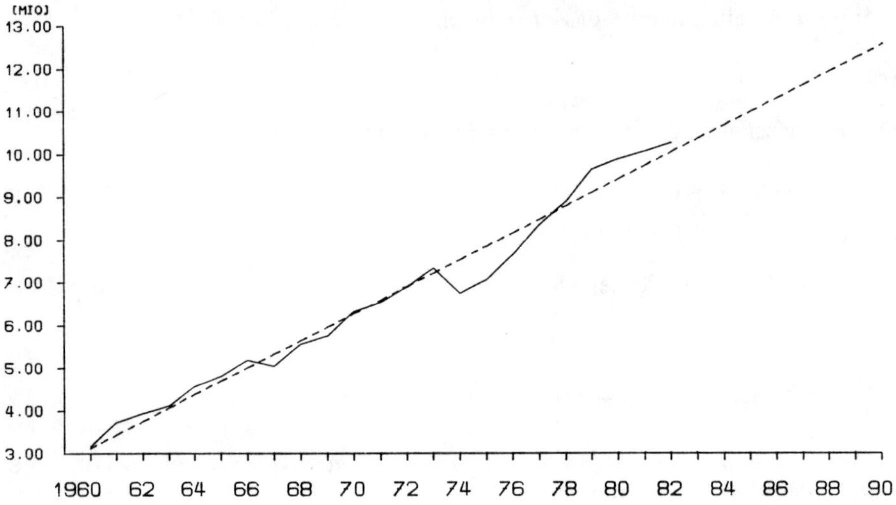

Abb. 14 Verbrauch von Dieselkraftstoff in der BRD (Prognose gestrichelt) 1960-1990 (in Mio t p.a.)

b) Die logistische Funktion

Die logistische Funktion ist Ausdruck der Erfahrung, daß ein steigender Absatz-Trend nicht beliebig lang anhalten kann, sondern früher oder später in eine Stagnation übergeht, d.h. ein bestimmtes Sättigungsniveau des Marktes nicht überwunden werden kann. Im Rahmen des Lebenszyklus-Konzeptes kann man sagen, daß die logistische Funktion die Einführungs-, Wachstums- und Reifephase eines Lebenszyklus beschreibt. Die Sättigungsphase weist kein Absatzmaximum auf und die Degenerationsphase entfällt ganz. Daher liegt es nahe, logistische Funktionen zur Prognose von Absatzentwicklungen heranzuziehen, die noch keine Anzeichen eines **rückläufigen** Absatzes erkennen lassen.

Die logistische Funktion beruht auf der Grundannahme:

Die zeitliche Veränderung $\frac{dx}{dt}$ der Zeitreihe x(t)[5] ist proportional

a) dem jeweils erreichten Niveau x und

b) dem Abstand zwischen dem Sättigungsniveau S und dem bisher erreichten Niveau x.

Diese Grundannahme lautet quantitativ

(13) $$\frac{dx}{dt} = ax(S - x).$$

[5] Man geht bei der logistischen Funktion nicht von diskreten Zeitpunkten, sondern von einer kontinuierlichen Zeitvariablen $t \in \mathbb{R}$ aus.

Hieraus läßt sich durch Integration (vgl. Hansmann 1983, S. 111ff) die Gleichung der logistischen Funktion ableiten

$$(14) \qquad x(t) = \frac{S}{1 + a_1 e^{a_2 t}}$$

mit $a_1 = e^{-c}$ und $a_2 = -aS$ (c = Integrationskonstante).

In dieser Funktion müssen die Parameter a und S (= Sättigungsniveau) geschätzt werden, der Parameter c ergibt sich aus ihnen und dem Anfangswert von x(t) durch Berechnung. Auf die Vorgehensweise bei der Schätzung mit der KQ-Methode und die damit zusammenhängende Problematik der Schätzung des Sättigungsniveaus ist der Verfasser an anderer Stelle detailliert eingegangen (Hansmann 1983, S. 113f), so daß wir dies hier übergehen können.

Wegen der höheren Prognosegüte wird im folgenden eine **verallgemeinerte logistische Funktion** der Form

$$(15) \qquad x(t) = \frac{S}{(1 + \frac{a_1}{a_3} e^{a_2 t})^{a_3}}$$

zugrunde gelegt, mit der der Verfasser bei einer empirischen Anwendung gute Erfahrungen gemacht hat (Hansmann 1984). Diese verallgemeinerte Funktion enthält die einfache logistische Funktion als Spezialfall, wenn der Parameter a_3 gleich Eins gesetzt wird.

Die Schätzung des Absatzes der Produktgruppe „Krafträder" von 1967 bis 1982 mit der verallgemeinerten logistischen Funktion ergibt folgende Werte für die Parameter:

$$\hat{S} = 334{,}6 \qquad \hat{a}_1 = 5{,}55 \qquad \hat{a}_2 = -0{,}12 \qquad \hat{a}_3 = 3984{,}7$$

Die Prognosefunktion lautet

$$(16) \qquad \hat{x}(t) = \frac{334{,}6}{(1 + \frac{5{,}55}{3984{,}7} e^{-0{,}12\,t})^{3984{,}7}}.$$

In Abb. 15 sind die Prognosefunktion bis 1990 und die tatsächlichen Werte bis 1982 eingezeichnet.

Die hier dargestellte logistische Funktion ist ein Beispiel von Wachstums- und Sättigungsmodellen, die zur Prognose der langfristigen Absatzchancen der eigenen Produkte herangezogen werden können. Wegen des Studiums anderer Funktionen sei auf die Literatur verwiesen (Lewandowski 1974, S. 245ff, Mertens 1981, S. 189ff).

Sind quantitative Prognosen auf Grund zu geringer Datenbasis nicht möglich, können die zukünftigen Absatzchancen nur durch heuristische Prognosemethoden erforscht werden. In diesem Bereich haben sich insbesondere die Delphi-Methode und die Scenario-Planung bewährt, die in (Hansmann 1983, S. 18ff) ausführlich beschrieben sind.

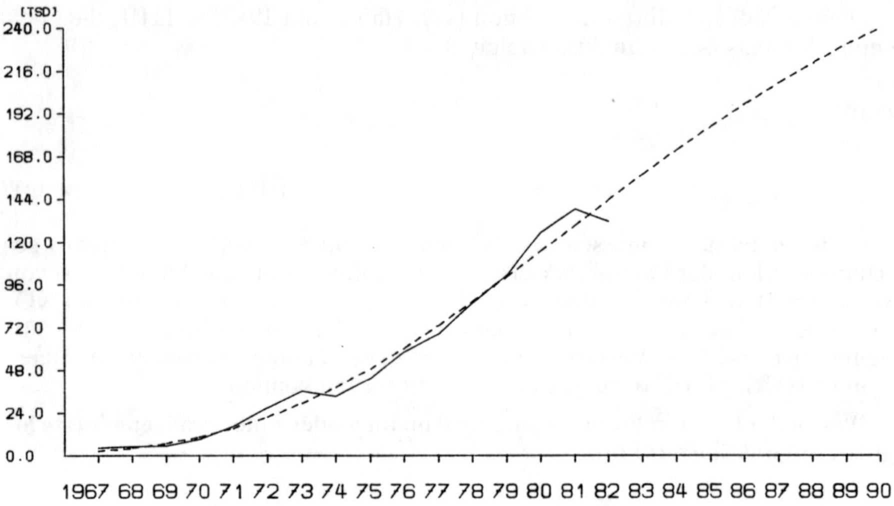

Abb. 15 Prognose (gestrichelt) der Neuzulassungen von Krafträdern in der BRD (p.a.) mit der verallgemeinerten logistischen Funktion (in TSD Stck.)

Mit der Analyse der Wettbewerbsposition und der Lebenszyklus-Stellung sowie der Prognose der langfristigen Absatzchancen ist die Untersuchung des realisierten Produktionsprogramms abgeschlossen. Nun muß die Frage beantwortet werden, ob das Industrieunternehmen zusätzlich neue Produkte entwickeln und damit auf neuen Märkten aktiv werden sollte. Erst nachdem das Problem der **Produktinnovation** ausführlich analysiert worden ist, können die adäquaten strategischen Produktionsprogrammentscheidungen getroffen werden.

B. Planung neuer Produkte (Produktinnovation)

Die Ursache für die Notwendigkeit, neue Produkte zu planen, zu entwickeln und auf den Markt zu bringen, liegt in der begrenzten Lebens- und Verkaufsfähigkeit jeden Produktes. Spätestens wenn sich Produkte des realisierten Produktionsprogramms dem Ende ihres Lebenszyklus nähern, also die Degenerationsphase erreichen, ist das Unternehmen gut beraten, Nachfolgeprodukte zu planen.

Die Neuproduktplanung kann man sich in mehreren Stufen vorstellen:

- Heuristische Suche nach Neuproduktideen
- Maßnahmen der Forschung und Entwicklung für die erfolgversprechenden Produktideen
- Konkrete Produktgestaltung
- Produkttest auf Testmärkten
- Prognose der Marktdurchdringung und Einführung der neuen Produkte

Jede Stufe muß erst erfolgreich abgeschlossen sein, bevor die nachfolgende beginnen kann.

I. Heuristische Suche nach Neuproduktideen

a) Bedarfsforschung und Verwendungsanalyse

Für die erfolgreiche Suche nach Neuproduktideen kann man kein schematisiertes Verfahren angeben, da das kreative Denken in diesem Bereich die wichtigste Rolle spielt. Es ist jedoch zweckmäßig, dem kreativen Denken insoweit eine Basis zu geben, als man von einer Verwendungsanalyse der realisierten Produkte ausgeht und systematisch Lücken in der Bedürfnisbefriedigung, die mit diesen Produkten angestrebt wird, aufspürt. Dies soll an dem Beispiel: „Neuproduktidee Munddusche" erläutert werden.

Die Verwendungsanalyse der bisher angebotenen Mundpflegemittel umfaßt:

1. Untersuchung der Nachfragestruktur im Produktfeld Mundpflegemittel (Produkte: Zahnbürste, Zahnpasta, Mundwasser)
2. Funktionsanalyse der bisherigen Produkte: Hauptfunktion ist die Mundreinigung
3. Verwendungsmotive: Schutz vor Karies und Parodontose, Mundhygiene
4. Analyse der **Mängel** der bisherigen Produkte und der **Verbraucherwünsche** im Hinblick auf ein **ideales** Produkt: Die Zahnbürste ist nicht ideal, da mit ihr nicht alle Zahnzwischenräume erreichbar sind. Außerdem sind die Borsten Bakterienträger und nutzen sich schnell ab. Das Zahnfleisch wird nicht gut massiert.

Diese Unzulänglichkeiten der Zahnbürste, die durch die Verwendungsanalyse aufgedeckt werden, stecken den Rahmen für die kreativen Neuproduktideen ab. Das neue Mundpflegemittel sollte

- alle Zahnzwischenräume erreichen (Schutz gegen Karies)
- das Zahnfleisch massieren (Schutz gegen Parodontose)
- hygienisch sein (Schutz gegen Bakterien)

Aus diesen gewünschten Funktionen ergibt sich die Neuproduktidee einer elektrisch betriebenen, einen pulsierenden Wasserstrahl aussendenden Munddusche, mit der alle Zahnzwischenräume erreicht werden und das Zahnfleisch nachhaltig massiert wird.

Ergänzend zur Bedarfs- und Verwendungsanalyse muß nun noch eine **Konkurrenzanalyse** durchgeführt werden, die klärt

- welche Produkte ähnlicher Art auf dem Markt bereits angeboten werden,
- welches Urteil die Verbraucher über diese Produkte gefällt haben,
- welche Marketingstrategien die Konkurrenzunternehmen befolgen.

Bei einer wirklichen Neuproduktidee kann die Konkurrenzanalyse entfallen; handelt es sich jedoch nur um die Idee einer „Produktvariation", dürfen die Konkurrenzbeziehungen zu den „alten" Produkten nicht vernachlässigt werden.

b) Systematische Ideenfindung

Auf der Grundlage der Bedarfs- und Verwendungsanalyse baut der schöpferische Prozeß der Ideenfindung auf. Im folgenden werden zwei Techniken beschrieben, die zur systematischen Ideensuche entwickelt wurden und zu verbesserter „Ideenproduktion" führen sollen.

1. Brainstorming

Dieses von Osborn (Kotler 1977, S. 467) entwickelte Verfahren wird in speziell dafür organisierten Gruppen von etwa 6-8 Teilnehmern durchgeführt. Es beruht auf der These, daß Menschen mehr und bessere Ideen produzieren, wenn sie in entspannter Atmosphäre innerhalb einer Gruppe durch vielfältige Assoziationen angeregt werden.

Der Ablauf einer Brainstorming-Sitzung kann folgendermaßen aussehen: Nachdem der Leiter der Gruppe die Bedarfs- und Verwendungsanalyse detailliert dargelegt hat, äußern sich die Teilnehmer spontan und ohne vorgegebene Reihenfolge über Produktideen, die in diesem Bedarfsrahmen liegen. Dabei gilt der Grundsatz, daß keine geäußerte Idee und sei sie auch noch so abwegig, kritisiert werden darf, weil Kritik erfahrungsgemäß den Ideenfluß bremst. Alle Äußerungen werden auf Tonband aufgenommen und später auf ihre Brauchbarkeit untersucht.

Das Verfahren lebt von der Spontaneität und Phantasie der Teilnehmer und kann durchaus zu einer großen Zahl von Ideen führen, aus denen sich später einige realisieren lassen.

2. Die morphologische Analyse

Diese Analyseform wurde von Zwicky (1971) entwickelt und beschäftigt sich mit den wichtigsten Strukturelementen eines Problems und ihren Beziehungen zueinander. Wir erläutern das Vorgehen am Beispiel des Produktfeldes „Fortbewegungsmittel“ (Schütz 1975, S. 33ff). Ein Fortbewegungsmittel besitzt die wesentlichen Strukturelemente (hier: Funktionselemente) Motor, Lenkung, Verteilung von Antrieb und Beförderungsraum, Beförderungskapazität und Bewegungsraum. Jedes Strukturelement weist mehrere Ausprägungen auf, z.B. kann der Motor ein Dampf-, Verbrennungs-, Elektro- oder Atommotor sein. Die Strukturelemente und ihre Ausprägungen werden in einer Matrix angeordnet.

Tab. 13

		Ausprägungen			
Strukturelemente		1	2	3	4
A	Motor	Dampf	Verbrennung	Elektro	Atom
B	Lenkung	selbst	durch Schiene	–	–
C	Antrieb/ Beförderungsraum	Einheit	Einheit und zusätzl. Beförderungsraum	getrennt	–
D	Beförderungskapazität	eine Person	Gruppe	Masse	–
E	Bewegungsraum	Land	Wasser	Luft	Weltraum

Durch Kombination aller Ausprägungen der Strukturelemente ergeben sich $4 \times 2 \times 3 \times 3 \times 4 = 288$ Lösungsmöglichkeiten für den Problemkomplex „Fortbewegungsmittel“.

Ein normales Automobil ist z.B. charakterisiert durch die Kombination A2, B1, C1, D2, E1, ein Eisenbahnzug durch A3, B2, C3, D3, E1 und ein Atom-U-Boot durch A4, B1, C1, D2, E2.

Durch wahllose Kombination von Strukturelementen kann man Fortbewegungsmittel finden, die noch nicht existieren. Falls eine solche Kombination technisch realisierbar ist, kann daraus eine Neuproduktidee resultieren. Bei Produktfeldern mit sehr vielen Strukturelementen und Ausprägungen wird durch die morphologische Analyse ein erhebliches Potential an Produktideen erschlossen.

c) Aufdeckung von Marktnischen durch Produktpositionierung

Die schon oben beschriebene Produktpositionierung mit multi-dimensionaler Skalierung kann ebenfalls einen Beitrag für Neuproduktideen leisten. Dabei wird der i.a. zwei-dimensionale Produktraum nach Marktnischen durchsucht, die in den Augen der Konsumenten noch nicht mit Produkten besetzt sind. Zur besseren Orientierung sollte man auch die Lage des Idealproduktes kennen und vor allem eine gute inhaltliche Interpretation der Koordinatenachsen durchführen.

Als Anschauungsbeispiel soll die Produktpositionierung von 4 ausgewählten **Publikumszeitschriften** dienen, die am Lehrstuhl des Verfassers mit Hilfe einer Befragung von 100 überwiegend akademisch gebildeten Lesern vorgenommen wurde (Hansmann/Paetow/Zetsche 1983).

Die Abszisse mißt die „inhaltliche Qualität" der Zeitschriften, im wesentlichen ausgedrückt durch Wahrheitsgehalt und seriöse Berichterstattung, während die Ordinate das „äußere Erscheinungsbild" enthält, das hauptsächlich durch Aufmachung, Gestaltung und Illustration des Lesestoffs geprägt wird.
Abb. 16 zeigt die Positionen von drei Publikumszeitschriften und die Idealzeitschrift der befragten Leser.

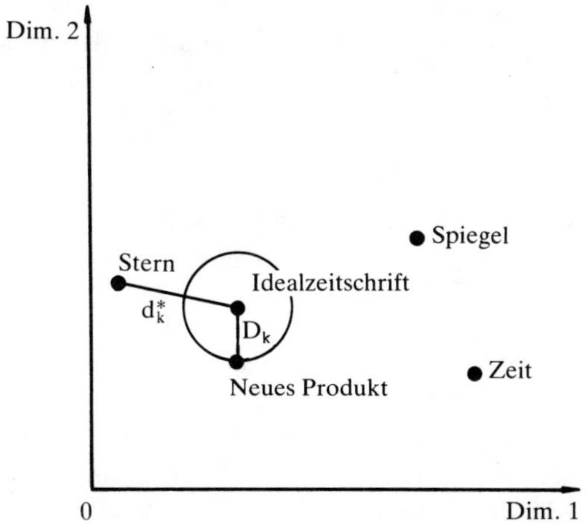

Abb. 16 Produktpositionierung von Publikumszeitschriften

Das Idealprodukt liegt in unserem Falle zwischen „Stern" und „Spiegel", erfordert somit eine etwas anspruchsvollere Berichterstattung als der „Stern", aber nicht so extrem wie „Zeit" und „Spiegel". Das äußerliche Erscheinungsbild könnte dem „Stern" angeglichen sein, müßte sich jedenfalls deutlich vom Erscheinungsbild der „Zeit" unterscheiden.

Ob eine Zeitschrift mit diesen Eigenschaften auf dem Markt eine wirkliche ökonomische Chance hätte, ist mit diesen qualitativen Argumenten natürlich noch nicht bewiesen.

Dazu benötigt man die Kaufwahrscheinlichkeit P_k jedes einzelnen Befragten k und die Position seines persönlichen Idealproduktes. Man muß also die Produktpositionierung von Abb. 16 für jeden Befragten k (k = 1, …, K) vornehmen.

Zur Ermittlung der Kaufwahrscheinlichkeit P_k kann man die Hypothese benutzen (Brockhoff 1981, S. 75):
Nur das dem Idealprodukt nächstgelegene Produkt wird gekauft, alle anderen Produkte werden nicht gekauft. Ein neues Produkt wird also vom Befragten nur dann gekauft, wenn seine (euklidische) Distanz D_k zum Idealprodukt kleiner ist als das Distanz-Minimum der existierenden Produkte i zum Idealprodukt ($d_k^* = \min_i d_{ki}$; i = 1, …, I). Diese beiden Distanzen sind in Abb. 16 eingezeichnet.

Falls man den erwarteten Umsatz pro Befragten und Jahr (S_k) mit hinreichender Sicherheit schätzen kann, ist es möglich, mit folgendem ganzzahligen Optimierungsmodell für 0-1-Variable den geschätzten Gesamtumsatz für das neue Produkt zu ermitteln (Brockhoff 1981, S. 77):

$$(17) \qquad Z = \sum_{k=1}^{K} S_k x_k \quad \Rightarrow \quad \max!$$

$$(18) \qquad D_k - d_k^* \leq (1 - x_k) \cdot M \qquad (k = 1, \ldots, K)$$

$$(19) \qquad x_k = 0 \text{ oder } 1 \qquad (k = 1, \ldots, K)$$

M bedeutet hier eine beliebig große Zahl, so daß (18) unsere Kaufwahrscheinlichkeitshypothese ausdrückt: Falls der Befragte k Käufer des neuen Produktes wird ($x_k = 1$), muß $D_k \leq d_k^*$ sein, kauft er nicht ($x_k = 0$), kann die Differenz ($D_k - d_k^*$) beliebig groß sein. M muß größer als die größte mögliche Differenz gewählt werden.

Mit diesem Modell lassen sich auch mehrere Neuproduktideen testen, die jeweils unterschiedliche Abstände D_k zum Idealprodukt des Befragten k haben und damit zu verschiedenen Umsätzen führen werden.

Ergibt sich durch die Analyse ein für das Unternehmen befriedigender Umsatz-Erwartungswert, so hat man mit dieser Neuproduktidee eine Marktnische aufgetan, in die das Unternehmen eindringen kann.

Abschließend wollen wir die Suche nach Produktideen kurz zusammenfassen. Ausgehend von einer Verwendungsanalyse der herkömmlichen Produkte und ihren Unzulänglichkeiten, sind durch kreative Tätigkeit Ideen für ein neues Produkt zu entwickeln. Dabei kann man sich der Techniken des Brainstorming oder der morphologischen Analyse bedienen, falls Vertreterinformationen und das betriebliche Vorschlagwesen nicht genügend Ideen liefern.

Die konzipierten Eigenschaften des neuen Produktes werden dann in einem Positionierungsmodell mit den Eigenschaften der existierenden Konkurrenzprodukte und des Idealproduktes der Nachfrager konfrontiert. Aus diesem Modell läßt sich prognostizieren, ob das neue Produkt eine Marktnische abdeckt und sich im Kreis der herkömmlichen Produkte behaupten kann. Ist dies der Fall, so geht man zur nächsten Stufe der Neuproduktplanung über.

II. Forschung und Entwicklung für neue Produkte

a) Die Begriffe Forschung und Entwicklung

Aufgabe der zweiten Stufe der Neuproduktplanung ist die Konkretisierung der erfolgversprechenden Produktideen. Nach einer Untersuchung von Poensgen und Hort (1983, S. 73ff) werden 36,9% des Forschungs- und Entwicklungsbudgets von 68 deutschen Industrieunternehmen für die Entwicklung neuer Produkte und 30,6% für die Verbesserung bestehender Produkte ausgegeben. Der Rest wird in Produktionsprozesse (15,8%), Forschung (4,3%) und sonstige Aktivitäten investiert.

Hieraus wird die dominierende Stellung der Produktentwicklung deutlich, während die eigentliche Forschung stark zurücktritt.

Unter **Forschung** verstehen wir

alle Bemühungen, neue Erkenntnisse zu gewinnen
oder bekannte Erkenntnisse zu erweitern bzw. zu vertiefen.

Man kann die Forschung in die Grundlagen- und die Zweckforschung, die in den Unternehmen auf neue Produkte und/oder Produktionsverfahren zielt, unterteilen. Diese Forschungstätigkeit ist ebenfalls eine bedeutende Quelle für Neuproduktideen, insbesondere in der Chemischen und Pharmazeutischen Industrie.

Konkretisiert sich die Forschung auf genau definierte Projekte, so beginnt der Übergang zur **Entwicklung**, die gekennzeichnet ist durch

alle Bemühungen, unter Berücksichtigung gewonnener Erkenntnisse ein neues Produkt herauszubringen oder ein neues Produktionsverfahren zu realisieren.

Die Forschungs- und Entwicklungsprojekte eines Unternehmens binden erhebliche finanzielle Mittel, z.B. bei deutschen Großunternehmen etwa 5% des Umsatzes (Poensgen/Hort 1983, S. 79), so daß es unbedingt nötig ist, diese Projekte eingehend zu beurteilen, um die erfolgversprechendsten auswählen zu können.

b) Die Bewertung von Forschungs- und Entwicklungsprojekten

1. Scoring-Modelle

Das in der industriellen Praxis gebräuchlichste Bewertungsverfahren ist das Punktbewertungsverfahren, auch **Scoring-Modell** genannt. Hierbei wird jedes Entwicklungsprojekt, z.B. die Realisierung einer Neuproduktidee, anhand von technischen, ökonomischen und zeitlichen Kriterien bewertet. Solche Kriterien können z.B. sein (Hertz/Carlson 1963, S. 178ff):

Technische Kriterien
T1: Entwicklungsmöglichkeit der Technologie im eigenen Unternehmen
T2: Beanspruchung der Produktionskapazität
T3: Beschaffungsmöglichkeiten von Materialien und Zwischenprodukten

Ökonomische Kriterien
Ö1: Höhe des Entwicklungsaufwandes
Ö2: Aufnahmefähigkeit des Marktes für das neue Produkt
Ö3: Erwarteter Deckungsbeitrag pro Jahr

Zeitliche Kriterien
Z1: Zeitbedarf bis zur Produktreife
Z2: Lebenszykluslänge des Produktes

Jedes zu prüfende Projekt wird nun im Hinblick auf diese Kriterien auf einer Rating-Skala beurteilt (z.B. mit den Ausprägungen „gut“, „durchschnittlich“ und „schlecht“) und mit **Nutzenwerten** versehen. Dabei können die Kriterien nach ihrer Bedeutung gewichtet werden. Die Nutzenwerte jeder Kriteriengruppe sind anschließend zu addieren und mit der Summe der Nutzenwerte anderer Kriteriengruppen multiplikativ zu verknüpfen. Dies geschieht, um die möglichst gleichmäßige Berücksichtigung aller Kriteriengruppen zu gewährleisten[6].
Tab. 14 veranschaulicht das Vorgehen bei Scoring-Modellen. Die Bewertungen werden mit folgenden Nutzenwerten versehen:

gut = 5 durchschnittlich = 3 schlecht = 1

Tab. 14 Bewertung von zwei Projekten mit einem Scoring-Modell

Kriterien	Gewicht	Nutzenwert			
		Projekt I		Projekt II	
		ungewichtet	gewichtet	ungewichtet	gewichtet
T1	0,5	5	2,5	1	0,5
T2	0,2	1	0,2	5	1,0
T3	0,3	3	0,9	1	0,3
Technische Kriterien (Gesamt)			3,6		1,8
Ö1	0,4	5	2,0	3	1,2
Ö2	0,3	3	0,9	5	1,5
Ö3	0,3	3	0,9	5	1,5
Ökonomische Kriterien (Gesamt)			3,8		4,2
Z1	0,4	3	1,2	5	2,0
Z2	0,6	3	1,8	5	3,0
Zeitliche Kriterien (Gesamt)			3,0		5,0
Gesamtnutzenwert Projekt I: $3{,}6 \times 3{,}8 \times 3{,}0 = 41{,}04$					
Gesamtnutzenwert Projekt II: $1{,}8 \times 4{,}2 \times 5{,}0 = 37{,}80$					

Das Projekt I erzielt den höheren Nutzenwert, weil die Bewertung der einzelnen Kriteriengruppen (T, Ö, Z) ausgeglichener ist und es damit von der multiplikativen Verknüpfung profitiert. Eine additive Verknüpfung zwischen T, Ö und Z wäre für Projekt II günstiger gewesen. Dies Beispiel soll nur zeigen, wie die Ergebnisse von Scoring-Modellen von der Art der Verknüpfung, der Gewichtung und selbstverständlich von der subjektiven Einschätzung der Nutzenwerte abhängen. Eine sorgfältige, abgewogene und vorsichtige Analyse ist daher bei solchen Modellen unabdingbar.

---

6 Selbstverständlich ist auch hier eine additive Verknüpfung möglich, falls konkrete Gründe dafür sprechen sollten.

2. Methoden der Investitionsrechnung

In der Praxis wird es kaum gelingen, alle erfolgversprechenden Neuprodukt-Projekte im Unternehmen zu realisieren, da die finanziellen und kapazitativen Mittel nicht ausreichen werden. Der erforderliche Auswahlprozeß kann mit Scoring-Modellen durchgeführt werden, wenn man die Projekte nach ihren Gesamtnutzenwerten ordnet und in dieser Folge nur diejenigen realisiert, die zusammen die verfügbaren Ressourcen des Unternehmens nicht überschreiten.

Ist es aber möglich, die Beiträge der Projekte zum Unternehmenserfolg quantitativ zu schätzen, sind die bekannten Methoden der Investitionsrechnung, z.B. die Kapitalwertmethode anwendbar. Man errechnet den Kapitalwert, indem man sämtliche Differenzen zwischen zeitgleichen Einnahmen und Ausgaben eines Projektes mit einem vorgegebenen Kalkulationszinsfuß (häufig: der Zinssatz einer risikofreien Anlage auf dem Kapitalmarkt) auf den Zeitpunkt des Projektbeginns abzinst und anschließend summiert.

Ökonomisch kann der Kapitalwert als Mehrgewinn interpretiert werden, den das Projekt über die Verzinsung auf dem Kapitalmarkt hinaus erwirtschaftet, bezogen auf den Projektbeginn.

Wir bezeichnen mit C_i den Kapitalwert des i-ten Projektes ($i = 1, \ldots, I$) und mit B_j den Höchstbetrag der dem Unternehmen zur Verfügung stehenden Ressourcen ($j = 1, \ldots, J$), (z.B. Kapital, Materialien, Nutzungsmöglichkeit der Produktionsanlagen in Maschinenstunden oder Personalstunden).

a_{ji} bedeutet die Inanspruchnahme der j-ten Ressource durch das Projekt i und x_i ist eine Null-Eins-Variable, die den Wert eins annimmt, wenn das Projekt i verwirklicht werden soll und im anderen Fall Null wird.

Die Auswahl der für den Unternehmenserfolg günstigsten Projekte, deren Entwicklung weitergeführt werden soll, kann mit Hilfe des folgenden ganzzahligen Optimierungsmodells durchgeführt werden:

$$(20) \qquad Z = \sum_{i=1}^{I} C_i x_i \quad \Rightarrow \quad \text{Max!}$$

$$(21) \qquad \sum_{i=1}^{I} a_{ji} x_i \leq B_j \qquad (j = 1, \ldots, J)$$

$$(22) \qquad x_i = 0 \text{ oder } 1 \qquad (i = 1, \ldots, I)$$

Die optimale Lösung dieses Modells enthält die Projekte, die den Gesamt-Kapitalwert maximieren und die Ressourcen-Beschränkungen erfüllen. Dabei ist zu beachten, daß das Modell in vieler Hinsicht erweiterungs- und vertiefungsbedürftig ist, um die konkreten Gegebenheiten der Praxis adäquat abzubilden, insbesondere in dynamischer Hinsicht. Hierzu muß auf die Spezialliteratur verwiesen werden (Brockhoff 1979).

Wir können hier davon ausgehen, daß die Projekte (Neuproduktkonzeptionen), die durch das obige Modell ausgewählt wurden, nun die nächste Stufe der Neuproduktplanung erreichen, die sich mit der konkreten Gestaltung des neuen Produktes befaßt.

III. Produktgestaltung

a) Produkteigenschaften

Aus der Neuproduktkonzeption muß nun durch technische Produktgestaltung ein marktfähiges Produkt hervorgehen. Als erster Schritt wird ein **Prototyp** des künftigen Produktes entwickelt und auf seine technischen Funktionen getestet. Dabei entdeckte Funktionsfehler, wie z.B. die Tatsache, daß hochbeanspruchte Teile aus zu weichem Material hergestellt sind und schnell verschleißen, oder daß Antriebsaggregate nicht ausreichend dimensioniert sind, müssen in dieser Phase behoben werden.

Funktioniert der Prototyp technisch einwandfrei, können die übrigen Produkteigenschaften, die für den Verkaufserfolg wichtig sind (Farbe, Form, Styling usw.), durch Testpersonen der zukünftigen Zielgruppe geprüft werden. Man wird versuchen, die variierbaren Produkteigenschaften den Präferenzen der Abnehmer anzupassen. Das geschieht bei Auftragsfertigung (z.B. in der Investitionsgüterindustrie) durch direkte Absprachen oder Vorbringen von Ausstattungswünschen, bei Serien- oder Massenfertigung für den anonymen Markt mit Hilfe von geeignet ausgewählten Testgruppen, die z.B. den Geschmack einer Zahnpasta oder die Konsistenz einer Hautcreme beurteilen.

b) Markenname

Nach der befriedigenden Überprüfung der technischen Funktionen und sonstigen Produkteigenschaften muß bei Markenartikeln das Problem des **Markennamens** gelöst werden. Der Markenname übt einen erheblichen Einfluß auf die Verkaufsfähigkeit eines Produktes aus, so daß eine sorgfältige Wahl geboten ist.

Nach Kotler (1977, S. 483) gibt es erfahrungsgemäß einige Faustregeln für einen Markennamen. Es empfehlen sich

- kurze, prägnante und leicht zu merkende Namen (Opel Manta, OMO),
- deutlich von anderen zu unterscheidende Namen,
- Namen, die positive Produkteigenschaften suggerieren (Meister Propper, Holsten Edel).

Wichtigstes Ziel der Namensgebung muß sein, daß der Verbraucher den Namen leicht und dauerhaft im Gedächtnis behält, ihn mit dem Produkt identifiziert und positive Assoziationen hat.

c) Entwurf der Verpackung

Ursprünglich diente die Verpackung nur dem Schutz des Produktes und seiner Transportfähigkeit. Im Laufe der Zeit entdeckte man immer mehr den Einfluß der Verpackung auf den Absatz des Produktes. Wir haben bei der Analyse der Biermarken (S. 36ff) gesehen, daß Flaschenform, Flaschenfarbe und Etikett als Aufmachung zu den Produkteigenschaften gehören, die von den Konsumenten als wichtig und damit auch als absatzbeeinflussend eingestuft wurden. Dies gilt natürlich um so mehr, wenn man die Verpackung zusätzlich für Werbung nutzt.

In den heute im Konsumgüterhandel vorherrschenden Selbstbedienungsläden muß die Verpackung die gesamte kommunikative Aufgabe zwischen Produkt und potentiellem Käufer übernehmen, so daß die Elemente des Verpackungs-Designs, wie Größe, Form, Farbe, Material und Markenzeichen, sorgfältig kombiniert werden müssen, um die gewünschte absatzfördernde Wirkung auszuüben.

d) Spezielle Methoden der Produktgestaltung

1. Normung

Normung ist die **einheitliche Festlegung** von Größen, Abmessungen, Formen und Farben **einzelner Teile** eines Produktes.

Als Beispiele sind zu nennen: Länge und Durchmesser von Schrauben, Drähten und elektrischen Leitungen, Bausteine von Armaturen (Dichtungen), Widerstände, Kondensatoren usw.

Ziele der Normung von Einzelteilen sind vor allem Senkung der Kosten und Steigerung der Produktivität bei der Montage von Produkten. Sie werden erreicht durch

- geringeren Lagerbedarf für die Einzelteile,
- weniger Verwaltungsarbeiten bei Materiallieferungen,
- geringere Kapitalbindung während des Produktionsprozesses.

Weitere Vorteile der Normung ergeben sich beim Absatz der Produkte durch

- einheitliche Qualitätsbegriffe und damit erhöhte Markttransparenz,
- Wettbewerbsvorteile durch günstiger kalkulierte Absatzpreise,
- höhere Lieferbereitschaft bei Ersatzteilen.

2. Typung

Im Gegensatz zur Normung bezieht sich die Typung nicht auf Einzelteile, sondern auf das ganze Fertigprodukt. Man versteht unter Typung die

> Vereinheitlichung der angebotenen **Produktvarianten** zwecks Verkleinerung des Sortiments.

Die Produktpalette soll durch Typung übersichtlich gestaltet und vereinheitlicht werden, um Rationalisierungsmöglichkeiten ausschöpfen zu können. Weitere Vorteile ergeben sich aus einer einfacheren Lagerhaltung, da die Überwachung von Sicherheitsbeständen, Bestellmengen und -preisen wesentlich reduziert werden kann.

Diesen Kostenvorteilen stehen aber auch negative Wirkungen auf den Absatz der Produkte gegenüber:

- Es können nicht mehr alle Kundenwünsche erfüllt werden, woraus u.U. Wettbewerbsnachteile resultieren;
- durch die kleinere Produktpalette werden die ausgleichenden Wirkungen der Diversifikation abgeschwächt.

Um diese Nachteile der Typung zu vermeiden, wird häufig das **Baukastensystem** angewandt, d.h. die Benutzung standardisierter Baugruppen, die unterschiedlich zusammengefügt werden (Jacob 1983, S. 450). Jede Kombination dieser Baugruppen stellt einen anderen Typ des Produktes dar. Damit können die Vorteile der Normung verwirklicht werden, ohne die absatzfördernde Typenvielfalt aufgeben zu müssen.

3. Wertanalyse

Mit der Wertanalyse sollen Kosten der Produktgestaltung aufgedeckt werden, die für den **Funktionswert** des Produktes von untergeordneter Bedeutung sind. Dabei ist darauf zu achten, daß der Funktionswert in den Augen der Käufer erhalten bleiben muß, wenn die nicht unbedingt benötigten Produktteile und Gestaltungsmaßnahmen entfallen (z.B. Zierleisten am Pkw).

Bei der Wertanalyse geht man in zwei Schritten vor:

α) Eindeutige **Beschreibung** der **Funktionen** des Produktes oder Produktteiles. Beispiel: Ein Fahrradpedal soll den Antrieb ermöglichen, einen Blinkreflex bewirken und das Aussehen des Fahrrades verbessern.

β) Anwendung von **Produktgestaltungs-Maßnahmen** zur Kostensenkung, die den Funktionswert möglichst unberührt lassen. Beispiele (Jacob 1983, S. 447):
- Fortfall eines Produktteils (Trittbretter am Pkw),
- Gewichtsverminderung (Aushöhlung von Stoßstangen),
- Werkstoffänderung (Kunststoff statt Holz bei Schubladen),
- Verminderung von Toleranzen (Glühbirnen),
- Austausch von Teilen gegen Normteile,
- Fremdbezug von Einzelteilen.

Durch diese Maßnahmen versucht die Wertanalyse, die Produktionskosten bei gleichzeitiger Konstanz des Funktionswertes der Produkte zu senken und damit zu einem möglichst günstigen Verhältnis zwischen Produkt-Nutzen und Produkt-Aufwand zu kommen.

IV. Produkttest auf Testmärkten

Nach Beendigung der technischen Überprüfung des Produkt-Prototyps und nach der Abstimmung der variierbaren Produkteigenschaften (einschließlich Markenname und Verpackung) mit den Vorstellungen der Nachfrager könnte die strategische Entscheidung gefällt werden, das neue Produkt im Markt einzuführen. Viele Unternehmen versuchen jedoch, das damit verbundene Risiko zu vermindern, indem sie das Produkt zunächst auf einem abgegrenzten Teilmarkt – dem Testmarkt – zum Verkauf anbieten. Erst nach erfolgreichem Abschluß der Testmarktphase und einer Hochrechnung des Verkaufserfolgs auf den Gesamtmarkt wird das Produkt endgültig eingeführt.

Damit der Testmarkt Basis einer Hochrechnung für den Gesamtmarkt sein kann, muß er bestimmte Bedingungen erfüllen:

1. Der Testmarkt sollte möglichst **repräsentativ** für den Gesamtmarkt sein, d.h. die sozio-ökonomischen und demographischen Merkmale der potentiellen Käufer sollten auf beiden Märkten übereinstimmen.
2. Der Testmarkt sollte regional eindeutig abgegrenzt und im Idealfall von anderen Teilmärkten isoliert sein.
3. Der Testmarkt sollte über die Distributionskanäle und Werbemedien verfügen, die im Gesamtmarkt genutzt werden können.

Es liegt auf der Hand, daß es kaum Teilmärkte gibt, die alle Bedingungen für einen Testmarkt erfüllen. So ist z.B. Berlin (West) ein eindeutig abgegrenzter und für viele Produkte weitgehend isolierter Teilmarkt, doch ist die demographische Schichtung der Bevölkerung (insbesondere der Altersaufbau) anders als im Bundesgebiet. Bei der Auswahl des Testmarktes sind daher Kompromisse unvermeidlich, die natürlich das Risiko einer Hochrechnung der Ergebnisse erhöhen.

Um auf dem Testmarkt zu verläßlichen Resultaten zu gelangen, sollte die **Dauer** des Markttests nicht nur die Erstkäufe, sondern auch Wiederholungskäufe umfassen. Damit werden die Wirkungen der besonderen Motive bei Erstkäufen (Neugier, Impulskauf) weitgehend neutralisiert und eine langfristige Prognose der Marktdurchdringung erleichtert.

Nach Abschluß der Markttestphase liegen die Verkaufsergebnisse im Testmarkt vor und müssen auf den Gesamtmarkt hochgerechnet werden. Sind die Testmarktbedingungen (vgl. S. 62) einigermaßen gewahrt, so kann man folgende Hochrechnungsgleichung benutzen:

$$\text{(23)} \qquad \text{Umsatz Gesamtmarkt} = a \cdot \text{Umsatz Testmarkt}$$

Die Größe a ist hierbei als das Verhältnis von Faktoren auszudrücken, die auf den Umsatz des neuen Produktes den größten Einfluß ausüben. Brockhoff (1981, S. 128) erwähnt vier Einflußfaktoren:

$$\text{(24a)} \qquad a_1 = \frac{\text{Disponibles Einkommen Gesamtmarkt (GM)}}{\text{Disponibles Einkommen Testmarkt (TM)}}$$

$$\text{(24b)} \qquad a_2 = \frac{\text{Umsatz eines Vergleichsproduktes GM}}{\text{Umsatz eines Vergleichsproduktes TM}}$$

$$\text{(24c)} \qquad a_3 = \frac{\text{Anzahl der potentiellen Nachfrager GM}}{\text{Anzahl der potentiellen Nachfrager TM}}$$

$$\text{(24d)} \qquad a_4 = \frac{\text{Umsatz der Produktart GM}}{\text{Umsatz der Produktart TM}}$$

Gleichung (24c) erscheint vorzugswürdig, da im Normalfall die Anzahl der potentiellen Käufer der beste Indikator für den Umsatz darstellt. Sollten allerdings Einkommensunterschiede zwischen Test- und Gesamtmarkt bestehen, so müssen sie als Kaufkraftindikatoren über Gleichung (24a) berücksichtigt werden.

Die Hochrechnungsergebnisse zeigen nur ein momentanes statistisches Bild der Marktposition des neuen Produktes. Ob die Marktdurchdringung auch auf lange Sicht gelingen kann, darüber muß eine langfristige Prognose Aufschluß geben, für die allerdings keine Zeitreihenwerte aus der Vergangenheit vorliegen. Eine Methode, die diese Schwierigkeiten zu umgehen versucht, wird im nächsten Abschnitt behandelt.

V. Prognose der langfristigen Marktdurchdringung

Parfitt und Collins (1968) haben eine in der Praxis nicht selten angewendete Methode entwickelt, um die Marktdurchdringung eines neuen Produktes mit einem Modell zu prognostizieren, das die Erst- und die Wiederholungskäufe als zwei stochastische Prozesse miteinander verknüpft.

a) Modellierung der Erstkäufe

Parfitt und Collins haben empirisch festgestellt, daß bei kurzlebigen Konsumgütern (z.B. Spülmittel, Zahnpasta, Kaffee) folgende Aussagen über Erstkäufer gemacht werden können (vgl. auch Meffert/Steffenhagen 1977, S. 142ff):

1. der Zuwachs an Erstkäufern nimmt in jeder Periode ab,
2. die kumulierte Zahl der Erstkäufer strebt einem Grenzwert analog dem Sättigungsniveau zu,
3. der Zuwachs an Erstkäufern pro Periode ist proportional der Differenz aus Grenzwert (Punkt 2.) und kumulierter Zahl der bisher erreichten Erstkäufer.

Diese Aussagen sind nun zu quantifizieren. Wir benutzen folgende Symbole:

$\Delta Y(t)$ = Zuwachs an Erstkäufern in der Periode t (in % der Zielgruppe)

$Y(t) = \sum_{\tau=1}^{t} \Delta Y(\tau)$ = kumulierte Zahl von Erstkäufern in der Periode t (in % der Zielgruppe)

S = Grenzwert der Marktdurchdringung (in % der Zielgruppe)

r = Proportionalitätsfaktor (Annäherungsrate an S) $(0 < r < 1)$

Nach Aussage 3 ergibt sich folgende Entwicklung von Y(t):

(25a) $\Delta Y(1) = rS$

(25b) $\Delta Y(2) = r[S - \Delta Y(1)] = rS(1 - r)$

(25c) $\Delta Y(3) = r[S - \Delta Y(1) - \Delta Y(2)] = rS(1 - r)^2$

oder allgemein

(26) $\Delta Y(t) = rS(1 - r)^{t-1}.$

Daraus folgt für Y(t):

(27) $Y(t) = \sum_{\tau=1}^{t} \Delta Y(\tau) = rS \sum_{\tau=1}^{t} (1-r)^{\tau-1} = S[1 - (1-r)^t]$

Geht man zur kontinuierlichen zeitlichen Betrachtung über und läßt die Perioden t infinitesimal klein werden, ohne das Ergebnis der Summierung in (27) zu verändern, so muß man r durch die „Verzinsungsintensität" ϱ ersetzen nach der Gleichung

(28) $1 - r = e^{-\varrho}$ $(e = 2{,}71828\ldots)$

und erhält die zeitliche Entwicklung der Marktdurchdringung durch Erstkäufe in der Gestalt

(29) $Y(t) = S(1 - e^{-\varrho t}).$

Abb. 17 zeigt diese Entwicklung für S = 60% und r = 0,3.

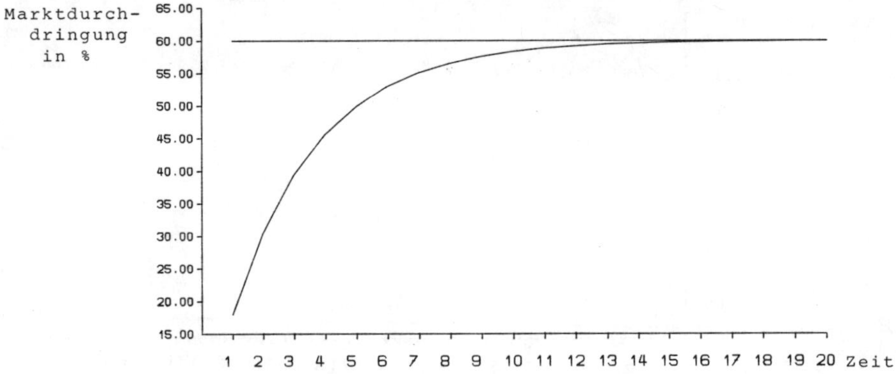

Abb. 17 Marktdurchdringung durch Erstkäufe (S = 60% r = 0,3)

b) Modellierung der Wiederholungskäufe

Die Erstkäufe reichen zur Prognose des langfristigen Marktanteils unseres neuen Produktes noch nicht aus, da nur diejenigen Erstkäufer, die nicht aus Neugierde gekauft haben, zu Wiederholungskäufern werden. Im Laufe der Zeit wird auch die Zahl der Wiederholungskäufer durch Abwanderungen geringer, so daß schließlich nur ein Prozentsatz w_0 von „markentreuen" Wiederholungskäufern übrig bleibt. Damit ergibt sich für den Anteil w(t) der Wiederholungskäufer an allen Erstkäufern in der Periode t folgende degressive Funktion

(30) $$w(t) = \frac{a}{t+b} + w_0 \qquad (a, b > 0; w_0 \geq 0).$$

Durch Multiplikation des Erstkaufmarktanteils Y(t) mit dem Anteil der Wiederholungskäufer w(t) ergibt sich die endgültige und langfristige Marktdurchdringung M(t)

(31) $$M(t) = Y(t) \cdot w(t) = S(1 - e^{-\varrho t})\left(\frac{a}{t+b} + w_o\right)$$

mit dem Grenzwert

(32) $$\lim_{t \to \infty} M(t) = S \cdot w_0.$$

Abb. 18 zeigt den Verlauf von M(t). Als Parameter wurden gewählt

$$w_0 = 0{,}3 \qquad a = 0{,}7 \qquad b = 0{,}3.$$

Abb. 18 zeigt, daß sich die Entwicklung des Marktanteils ab t = 8 langsam dem Grenzwert 18% annähert. Das in t = 7 erreichte Marktanteilsmaximum von knapp 22% kann langfristig nicht gehalten werden.

Kritisch ist gegen das Parfitt/Collins-Modell einzuwenden, daß die Schätzungen der Parameter S, r, a, b und w_0 außerordentlich schwierig sind, da für das neue Produkt keine Zeitreihenwerte vorliegen. Man behilft sich meistens mit Da-

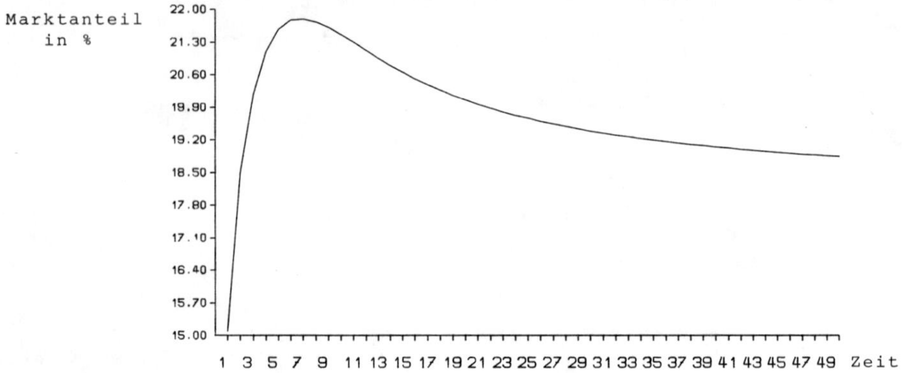

Abb. 18 Entwicklung des Marktanteils eines neuen Produktes

ten aus der Testmarktphase, heuristischen Schätzungen oder Analogieschlüssen aus vergleichbaren früheren Markteinführungen.

C. Folgerungen für die strategische Programmplanung

In den vorangegangenen Abschnitten sind die wesentlichen Untersuchungen beschrieben worden, die Grundlage der strategischen Produktionsprogrammentscheidungen sein sollten.

Zunächst wurde das bisher verwirklichte Produktionsprogramm des Industriebetriebs analysiert. Dabei waren insbesondere folgende Kriterien von Bedeutung:

- Die gegenwärtige Wettbewerbsposition der Produkte des Unternehmens,
- die Stellung der Produkte im Lebenszyklus,
- die langfristigen Absatzchancen der Produkte.

Anschließend beleuchteten wir den Prozeß der Planung eines neuen Produktes in den einzelnen Phasen:

- Heuristische Suche nach Neuproduktideen,
- Entwicklung einer Produktkonzeption,
- Produkttest auf einem Testmarkt,
- Prognose der Marktdurchdringung.

Auf diesen Grundlagen aufbauend lassen sich nun strategische Produktentscheidungen zieladäquat treffen.

I. Produktinnovationsstrategie

Ein neues Produkt wird auf dem Markt eingeführt, wenn das Unternehmen dadurch eine nachhaltige Stärkung seines zukünftigen Gewinnpotentials erwartet. Dazu müssen die Marktattraktivität (vgl. S. 29) des Produktfeldes, gemessen am Marktvolumen und Marktwachstum, hinreichend groß und die Chancen des neuen Produktes auf einen angemessenen Marktanteil hoch sein.

Die Entscheidung, das neue Produkt endgültig auf dem Markt einzuführen, kann gefällt werden, wenn die Ergebnisse des Produkttests auf dem Testmarkt und die Prognose der langfristigen Marktdurchdringung vorliegen.

Kotler (1977, S. 493) gibt ein einfaches Verfahren an, Produkteinführungsstrategien zu entwickeln, die von der Erst- und Wiederkaufsrate des Produktes auf dem Testmarkt abhängen. Tab. 15 zeigt die Strategien.

Tab. 15 Produkteinführungsstrategien nach Kotler (1977)

Erstkaufsrate	Wiederkaufsrate	Strategie
hoch	hoch	Produkt einführen
hoch	niedrig	Produkt neu bearbeiten oder aufgeben
niedrig	hoch	Werbung/Verkaufsförderung intensivieren
niedrig	niedrig	Produkt aufgeben

Wenn die Erstkaufsrate hoch und die Wiederkaufsrate niedrig ist, kann man daraus schließen, daß das Produkt zwar eine Bedarfslücke füllt, aber noch nicht ausgereift ist. Dieser Mangel kann durch Veränderung der Konstruktion oder der Verarbeitungsqualität evtl. behoben werden. Bei niedriger Erstkaufsrate ist das neue Produkt noch zuwenig bekannt, was durch erhöhte Verkaufs- und Werbeanstrengungen verbessert werden muß, bevor das Produkt (bei hoher Wiederkaufsrate) eingeführt werden kann.

Ein gewisser Nachteil von Kotlers Schema liegt darin, daß die Begriffe „hoch" und „niedrig" nicht eindeutig abgegrenzt werden können, doch muß die Praxis häufig mit solchen „unscharfen" Begriffen arbeiten, die nur vom Unternehmen selbst aus der Gesamtzielsetzung heraus festzulegen sind. Diese Festlegung hängt ab von der

- Risikoeinstellung der Geschäftsführung und dem
- Anlaß der Neuprodukt-Einführung.

Ist der Anlaß z.B. eine **Diversifikationsstrategie**, möchte das Unternehmen also in Produktfelder eindringen, in denen es bisher nicht tätig war, wird man die Grenze zwischen hoch und niedrig unter derjenigen in heimischen Produktfeldern festlegen, um die Diversifikation nicht über Gebühr zu erschweren.

Der Produkteinführungsstrategie bei neuen Produkten stehen nun bei den schon auf dem Markt angebotenen Produkten drei Strategien gegenüber:

- Produktintensivierung,
- Produktvariation bzw. -differenzierung,
- Produkteliminierung.

Sie sind Gegenstand des nächsten Abschnittes.

II. Strategien für am Markt eingeführte Produkte

a) Produktintensivierung

Diese Strategie gehört zu den Investitions- und Wachstumsstrategien (vgl. S. 30). Sie ist angebracht, wenn

- die Wettbewerbsposition des eigenen Produktes entscheidend verbessert wurde (z.B. durch Ausscheiden eines Konkurrenten) oder
- das Produkt in die Wachstumsphase seines Lebenszyklus eintritt oder
- die prognostizierten langfristigen Absatzchancen sich durch neue Marktentwicklungen (z.B. Bedarfsverschiebungen oder Geschmackswandlungen) nachhaltig erhöhen.

Folge einer Produktintensivierung ist vor allem eine Ausweitung der Produktionskapazitäten sowie flankierende absatzpolitische Maßnahmen, insbesondere der Preispolitik und der Verkaufsförderung.

Eindrucksvolle Beispiele für eine Produktintensivierungsstrategie sind der Verkaufserfolg des Opel Kadett Ende der 70er Jahre infolge der stark gestiegenen Benzinpreise (Bedarfsverschiebung zu kleineren und wirtschaftlicheren Automobilen) und der Anstieg der Fahrradproduktion infolge des geschärften Umwelt- und Gesundheitsbewußtseins.

b) Produktvariation bzw. -differenzierung

Bei dieser Strategie unterscheiden wir zwei Ausprägungen:

1. Ein bisher auf dem Markt angebotenes Produkt wird in seinen funktionellen oder anderen absatzbeeinflussenden Eigenschaften (Farbe, Form, Verpackung usw.) verändert und ersetzt das ursprüngliche Produkt. Beispiele für eine solche Produktvariation sind die zeitlich aufeinanderfolgenden Modelle der Automobilhersteller (Opel Rekord A bis E). Sie spiegeln häufig die Entwicklung des technischen Fortschritts oder die Anpassung an veränderte Umweltgegebenheiten bzw. Modetrends wider.

2. Ein Grundprodukt wird gleichzeitig in mehreren Varianten auf dem Markt angeboten, um verschiedene Zielgruppen anzusprechen. So kann z.B. ein bestimmtes Pkw-Modell zwei- oder viertürig, mit Schalt- oder automatischem Getriebe sowie mit Schiebedach ausgerüstet werden. Man nennt diesen Fall der Produktvariation auch **Produktdifferenzierung**. Er bietet durch verschiedene Preisgestaltung für die Varianten die zusätzliche Möglichkeit, die unterschiedliche Nachfrageelastizität der einzelnen Käuferschichten gezielt auszunutzen. Produktdifferenzierungen werden vor allem bei technischen Konsumgütern vorgenommen, die über eine einheitliche technische Grundfunktion verfügen und darüber hinaus zusätzliche Ausstattungen, die der Bequemlichkeit oder der Energieersparnis dienen sollen, anbieten. In diesen Zusammenhang gehören die Fernbedienung bei Fernsehgeräten, die Aufrollautomatik bei Staubsaugern, die Sparprogramme bei Waschmaschinen und das 5-Gang-Getriebe beim Pkw.

Man kann davon ausgehen, daß die beiden Ausprägungen der Produktvariation in der Praxis Hand in Hand gehen. Aus der Erkenntnis des Lebenszyklusprozesses ergibt sich die Notwendigkeit der Produktvariation im Sinne der **Substitution** des alten durch ein neues Produkt. Wenn der Markenname und andere wichtige Produktcharakteristika erhalten bleiben (z.B. bei Persil seit 1907), spricht man von einem „Relaunch“ des Produktes, der eine neue Wachstumsphase einleiten kann.

Diese „Produkterneuerungen“ werden mit Maßnahmen der Produktdifferenzierung kombiniert, um ein breitgefächertes Angebot für die Konsumenten bereit zu halten. Die Produktvariationsstrategie bewährt sich regelmäßig trotz der höheren Kosten, wenn Käuferschichten mit unterschiedlichen Einkommen oder Konsumgewohnheiten angesprochen werden sollen (z.B. auf dem Biermarkt durch die Premiumbiere).

c) Produkteliminierung

Befindet sich ein Produkt in der Degenerationsphase seines Lebenszyklus und sind Produkt-Relaunches nicht möglich oder auf Grund hoher Kosten oder schrumpfenden Gesamtmarktes nicht profitabel, so kann man das Produkt auslaufen lassen und die restlichen Gewinne abschöpfen. Wird jedoch der produktbezogene Cash Flow (= Einnahmenüberschuß) negativ, ist das Produkt aus dem Produktionsprogramm zu eliminieren.

Der Zwang zur Eliminierung eines Produktes geht jedoch nicht immer vom Markt aus. Durch Änderung gesetzlicher Vorschriften, insbesondere im Bereich der Umweltschutzgesetzgebung (z.B. Grenzwerte des Schwefeldioxid-Ausstoßes von Kraftwerken) sind Unternehmen manchmal gezwungen, Produkte aus dem Programm zu nehmen. Zuweilen hat auch die Stiftung Warentest bei Tests festgestellt, daß Produkte den Sicherheitsansprüchen nicht genügten (z.B. bestimmte Spielzeug-Trafos). Die entsprechenden Produkte wurden zumeist umgehend von den Herstellern aus dem Produktionsprogramm entfernt.

Die Produkteliminierungsstrategie ist somit das letzte Glied in der Kette der strategischen Produktentscheidungen eines Industriebetriebs. Mit der Kenntnis dieser Strategien und der ihnen zugrunde liegenden Analysen, die im vorliegenden Kapitel detailliert dargestellt wurden, kann die erste strategische Hauptaufgabe des Unternehmens, nachhaltige Gewinnpotentiale für das Unternehmen zu erschließen und zu sichern, als erfüllt angesehen werden. Wir wenden uns nunmehr der zweiten Hauptaufgabe zu, den Entscheidungen über die zur Wahrung der Marktchancen einzusetzenden Ressourcen, die Gegenstand des nächsten Kapitels sind.

5. Kapitel: Die strategischen Produktions- und Verfahrensentscheidungen

Die strategischen Entscheidungen auf der Produktionsseite des Industriebetriebes beziehen sich vor allem auf die Frage, mit welchen **Ressourcen** der Betrieb die geplanten Produkte erzeugen soll. Während die konkrete Produktionsdurchführung (Materialbeschaffung und Produktionsablauf) zum operativen Management (vgl. Teil III, S. 108ff) gehört, ist Gegenstand der strategischen Planung vor allem der Standort der Produktion und die Auswahl des geeigneten Produktionsverfahrens, da Entscheidungen über diese beiden Problemkomplexe die Unternehmung langfristig binden und die finanziellen Ressourcen erheblich beanspruchen.

A. Der betriebliche Standort

I. Die Standortfaktoren

Die Standortwahl gehört ohne Zweifel zu den Entscheidungen mit sehr langfristigen Auswirkungen auf das Wohlergehen des Industriebetriebes. Eine Fehlentscheidung bei der Standortwahl kann später nur mit erheblichen Kosten korrigiert werden, ja sogar ein Unternehmen in existenzielle Bedrängnis bringen, so daß eine eingehende Standortanalyse vor dieser strategischen Entscheidung dringend geboten erscheint.

Im folgenden verstehen wir unter dem Begriff **Standort**

den geographischen Ort, an dem der Industriebetrieb Güter erstellt oder verwertet (Hansmann 1974, S. 15f).

In dieser Definition ist die Möglichkeit eingeschlossen, daß ein Betrieb mehrere Standorte (Produktions-, Verwaltungs- bzw. Verkaufszentren) unterhält, was mit dem Begriff „Standortspaltung“ umschrieben sei (Jacob 1976, S. 9).

Für die weiteren Ausführungen wichtig ist der Begriff des **Standortfaktors**. Wir verstehen darunter jede

standortspezifische Einflußgröße des Erfolgs einer Industrieunternehmung.

So ist z.B. das Lohnniveau, das in verschiedenen Regionen der Bundesrepublik unterschiedliche Höhen erreicht und damit standortspezifisch wirkt, über die Personalkosten eine Erfolgsgröße und somit ein Standortfaktor. Im Gegensatz dazu beeinflußt die Körperschaftsteuer zwar den Erfolg des Unternehmens aber innerhalb des Bundesgebietes in gleicher Weise und ist daher für bundesdeutsche Standorte kein Standortfaktor.

Der Einfluß der Standortfaktoren auf den Erfolg des Betriebes wird im Rahmen der **Standortanalyse** ermittelt. Auf Grund ihrer Ergebnisse ist es möglich, den im Sinne der Unternehmenszielsetzung günstigsten Standort auszuwählen. Hierzu bedarf es

1. der Kenntnis aller relevanten Standortfaktoren und

2. eines Verfahrens, das die qualitativen und quantitativen Wirkungen der Standortfaktoren an den potentiellen Standorten zu bewerten gestattet (vgl. Abschnitt II. und III., S. 72ff).

Zunächst seien an dieser Stelle wichtige Standortfaktoren der Industrieunternehmungen auszugsweise aufgeführt. Eine vertiefende Betrachtung findet sich in Hansmann (1974).

a) Quantitative Standortfaktoren

Einflußgrößen, deren Beitrag zum Unternehmenserfolg direkt gemessen werden kann, sind quantitative Standortfaktoren. Die wichtigsten können der nachstehenden Zusammenstellung entnommen werden.

Tab. 16 Wichtige quantitative Standortfaktoren eines Industriebetriebes

1.	Transportkosten der Produkte vom Standort zu den Absatzmärkten
2.	Grundstückskosten (einschließlich Erschließungskosten)
3.	Kosten der Errichtung der Gebäude
4.	Personalkosten
5.	Beschaffungskosten der Materialien
6.	Standortabhängige Finanzierungskosten
7.	Regionale Förderungsmaßnahmen der öffentlichen Hand (Investitionszuschüsse, Sonderabschreibungen, Finanzierungshilfen)
8.	Grund- und Gewerbesteuer (Hebesätze!)
9.	Gewinnsteuern (bei internationaler Betrachtung)
10.	Regionale Differenzierung der Absatzpreise

Für eine konkrete Standortanalyse sind die relevanten Standortfaktoren aus diesem Katalog zugrunde zu legen. Es zeigt sich jedoch, daß eine Standortentscheidung allein aufgrund der quantitativen Standortfaktoren meist nicht zufriedenstellend getroffen werden kann, weil die wirtschaftliche und gesellschaftliche Gesamtsituation des Unternehmens auch von nicht-quantifizierbaren Einflußgrößen abhängt.

b) Qualitative Standortfaktoren

Der Einfluß dieser Faktoren kann nicht direkt gemessen, sondern muß von den Planungs- und Entscheidungsträgern subjektiv geschätzt werden. Die folgende Tabelle enthält einige qualitative Standortfaktoren aus Hansmann (1974, S. 139ff).

Tab. 17 Wichtige qualitative Standortfaktoren eines Industriebetriebes

1.	Grundstück (Lage, Form, Bodenbeschaffenheit, Bebauungsvorschriften, Umgebungseinflüsse, Ausdehnungsmöglichkeiten)
2.	Verkehrslage des Grundstücks (Verbindung zum Personen- und Güterverkehrsnetz)
3.	Arbeitskräftebeschaffung (Bevölkerungsstruktur und -ausbildung, Arbeitskraftreserven, Konkurrenz auf dem Arbeitsmarkt)
4.	Transportsektor (Speditionsunternehmen, Nähe eines Seehafens)
5.	Absatzbereich (Branchengoodwill, Kaufkraft der Bewohner, Konkurrenz)
6.	Investitions- und Finanzierungsbereich (Bankplatz, Kreditinstitute, Nähe von Anlagen- und Maschinenbaufirmen)
7.	Infrastruktur des Standorts (Wohnraum, Krankenhäuser, Bildungs- und Kultureinrichtungen, landschaftliche Lage, Umgebung)

Man erkennt deutlich, daß z.B. der Standortfaktor „Verkehrslage des Grundstücks" sicherlich einen Einfluß auf den Gewinn des Unternehmens hat, doch kann dies nicht in Mark und Pfennig ausgedrückt werden. Man ist daher gezwungen, die Verkehrslage subjektiv zu bewerten, um Standorte in dieser Beziehung vergleichen zu können. Ähnliches gilt für die übrigen qualitativen Standortfaktoren (insbesondere Infrastruktur). Wir werden im nächsten Abschnitt mit dem uns schon aus dem letzten Kapitel (S. 57ff) geläufigen Punktbewertungsverfahren eine qualitative Standortanalyse durchführen.

II. Heuristische Standortanalyse

Ein in der Praxis verbreitetes einfaches Verfahren zur Auswahl des günstigsten Standortes ist folgendes: eine Check-Liste von Standortfaktoren wird für jeden Standort durchgearbeitet und danach eine Rangfolge der potentiellen Standorte aufgestellt.

Eine Formalisierung dieses Verfahrens ergibt das Scoring-Modell, das wichtigste Element der heuristischen Standortanalyse.

a) Lösungsansatz

Wir gehen von n potentiellen Standorten S_i ($i = 1, \ldots, n$) und m Standortfaktoren SF_j ($j = 1, \ldots, m$) aus. Für den Entscheidungsträger hat jeder Standortfaktor ein bestimmtes, vor der Analyse festzulegendes Gewicht g_j. Wir definieren eine Bewertungsskala für die Standorte, die von Null Punkten (= ungenügende Eignung) bis 10 Punkten (= hervorragende Eignung) reicht.

r_{ij} ist dann der (ungewogene) Punktwert, den der i-te Standort bei der Beurteilung des j-ten Standortfaktors im Rahmen der Analyse erhält. Multipliziert mit dem Gewicht g_j des Standortfaktors j ergibt sich der gewogene Punktwert

$$(33) \qquad R_{ij} = r_{ij} \cdot g_j .$$

Die Bewertungsziffer Z_i des Standortes i ist das Resultat einer Verknüpfung der einzelnen R_{ij}.

Aus der Vielzahl von möglichen Verknüpfungsregeln seien im folgenden beispielhaft zwei Regeln angewandt (Lüder 1983, S. 36f).

1. Die Additionsregel mit Mindestanforderung

$$(34) \qquad Z_i = \begin{cases} 0 & \text{falls } \min\limits_j R_{ij} = 0 \\ \sum\limits_j R_{ij} & \text{sonst} \end{cases}$$

2. Die Minimumregel

$$(35) \qquad Z_i = \min_j R_{ij}$$

Beide Regeln setzen voraus, daß die Standortfaktoren unabhängig voneinander bewertet werden können, da nur in diesem Fall die Operationen Addition und Minimumbildung sinnvoll sind.

Falls ein potentieller Standort bei einem Standortfaktor eine ungenügende Eignung aufweist ($R_{ij} = 0$), schlägt diese Bewertung in beiden Regeln durch, und die Gesamtbewertungsziffer Z_i wird ebenfalls Null. Dadurch können zwingende Mindestanforderungen berücksichtigt werden. Die Minimumregel ist geprägt durch das Vorsichtsprinzip, einen Standort insgesamt nur so hoch zu bewerten wie beim ungünstigsten Standortfaktor.

b) Praktisches Beispiel

Das nachfolgende Beispiel ist ein vereinfachter Auszug aus einer Standortanalyse, die der Verfasser für ein Unternehmen des Maschinenbaus durchgeführt hat.

Betrachtet werden die Standortfaktoren

1. Grundstück (Gewicht $g_1 = 0{,}4$)
2. Verkehrslage des Grundstücks ($g_2 = 0{,}2$)
3. Arbeitskräftebeschaffung ($g_3 = 0{,}3$)
4. Infrastruktur ($g_4 = 0{,}1$)

Folgende Mindestanforderungen werden an den Standort gestellt:

1. Mindestgröße des Grundstücks 5.000 m^2
2. Die nächste Autobahnauffahrt darf höchstens 10 km vom Grundstück entfernt liegen.
3. Auf dem Arbeitsmarkt dürfen höchstens drei bedeutende andere Unternehmen in Konkurrenz stehen.
4. Die Miete für angemessenen Wohnraum der Belegschaft darf 8 DM/m^2 nicht übersteigen.

Untersucht wurden vier Standorte in drei Städten. Die Standorte I und II liegen in derselben Stadt. In der folgenden Tabelle sind die Daten des Problems wiedergegeben:

Tab. 18 Daten der heuristischen Standortanalyse

Standortfaktor / Standort	1 Grundstücksgröße (m^2)	2 Autobahnentfernung (km)	3 Konkurrenzfirmen Arbeitsmarkt	4 Miete Wohnraum (DM/m^2)
I	7.000	1	1	8
II	10.000	8	1	8
III	5.000	3	3	4
IV	8.000	12	1	6

Die qualitative Beurteilung erfolgte auf einer Skala, die von Null Punkten (= Mindestanforderung nicht erfüllt) bis 10 Punkten reichte. Die Ergebnisse zeigt Tab. 19.

Bei Anwendung der **Additionsregel** ergeben sich folgende Gesamt-Bewertungsziffern der Standorte:

$Z_I = 7{,}4 \quad Z_{II} = 4{,}2 \quad Z_{III} = 3{,}0 \quad Z_{IV} = 0{,}0$

Die **Minimumregel** erzeugt die Bewertungsziffern

$Z_I = 0{,}1 \quad Z_{II} = 0{,}1 \quad Z_{III} = 0{,}3 \quad Z_{IV} = 0{,}0$

Tab. 19 Ergebnisse der qualitativen Bewertung der Standorte (in Punkten)

Standortfaktor / Standort	1		2		3		4		$\sum_j r_{ij}$	$\sum_j R_{ij}$
	ungewogen	gewogen	ungewogen	gewogen	ungewogen	gewogen	ungewogen	gewogen		
I	8	3,2	10	2,0	7	2,1	1	0,1	26	7,4
II	4	1,6	2	0,4	7	2,1	1	0,1	14	4,2
III	1	0,4	8	1,6	1	0,3	7	0,7	17	3,0
IV	7	2,8	0	0,0	7	2,1	4	0,4	18	5,3

Beide Regeln schließen also den Standort IV aus, da er zu weit von der Autobahn (12 km) entfernt liegt. Nach der Additionsregel ist Standort I der optimale Standort, während die Minimumregel Standort III bevorzugt.

Mit diesem Beispiel sollte gezeigt werden, daß das Ergebnis der heuristischen Standortanalyse nicht nur von der (subjektiven) Beurteilung der Standorte, sondern auch von der angewandten Verknüpfungsregel abhängt.

c) Kritik an dem Lösungsansatz

Obwohl das Scoring-Modell bei Standortanalysen in der Praxis gute Dienste leistet, sollen hier einige Punkte zusammengefaßt werden, die sich als Unzulänglichkeiten herausstellen **können** und dann zu unbefriedigenden Ergebnissen führen.

- Die Gewichtung der Standortfaktoren, die Bewertung der Standorte und die Auswahl der Verknüpfungsregel sind subjektiver und damit nicht nachprüfbarer Natur.
- Die Merkmalsausprägungen der Standortfaktoren lassen sich nicht immer eindeutig auf einer Intervallskala abbilden.
- Eine Standortspaltung, d.h. die Auswahl mehrerer Standorte, läßt sich nicht in das Modell integrieren, da es z.B. nicht sicher ist, daß die ranghöchsten Standorte sich auch gegenseitig optimal ergänzen würden.
- Quantitative Größen wie Erlöse und Kosten werden nicht genügend berücksichtigt.

Es ist auf jeden Fall vorteilhaft, die wichtige heuristische Standortanalyse durch ein quantitatives Standortmodell zu ergänzen, um den direkten Einfluß des Standortes auf den Erfolg des Unternehmens zu bestimmen.

III. Quantitative Standortoptimierung

Für die quantitative Standortplanung sind zwei prinzipiell verschiedene Ansätze möglich:

- Die Anzahl der potentiellen Standorte wird als theoretisch unbegrenzt angesehen; jeder Punkt der Erdoberfläche kann zum Standort gewählt werden. Zur Lösung des Problems sind die Infinitesimalrechnung bzw. geometrische Methoden geeignet.
- Aus einer Menge von endlich vielen potentiellen Standorten werden diejenigen ausgewählt, die eine vorgegebene Zielfunktion extremieren. Zur Anwen-

dung kommen Methoden der abgekürzten Enumeration oder die ganzzahlige Optimierung (Hansmann 1974).

Der erste Ansatz ist historisch älter und wurde 1909 von A. Weber in die Standortliteratur eingeführt. Da aber in der Realität nicht jeder Punkt der Erdoberfläche potentieller Standort ist, kann man den Weberschen Ansatz nur als erste Annäherung an eine Standortoptimierung bezeichnen. Zur groben Orientierung über ein konkretes Standortproblem ist der Ansatz aber manchmal recht hilfreich.

a) Der Steiner-Weber-Ansatz

Das methodische Rüstzeug der Weberschen Standorttheorie wurde ursprünglich von dem Mathematiker Jacob Steiner (1796-1863) entwickelt, so daß dieser Ansatz in der Literatur meistens als Steiner-Weber-Problem zu finden ist.

1. Der Lösungsansatz

Der Industriebetrieb produziert ein Gut, das an verschiedenen Punkten der Erdoberfläche, den sog. Konsumorten, abgesetzt wird. Man kann sich darunter Absatzgebiete vorstellen, in deren Mittelpunkten Großstädte liegen (z.B. der Großraum Hamburg mit 3 Mio Einwohnern) und die vom noch zu bestimmenden Standort aus beliefert werden sollen. Die Nachfrage in den Konsumorten ist bekannt.

Zur Produktion benötigt der Industriebetrieb Materialien (incl. Vorprodukte), die von bestimmten Angebotsorten, den sog. Fundorten, bezogen werden. Der Bedarf an diesen Gütern ist bekannt.

Der Standort soll so gewählt werden, daß die gesamten Transportkosten für Materialien und Fertigprodukte möglichst gering sind. Der Transportkostensatz pro Kilometer und Tonne ist eine konstante Größe und für Materialien und Fertigprodukte gleich[7]. Abb. 19 zeigt eine geometrische Darstellung dieses Standortproblems.

Bezeichnet man den Transportkostensatz pro km und t mit c und die gesamten Transportkosten in der Planperiode mit T, so ist folgende Zielfunktion zu minimieren

$$(36) \qquad T = c(a_1 r_1 + a_2 r_2 + \ldots + a_n r_n) = c \sum_{i=1}^{n} a_i r_i \quad \Rightarrow \quad \text{Min!}$$

Diese Zielfunktion enthält n Variable r_i ($i = 1, \ldots, n$), die von der Wahl des Standortes abhängen.

Legt man nun ein Gitternetz über die Erdoberfläche (z.B. mit Längen- und Breitengraden), so sind Fund- und Konsumorte sowie der Standort durch jeweils zwei Koordinatenwerte eindeutig bestimmt. Der Standort erhält die variablen Koordinaten x und y, die übrigen Orte die festen Koordinaten x_i und y_i.

---

[7] Die Voraussetzung eines einheitlichen Transportkostensatzes für Material und Fertigprodukte dient der Übersichtlichkeit der folgenden Ableitungen und könnte ohne weiteres entfallen. Wesentlich ist jedoch die Unabhängigkeit des Transportkostensatzes von der Entfernung und der transportierten Menge.

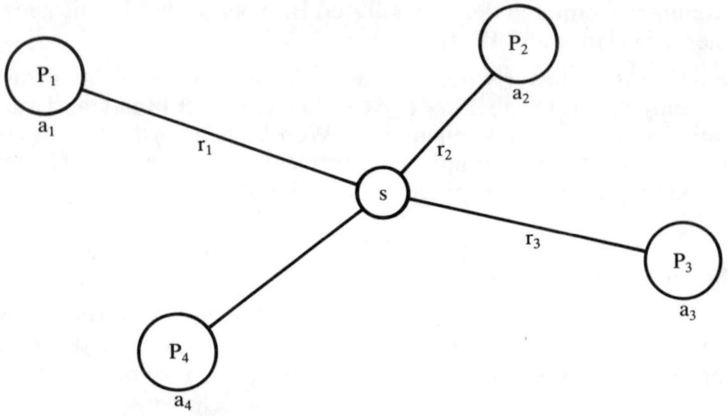

Abb. 19 Ausgangssituation des Steiner-Weber-Problems

P_i = Fund- bzw. Konsumort i (i=1, ..., n)
S = zu bestimmender Standort des Industriebetriebes
r_i = Entfernung vom Standort zum Ort i (Variable)
a_i = zu transportierende Menge (in t) vom Standort zum Ort i oder umgekehrt

Für nicht zu große Entfernungen können die Längen- und Breitengrade als kartesische Koordinaten der Ebene aufgefaßt werden. Durch die Anwendung des Satzes von Pythagoras kann man, wie Abb. 20 zeigt, die Variablen r_i durch x und y ausdrücken und damit das ursprüngliche Problem mit n Variablen auf ein Problem mit zwei Variablen reduzieren.

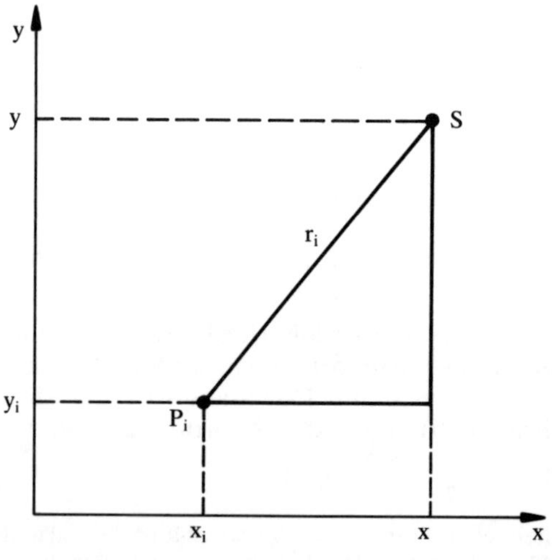

$$r_i = \sqrt{(x-x_i)^2 + (y-y_i)^2}$$

Abb. 20 Beziehungen zwischen den r_i und den Standortkoordinaten x und y

Die Zielfunktion (36) kann nun umformuliert werden:

(36a) $$T(x, y) = c \sum_{i=1}^{n} a_i \sqrt{(x - x_i)^2 + (y - y_i)^2} \Rightarrow \text{Min!}$$

Die Koordinaten x, y des transportkostenminimalen Standorts ergeben sich, indem man die ersten partiellen Ableitungen von (36a) nach x und y gleich Null setzt und feststellt, ob die Matrix der zweiten partiellen Ableitungen positiv definit ist[8].

Die ersten partiellen Ableitungen von (36a) lauten:

(37a) $$\frac{\partial T}{\partial x} = c \sum_{i=1}^{n} \frac{a_i (x - x_i)}{\sqrt{(x - x_i)^2 + (y - y_i)^2}} = 0$$

(37b) $$\frac{\partial T}{\partial y} = c \sum_{i=1}^{n} \frac{a_i (y - y_i)}{\sqrt{(x - x_i)^2 + (y - y_i)^2}} = 0$$

Aus diesem nicht-linearen Gleichungssystem lassen sich keine geschlossenen Ausdrücke für x und y gewinnen, doch kann man über folgendes Iterationsverfahren die Koordinaten des Standortes beliebig genau ermitteln:

(37a) und (37b) werden so umformuliert, daß die im Zähler der Summen stehenden Variablen x und y isoliert werden. Das ergibt folgendes Gleichungssystem:

(38a) $$x = \sum_{i=1}^{n} \frac{a_i x_i}{\sqrt{(x - x_i)^2 + (y - y_i)^2}} \Bigg/ \sum_{i=1}^{n} \frac{a_i}{\sqrt{(x - x_i)^2 + (y - y_i)^2}}$$

(38b) $$y = \sum_{i=1}^{n} \frac{a_i y_i}{\sqrt{(x - x_i)^2 + (y - y_i)^2}} \Bigg/ \sum_{i=1}^{n} \frac{a_i}{\sqrt{(x - x_i)^2 + (y - y_i)^2}}$$

Wir benutzen als Anfangswerte (x^0, y^0) der Iteration die Koordinaten des Schwerpunktes

(39a) $$x^0 = \frac{\sum_{i=1}^{n} a_i x_i}{\sum_{i=1}^{n} a_i}$$ und

(39b) $$y^0 = \frac{\sum_{i=1}^{n} a_i y_i}{\sum_{i=1}^{n} a_i},$$

setzen diese Werte in die rechten Seiten von (38a) und (38b) ein und errechnen daraus neue Werte x^1 und y^1, die wiederum in (38a) und (38b) eingesetzt werden.

8 Diese etwas langwierige Prüfung sei hier übergangen. Vgl. z.B. Kuhn (1965, S. 235ff).

Dies Iterationsverfahren wird so lange fortgesetzt, bis die Differenzen $|x^{k+1} - x^k|$ und $|y^{k+1} - y^k|$ eine vorgegebene Genauigkeitsschranke ε unterschreiten. Eine beliebige Annäherung an den transportkostenminimalen Standort ist gewährleistet (vgl. Kuhn 1965, S. 235ff).

2. Praktisches Beispiel

Ein Zeitschriftenverlag, der über fünf Produktionsstandorte (Berlin, Essen, Hamburg, Köln, Mönchengladbach) und über 10 in der Bundesrepublik Deutschland verteilte Absatzzentren verfügt, möchte die Verteilung der Zeitschriften so organisieren, daß die fünf Druckereien die Zeitschriften an ein Zentrallager liefern. Von dort wird die Verteilung auf die einzelnen Absatzzentren vorgenommen. Gesucht wird der transportkostenminimale Standort für das Zentrallager.

Tabelle 20 enthält die Produktionsmengen (in t) der Druckereien, die Absatzmengen (in t) der Absatzzentren sowie die Koordinaten in Längen- und Breitengraden.

Tab. 20

		Längengrad x	Breitengrad y	Mengen in t
Druckereien	Berlin	13,4	52,5	100
	Essen	7,0	51,5	350
	Hamburg	10,0	53,6	250
	Köln	7,0	50,9	500
	Mönchengladbach	6,4	51,2	100
Absatzzentren	Bielefeld	8,5	52,0	77
	Frankfurt	8,7	50,1	160
	Flensburg	9,4	54,8	23
	Hannover	9,7	52,4	134
	Bremen	8,8	53,1	141
	Kassel	9,5	51,3	48
	München	11,6	48,2	311
	Nürnberg	11,1	49,5	118
	Stuttgart	9,2	48,8	140
	Saarbrücken	7,0	49,2	148

Der Transportkostensatz pro Tonne beträgt für 110 km (~ 1°) DM 1,–.

Der optimale Standort für das Zentrallager hat nach dem Steiner-Weber-Ansatz die Koordinaten 8° östlicher Länge und 51° nördlicher Breite. Er liegt damit in der Nähe von **Siegen**. Unter Berücksichtigung verkehrstechnischer Gesichtspunkte könnte man sich im vorliegenden Fall für einen der am nächsten liegenden Druckereistandorte (Essen oder Köln) entscheiden und dort das Zentrallager an die Druckerei anbinden.

3. Kritik am Steiner-Weber-Ansatz

Wie oben dargelegt, dient der Steiner-Weber-Ansatz nur als eine erste Orientierung bei der Behandlung des Standortproblems. Insbesondere in folgenden Punkten werden realitätsferne Voraussetzungen wirksam (Hansmann 1974, S. 28f):

- Nicht der kostenminimale, sondern nur der **transportkosten**minimale Standort wird bestimmt; dies ist nur sinnvoll bei ausgesprochen transportkostenintensiven Unternehmen.
- Die Nachfrage, das Absatz- und das Produktionsprogramm werden vorab bestimmt, so daß die Beziehungen zwischen Standort und Absatzseite vernachlässigt werden.
- Die differenzierbaren Funktionen zwischen Transportkosten und Standortkoordinaten setzen die Homogenität des Territoriums voraus. Die Strukturen des geographischen Raumes und der Verkehrsverbindungen werden nicht berücksichtigt.
- Eine Standortspaltung sowie weitere einschränkende Nebenbedingungen (z.B. Grundstücksgröße, Arbeitsmarktsituation usw.) können nicht einbezogen werden.

Diese Unzulänglichkeiten können bis zu einem gewissen Grade beseitigt werden, wenn wir den Standort aus einer vorgegebenen Menge von potentiellen Standorten auswählen und dabei die ganzzahlige Optimierung anwenden. Dafür muß man außer einem höheren Rechenaufwand den Nachteil in Kauf nehmen, daß der optimale Standort nicht gefunden wird, wenn er in der vorgegebenen Menge der potentiellen Standorte nicht enthalten ist. Doch kann man dieses Risiko durch Ausweitung der vorgegebenen Menge von Standorten – bei steigendem Rechenaufwand – vermindern. Im folgenden wird ein ganzzahliges Modell, das der Verfasser bei einem Unternehmen des Maschinenbaus angewandt hat, in vereinfachter Form dargestellt.

b) Ein gemischt-ganzzahliges Standortmodell

1. Das empirische Standortproblem

Dem Maschinenbau-Unternehmen, das seinen Produktionsbetrieb verlagern wollte, wurden fünf geeignete Grundstücke in fünf deutschen Städten angeboten. Die Menge der potentiellen Standorte besitzt also fünf Elemente.

Für jedes Grundstück berechnete der Verfasser die relevanten Standortfaktoren Grundstückspreis, Erschließungskosten, Baukosten, Anschaffungskosten und Kapazität der Produktionsanlagen sowie die von der öffentlichen Hand zugesagte Investitionsförderung. Da das Lohnniveau in den einzelnen Städten verschieden war, wurde auch die Lohnsumme in die Überlegungen einbezogen.

Die Transportkosten werden – für das vorliegende Modell vereinfacht – vom jeweiligen Standort zum Absatzschwerpunkt in der Bundesrepublik gerechnet und der Transportkostensatz in DM/t ausgedrückt. Dadurch muß auch die Kapazität der Produktionsanlagen, der durchschnittliche Absatzpreis und der höchstmögliche Absatz von Maschinen-Einheiten auf Tonnen umgerechnet werden.

Die Kapazität und die Herstellungskosten der Produktionsstätten an den einzelnen Standorten hängen von der Grundstücksgröße und -beschaffenheit sowie von behördlichen Vorschriften ab. Standortunabhängige Kosten werden nicht im Modell berücksichtigt, so daß die Zielgröße nur als **Brutto**endvermögen nach Ablauf des Planungszeitraums von 10 Jahren angesehen werden kann.

Dem Unternehmen steht am Planungsbeginn ein fester Investitionsbetrag zur Verfügung, der in unserem Modell für Produktionsstätten oder zur langfristigen Anlage auf dem Kapitalmarkt eingesetzt werden kann. Die Zahlen in der folgenden Tabelle geben die Daten des empirischen Problems in der richtigen Größenordnung, jedoch aus Gründen der Übersichtlichkeit in zusammengefaßter und abgerundeter Form wieder.

Tab. 21 Daten des gemischt-ganzzahligen Standortmodells

Standortfaktor \ Standort	I	II	III	IV	V
Grundstückskosten (Mio DM)	26	22	7	4	10
Kosten der Gebäude und Anlagen (Mio DM)	80	105	140	130	95
Produktionskapazität (Tsd. t pro Jahrzehnt)	60	80	100	90	70
Investitionszulage (Mio DM)	0	0	14	12	9
Lohnsumme (Mio DM pro Jahrzehnt)	520	600	800	640	480
Transportkosten (DM/t)	500	500	500	600	600

In der Planungsperiode (10 Jahre) können 120000 t Produkte zu einem durchschnittlichen Preis von 15000 DM pro t abgesetzt werden. Der zu Planungsbeginn zur Verfügung stehende Investitionsbetrag beläuft sich auf 330 Mio DM, der durchschnittliche Zinssatz auf dem Kapitalmarkt für die nächsten 10 Jahre wird mit 9% p.a. angenommen, so daß ein Kapital in 10 Jahren auf den 2,4fachen Betrag angewachsen ist. Durch diese konkrete Kapitalanlagemöglichkeit im Modell können wir auf eine Abzinsung der jährlichen Zahlungsströme (Löhne, Erlöse usw.) verzichten (vgl. Hansmann 1974, S. 46) und den 10-Jahreszeitraum als eine Periode auffassen[9].

2. Das Modell

Bezeichnet man mit

x_i (i = 1, …, 5) die am Standort i produzierte und zum Absatzschwerpunkt transportierte Menge der Fertigprodukte (in t),

u_i (i = 1, …, 5) die Standortvariable des Standorts i, die den Wert Eins annimmt, wenn der Standort i gewählt wird und sonst den Wert Null aufweist,

R der Kapitalbetrag, der auf dem Kapitalmarkt zu 9% p.a. angelegt wird,

so kann man folgende **Zielfunktion** für den 10-Jahres-Zeitraum aufstellen (in DM).

$$(40)\quad \begin{aligned} Z = {} & 14500\, x_1 + 14500\, x_2 + 14500\, x_3 + 14400\, x_4 + 14400\, x_5 \\ & - 626 \cdot 10^6\, u_1 - 727 \cdot 10^6\, u_2 - 933 \cdot 10^6\, u_3 - 762 \cdot 10^6\, u_4 \\ & - 576 \cdot 10^6\, u_5 + 2{,}4\, R \quad \Rightarrow \quad \text{Max!} \end{aligned}$$

Der Koeffizient von x_1 ergibt sich aus dem Absatzpreis von 15.000 DM/t abzüglich der Tansportkosten von 500 DM/t = 14.500 DM/t. Entsprechend sind die Koeffizienten der übrigen Variablen x_i berechnet worden.

---

[9] Dynamische Aspekte sollen in diesem vereinfachten Modell nicht berücksichtigt werden.

Die Koeffizienten der Standortvariablen u_i setzen sich aus der Lohnsumme, den Grundstückskosten und den Gebäude-/Anlagenkosten abzüglich der Investitionszulage zusammen.

Bei der Maximierung sind folgende Nebenbedingungen zu beachten:

Absatzbedingung

(41) $x_1 + x_2 + x_3 + x_4 + x_5 \leq 120000$ [in t]

Investitionsbudgetbedingung

(42) $106 \cdot 10^6 u_1 + 127 \cdot 10^6 u_2 + 133 \cdot 10^6 u_3 + 122 \cdot 10^6 u_4 + 96 \cdot 10^6 u_5 + R \leq 330 \cdot 10^6$ [in DM]

Kapazitätsbedingungen [in t]

(43a) $x_1 \leq 60000 u_1$

(43b) $x_2 \leq 80000 u_2$

(43c) $x_3 \leq 100000 u_3$

(43d) $x_4 \leq 90000 u_4$

(43e) $x_5 \leq 70000 u_5$

Das Modell wird von den **Nicht-Negativitätsbedingungen** abgeschlossen:

(44a) $x_i \geq 0$ $(i = 1, \ldots, 5)$

(44b) $R \geq 0$

(44c) $u_i = 0$ oder 1 $(i = 1, \ldots, 5)$

Das Modell ist mit fünf ganzzahligen und sechs reellen Variablen sowie sieben echten Nebenbedingungen so einfach, daß es durch systematisches Probieren ohne Computer gelöst werden kann. Es läßt sich jedoch leicht verfeinern und erfordert dann zur Lösung einen gemischt-ganzzahligen Lösungsalgorithmus, auf dessen Einzelheiten hier nicht eingegangen werden kann (vgl. dazu Hansmann 1974 und 1975).

3. Die Ergebnisse der Modellrechnung

Die optimale Lösung enthält nur ein Element: Standort IV. Die Kapazität an diesem Standort wird voll ausgelastet ($x_4 = 90000$), jedoch wird die Absatzgrenze von 120000 ME nicht erreicht.

Für die Sachinvestitionen werden 122 Mio DM benötigt, so daß 208 Mio DM auf dem Kapitalmarkt angelegt werden.

Das Bruttoendvermögen beträgt 1033,2 Mio DM.

Gegenüber dem Ansatz von Weber weist dieses Modell wichtige Verbesserungen auf:

- alle standortrelevanten Kosten- und Erlösgrößen werden berücksichtigt,

- die tatsächlichen Transportkosten gehen in das Modell ein, so daß keine Homogenität des Territoriums erforderlich ist,
- eine Standortspaltung ist möglich und
- einschränkende Nebenbedingungen (z.B. begrenztes Investitionsbudget) können einbezogen werden.

Kombiniert man ein solches ganzzahliges Standortmodell mit einer heuristischen Analyse der qualitativen Standortfaktoren, so basiert die strategische Standortentscheidung des Industriebetriebes auf einer soliden und tragfähigen Grundlage.

B. Das Produktionsverfahren

I. Determinanten der industriellen Produktionsverfahren

Nach der strategischen Standortentscheidung hat der Betrieb das Produktionsverfahren zu bestimmen, mit dem die geplanten Erzeugnisse hergestellt werden sollen. Dabei verstehen wir unter dem Begriff **„Produktionsverfahren“**

> die Gesamtheit der naturwissenschaftlichen, technischen und organisatorischen Eigenschaften des Herstellungsablaufs von Gütern.

Diese Eigenschaften sollen im folgenden etwas näher betrachtet werden, um eine Grundlage für die Entscheidung über das Produktionsverfahren zu erarbeiten.

a) Naturwissenschaftliche und technische Bestimmungsfaktoren

Die industrielle Produktion eines Gutes kann mit physikalischen, chemischen und biologischen Verfahren erfolgen. Nach von Kortzfleisch (in Jacob 1983, S. 146) unterteilen wir die **physikalische** Produktionsmethode in

- mechanische Produktion
  Hierunter fällt die Stoffgewinnung, die Stofftrennung und -zerkleinerung, das Mischen von Stoffen durch Rühren und der Transport von Stoffen (Beispiele: Schmiede, Walzwerk, Montage incl. Schweißen und Löten);
- kalorische Produktion
  insbesondere Erhitzen, Verdampfen, Schmelzen und Kondensieren (Beispiele: Luftverflüssigung, Erdölraffinerieprozeß);
- elektrotechnische Produktion
  Hierbei wird die Energie für die Stoffveränderung durch Elektrizität gewonnen (Beispiel: Trennung von Stoffen durch magnetische Kraftfelder, Elektrolyse).

Die **chemische** Produktionsmethode gliedert man in

- Stoffzerlegung,
  in der durch chemische Reaktionen Stoffe aufgespalten werden (z.B. bei der Wein- und Bierproduktion) und in die
- Stoffverbindung,
  z.B. Schwefelsäureherstellung.

Schließlich umfassen die **biologischen** Produktionsverfahren Mutationsprozesse bei der Pflanzenveredelung und die Verfahren der Tierzüchtung.

Gemeinsam ist allen drei Produktionsmethoden, daß die naturwissenschaftlichen Gesetze und Erkenntnisse einen unverschiebbaren Rahmen für die Entwicklung technischer Verfahren bilden, von dem im folgenden auszugehen ist.

Aufbauend auf den naturwissenschaftlichen Grundlagen kann man nach dem **Einsatz der Technik** drei Fertigungsarten unterscheiden (von Kortzfleisch 1983, 2. Aufl., S. 151):

- handwerkliche Fertigung,
  insbesondere in kunstgewerblichen und individuellen Herstellungsverfahren,
- mechanisierte Fertigung,
  die gekennzeichnet ist durch den Ersatz menschlicher Energie durch maschinelle Energie und die Verwendung von Werkzeugmaschinen,
- automatisierte Fertigung,
  bei der die einzelnen Arbeitsgänge automatisch ablaufen und evtl. zusätzlich der Transport der durchlaufenden Produkte automatisiert wird (Fließfertigung).

b) Das Produktionsvolumen

Neben den naturwissenschaftlichen und technischen Bestimmungsfaktoren spielt das Produktionsvolumen bei der Konzeption des Produktionsverfahrens eine große Rolle, denn es ist etwas anderes, ob von einer Produktart nur ein Stück nach den Wünschen des Abnehmers hergestellt wird oder eine sehr große Stückzahl gleicher Produkte für den anonymen Markt.

1. Einzelfertigung

Dies ist die typische Form der Auftragsfertigung, bei der jedes produzierte Stück auf die Wünsche des Kunden zugeschnitten ist. Die spezielle Arbeitsvorbereitung muß sich mit den Konstruktions- und Terminplänen und Stücklisten auf jede neue Kundenbestellung einstellen, so daß die Ausführung des Produktionsprogramms mitunter schwierig werden kann.

Der Vorteil der Einzelfertigung liegt vor allem in der Flexibilität des Produktionsprozesses, der sich auch besonderen Abnehmerwünschen anpassen kann und damit die Marktstellung des Industriebetriebs festigt.

Nachteilig macht sich die geringe Zahl von Rationalisierungsmöglichkeiten bemerkbar, da Einzelstücke verschiedener Bauart der Anwendung von Normung und Typung der Bauteile enge Grenzen setzen.

2. Serienfertigung

Hierbei sind größere, aber begrenzte Stückzahlen von unterschiedlichen Produkten nacheinander oder parallel herzustellen. Werden zur Produktion der einzelnen Serien die gleichen Produktionsanlagen benutzt, so müssen sie entsprechend umgerüstet werden, was in der Regel mit besonderen Umrüstungskosten verbunden ist.

Der Vorteil der Serienfertigung liegt darin, daß innerhalb der Serien Normung und Typung angewandt werden kann und somit ein Rationalisierungseffekt erreichbar ist.

Demgegenüber sind die Umrüstungskosten, die geringere Flexibilität im Vergleich zur Einzelfertigung und die Tatsache, daß nicht mehr alle Kundenwünsche erfüllt werden können, als nachteilig anzusehen.

3. Massenfertigung

Bei sehr großem Produktionsvolumen kann ein Betrieb von der Serienfertigung zur Massenfertigung übergehen, indem er nur noch ein Produkt in unbegrenzter Anzahl herstellt. Die Planung legt dabei der Produktion keinerlei Beschränkungen mehr auf, da für den anonymen Markt produziert wird.

Bei Massenfertigung kann der Betrieb die Rationalisierungsmöglichkeiten, die durch die große Stückzahl gegeben sind, voll nutzen und niedrige Stückkosten erzielen (Beispiele: Halbleiter, Mikroprozessoren). Da keine Umrüstungen der Produktionsanlagen erforderlich sind, bietet sich in verstärktem Maße eine Automation des Produktionsprozesses an.

Nachteilig an der Massenfertigung ist die mangelnde Flexibilität des Herstellungsprozesses, hervorgerufen durch den Einsatz von Spezialmaschinen. Ändert sich die Nachfrage durch Mode- oder Geschmackswandel, so kann dies zu einer existenziellen Gefahr für die Unternehmung werden und sehr kostenintensive Produktionsumstellungen erfordern.

Bei der Auswahl des Produktionsverfahrens ist also außer den naturwissenschaftlichen und technischen Rahmenbedingungen in gleichem Maße das geschätzte **Produktionsvolumen** als Kriterium für die strategische Entscheidung über den Produktionstyp zugrunde zu legen. Es wird ebenfalls bei der Wahl der Organisationsform der Fertigung eine Rolle spielen, die im nächsten Abschnitt behandelt wird.

II. Die Organisationsformen der Produktion

Innerhalb der naturwissenschaftlich-technischen Rahmenbedingungen und unter Beachtung der angestrebten Produktionsmenge ist die Organisationsform nach ökonomischen Gesichtspunkten zu wählen. In der Praxis haben sich vier Formen herausgebildet, die im folgenden einzeln analysiert werden.

a) Werkbankfertigung

Sie ist charakterisiert durch Einzelarbeit an Arbeitstischen, wobei die Betriebsmittel (z.B. ein Schraubstock) im Griffeld des Arbeiters angeordnet sind. Es gibt keinen zwangsläufigen Übergang zu anderen Arbeitsplätzen. Hergestellt werden meistens Einzelstücke oder kleine Serien.

Die Werkbankfertigung ist im Handwerk (z.B. Töpferei) sehr verbreitet und zeichnet sich durch große Flexibilität im Produktionsprogramm und relativ geringe Kapitalbindung aus. Für die Industrie ist sie als Organisationsform jedoch aufgrund ihrer geringen Produktivität untauglich und daher höchstens in Reparaturabteilungen vereinzelt anzutreffen.

b) Baustellenfertigung

Bei dieser Organisationsform werden Arbeitskräfte, Material und Betriebsmittel an den Standort des zu produzierenden Objekts herangebracht. Vor allem im Hoch- und Tiefbau ist die Baustellenfertigung verbreitet, aber auch beim Bau von Heizungsanlagen, Aufzügen und Kraftwerken.

Die menschliche Arbeit spielt hier eine wesentliche Rolle, so daß Rationalisierungsanstrengungen nur in begrenztem Ausmaß möglich sind (z.B. vorgefertigte

Teile im Wohnungsbau). Die Produktivität ist nicht sehr hoch, und es treten häufig Probleme beim Transport der Betriebsmittel (z.B. Kräne) auf.

c) Werkstattfertigung

Diese Organisationsform ist gekennzeichnet durch die Zusammenfassung von gleichartigen Maschinen bzw. Arbeitsplätzen mit gleicher Verrichtung in Werkstätten als abgeschlossene Einheiten. Das Produkt wandert gemäß der Ablaufplanung durch die einzelnen Werkstätten, in denen Maschinen eine spezielle Verrichtung ausführen (z.B. hobeln, fräsen, schmieden). Die Reihenfolge der Werkstätten kann bei unterschiedlichen Produkten variieren.

Man findet die Werkstattfertigung vor allem im Maschinenbau, in der elektrotechnischen und optischen Industrie sowie in der Gummiverarbeitung. Mitunter wird sie in Teilbereichen mit der Fließfertigung kombiniert.

Die Werkstattfertigung zeichnet sich durch eine hohe qualitative und quantitative **Elastizität** aus. Dabei versteht man unter qualitativer Elastizität die Fähigkeit, verschiedene Produkte mit den gleichen Maschinen herzustellen. Demgegenüber besagt die quantitative Elastizität, daß die Stückkosten bei Abweichung von der optimalen Produktionsmenge nur einen geringen Anstieg zeigen.

Die **Kapitalbindung** ist durch den geringeren Anteil der fixen Kosten nicht so hoch wie bei der Fließfertigung. Die räumliche Zusammenfassung der Arbeitsplätze erleichtert die Abgrenzung der Verantwortungsbereiche. Die Arbeitskräfte bestimmen das Arbeitstempo und können sich weitgehend mit ihrer Arbeit identifizieren.

Die Nachteile der Werkstattfertigung ergeben sich vor allem aus folgenden Punkten:

- Die Transportwege zwischen den Werkstätten sind relativ lang, da manche Werkstätten mehrmals durchlaufen werden müssen.
- Der Raumbedarf ist hoch.
- Es ist kaum möglich, alle Werkstätten gleichmäßig auszulasten und Engpässe zu verhindern.
- Der Produktionsablauf ist recht unübersichtlich und erfordert einen beträchtlichen Verwaltungsaufwand.
- Durch unterschiedliche Durchlaufzeiten ergeben sich Zwischenläger, die zu einer erhöhten Kapitalbindung in den Beständen führen.

d) Fließfertigung

Nach der Definition von Mäckbach/Kienzle (1926) ist die Fließfertigung eine

> „örtlich fortschreitende, zeitlich bestimmte, lückenlose Folge von Arbeitsgängen."

Der Produktionsprozeß bestimmt also die Anordnung der Maschinen.

Die Fließstrecke kann linear, u-förmig oder kreisförmig sein. Abb. 21 zeigt eine lineare, doppelseitig besetzte und mit Zwischenlägern versehene Fließstrecke.

Die zeitliche Abstimmung der Arbeitsgänge wird von der geplanten Produktion pro Schicht bestimmt. Man ermittelt die sog. **Taktzeit**, d.h. die Zeit, in der ein Stück des Produktes bearbeitet wird, ehe das Band dieses Stück zum nächsten Arbeitsplatz transportiert, aus der Formel

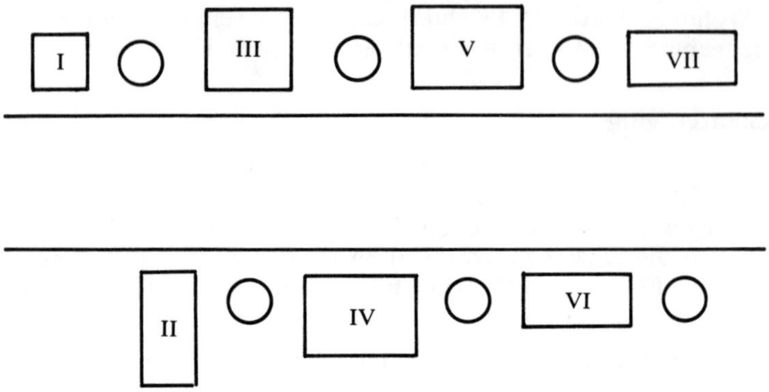

Abb. 21 Lineare Fließstrecke

O ≙ Lager
[I] ≙ Station I

$$\text{Taktzeit}\left[\frac{\text{ZE}}{\text{ME}}\right] = \frac{\text{Arbeitszeit pro Schicht [ZE]}}{\text{Sollproduktion pro Schicht [ME]}} \cdot \text{Bandwirkungsfaktor}$$

Der Bandwirkungsfaktor berücksichtigt Störungen und Ausfallzeiten und ist stets kleiner als eins.

Beträgt die Arbeitszeit pro Schicht acht Stunden, die Sollproduktion 960 ME und wird mit Ausfallzeiten von 4% der Arbeitszeit gerechnet, so ergibt sich folgende Taktzeit:

$$\text{Taktzeit}\left[\frac{\text{min}}{\text{ME}}\right] = \frac{480\,[\text{min}]}{960\,[\text{ME}]} \cdot 0{,}96 = 0{,}48\left[\frac{\text{min}}{\text{ME}}\right].$$

Dieser Taktzeit müssen nun alle Arbeitsgänge angepaßt werden. Dazu gibt es nach Mellerowicz (1981b, S. 342f) folgende Möglichkeiten:

- Parallelschaltung von Arbeitsplätzen, falls die Arbeitszeit einzelner Arbeitsgänge ein Vielfaches der Taktzeit beträgt;
- Zerlegung eines zu langen Arbeitsganges in Teilarbeitsgänge von der Länge der Taktzeit;
- Zusammenfassung von zu kurzen Arbeitsgängen;
- Einsatz anderer Verfahren oder leistungsfähigerer Maschinen;
- Ausnutzung des unterschiedlichen Arbeitstempos der Arbeiter.

Lassen sich die Arbeitsgänge unter keinen Umständen in eine gemeinsame Taktzeit einpassen, so muß man die zeitliche Abstimmung fallen lassen und die Fließfertigung geht in die **Reihen- bzw. Straßenfertigung** (ohne Taktzwang) über, die jedoch ablaufplanerisch wesentlich schwieriger zu bewältigen ist.

Die Fließfertigung findet als **zwangsläufige** Variante vor allem in der chemischen, der Mineralöl- und in der Brauindustrie Verwendung, als organisatorische Variante in der Fahrzeugindustrie, im Verlags- und Druckgewerbe sowie in der Süßwarenindustrie.

Die Vorteile der Fließfertigung liegen auf folgenden Gebieten:

- Es wird die geringste mögliche Durchlaufzeit der Produkte durch den Betrieb erreicht. Daher ist für Zwischenlager nur eine geringe Kapitalbindung erforderlich (Sicherheitspufferläger).
- Der Produktionsablauf ist übersichtlich und erfordert wenig Aufwand für die spezielle Arbeitsvorbereitung und die Produktionssteuerung.
- Es fallen niedrige innerbetriebliche Transportkosten an.
- Alle Rationalisierungsmöglichkeiten können durch die weitgehende Zerlegung der Arbeitsgänge ausgenutzt werden.
- Das Fließprinzip ermöglicht durch optimale Raumnutzung einen geringeren Raumbedarf als die Werkstattfertigung.

Diesen Vorzügen der Fließfertigung stehen folgende Nachteile gegenüber:

- Die Einrichtung einer Fließstrecke erfordert einen erheblichen Kapitalbedarf.
- Die Belastung mit fixen Kosten ist sehr hoch.
- Die Fließfertigung weist nur eine geringe quantitative und qualitative Elastizität auf. Beschäftigungsschwankungen und Produktvariationen führen zu hoher Kostenbelastung.
- Störungen an einzelnen Maschinen wirken sich häufig auf den ganzen Fließprozeß aus.
- Die psychische Belastung der Arbeitskräfte durch die eintönige Arbeit kann unzumutbar werden.

Außer den hier besprochenen reinen Organisationsformen der Fertigung gibt es in der Praxis auch Kombinationen, wie z.B. die **Gruppen-** oder **Gemischtfertigung** (Mellerowicz 1981b, S. 371ff). Sie ist durch eine Zusammenfassung von Maschinen und Arbeitsplätzen für gleichartige Teilprozesse gekennzeichnet, die im Fließprinzip organisiert werden, während sonst Werkstattfertigung vorherrscht.

Mit der Analyse der Organisationsformen ist die ökonomische Basis für Entscheidungen über das anzuwendende Produktionsverfahren erarbeitet. Es muß entschieden werden,

1. mit welchen naturwissenschaftlichen Methoden das geplante Produkt hergestellt werden soll (physikalische, chemische oder biologische Produktionsmethode),
2. welcher Produktionstyp (Einzel-, Serien- oder Massenfertigung) für das erwartete Absatz- und damit auch Produktionsvolumen am geeignetsten ist und
3. welche Organisationsform (Werkbank-, Baustellen-, Werkstatt- oder Fließfertigung) für diese Produktion zwingend erforderlich ist oder – falls Alternativen möglich sind – unter ökonomischen Überlegungen gewählt werden sollte.

Im konkreten Fall muß diese dreistufige Entscheidung unter sorgfältiger Abwägung aller oben aufgezeigten Vor- und Nachteile der einzelnen Alternativen und der auftretenden Risiken getroffen werden.

III. Die Produktionsanlagen

Nach Auswahl des geeigneten Produktionsverfahrens sind im nächsten Schritt die Produktionsanlagen für das gewählte Verfahren zu bestimmen. Drei Problemkreise stehen hier im Vordergrund des Interesses:

- Planung der Fabrikgebäude,
- Beschaffung (und Instandhaltung) der maschinellen Anlagen,
- innerbetrieblicher Standort der Produktionsanlagen.

Außer der Instandhaltungsplanung, die überwiegend zum operativen Management gehört, sind die übrigen Entscheidungen strategischer Natur, da sie die Unternehmung langfristig binden.

a) Die Fabrikplanung

Sie liegt auf dem Grenzgebiet zwischen Industriebetriebslehre und Architektur und beschäftigt sich mit der Erstellung des Fabrikgebäudes und seiner Aufteilung in Produktionsgebäude, Lager, Verwaltungsgebäude und Verkehrswege. Dabei muß sie Rücksicht auf die Eigenschaften des Fabrikgeländes, die Produktionsverfahren und den geplanten innerbetrieblichen Standort der Produktionsanlagen nehmen, was zu einem Interdependenzproblem führt.

1. Fabrikgelände

Die erste Analyse des Bauvorhabens gilt dem Fabrikgelände. Es muß in der Bodenbeschaffenheit, der Form und der Größe den Anforderungen der zukünftigen Fabrik gerecht werden.

Zu untersuchen sind ebenso die Anbindung an das öffentliche Verkehrsnetz und an die Energieversorgung wie alle gesetzlichen Vorschriften einschließlich der Erlasse des Bauaufsichtsamtes.

2. Der Bebauungsplan

Zweck des Bebauungsplanes ist die räumliche Verbindung von zusammengehörigen Funktionsbereichen oder solchen, zwischen denen intensive Wechselbeziehungen bestehen. Hierzu teilt man das Baugelände in folgende Zonen auf (Lüder 1983, S. 89):

- Verwaltungs- und Parkzone,
- Lagerzone für Rohmaterialien,
- Produktionszone mit Halbfabrikatelager,
- Lagerzone für Fertigwaren,
- Zone für Energieversorgung und Hilfsbetriebe,
- Erholungszentren (Kantine, Fitnessräume, Sportplatz).

Die Lage der einzelnen Zonen wird von den äußeren und inneren Verkehrswegen und der Richtung des Materialflusses bestimmt.

3. Grundsätze der Bauprojektierung

Nach Mellerowicz (1981a, S. 367ff) soll die Anlage der Fabrik den technisch-ökonomischen Erfordernissen der „Produktion mit möglichst geringen Stückkosten" entsprechen. Dabei sind folgende Grundsätze nützlich:

- Ausrichtung der Produktionsanlagen nach dem natürlichen Produktionsfluß,
- zweckmäßige Verbindung der Läger mit den Produktionsstätten,
- Trennung von sich störenden oder gefährdenden Abteilungen,
- genügend Raum für Hilfsfunktionen,
- Ausnutzung des natürlichen Gefälles,
- übersichtliche Raumverteilung,
- Minimierung der Transportwege.

4. Wahl der Gebäudeform

Die Gebäudeform ist von der Art des zu erzeugenden Produktes, vom Produktionsverfahren und vom Produktionsvolumen abhängig.

Bei ausreichendem Baugelände und schweren Maschinen, die evtl. später umgruppiert werden müssen, bietet sich der **Flachbau** an, der auch nach allen Seiten hin erweitert werden kann. Die Beleuchtungsverhältnisse können beim Flachbau optimal gestaltet werden.

Ist hingegen das Baugelände begrenzt oder teuer, wird man den **Geschoßbau** bevorzugen. Er erfordert leichte Rohstoffe und Maschinen für die oberen Geschosse und weist häufig den Nachteil auf, daß die Vertikalverbindungen (Aufzüge) zu Engpässen im Materialfluß werden. Außerdem kann der Produktionsfluß dadurch gestört werden, daß besonders schwere Maschinen im Erdgeschoß aufgestellt werden müssen.

In jüngster Zeit haben sich auch sog. **flexible mehrstufige Bausysteme** (Lüder 1983, S. 91) bewährt, die aus einer hohen Halle bestehen, in die – statisch unabhängig – versetzbare Geschoßeinbauten eingefügt werden. Hierdurch konnten die Transportkosten gegenüber normalen Flachbauten gesenkt werden.

b) Anlagenplanung

1. Beschaffung der Produktionsanlagen

Nach der Errichtung des Fabrikgebäudes können die Produktionsanlagen beschafft und installiert werden. Bei der Auswahl der geeigneten Anlagen sind die Methoden der Investitionsrechnung heranzuziehen, die in der Allgemeinen Betriebswirtschaftslehre gelehrt und hier als bekannt vorausgesetzt werden. Im Abschnitt V. werden wir anhand praktischer Beispiele strategischer Investitionsentscheidungen diese Investitionsplanungsmethoden detailliert anwenden.

2. Der Einsatz von Industrierobotern

In jüngster Zeit sind insbesondere in der Automobilindustrie Produktionsanlagen entwickelt worden, die in der Zukunft zu einer weitgehenden Automation des Produktionsprozesses führen können. Diese **Industrieroboter** genannten Automaten werden – falls sie sich durchsetzen – einschneidende Umwälzungen der Produktions- und Ablaufplanung der Industriebetriebe sowie tiefgreifende Veränderungen von Zahl und Struktur der industriellen Arbeitsplätze zur Folge haben. Daher ist es angebracht, diese Entwicklungen hier kurz zu skizzieren.

Eine international einheitliche Definition für Industrieroboter existiert bislang noch nicht. Die Fachgemeinschaft Montage, Handhabung, Industrieroboter im Verband Deutscher Maschinen- und Anlagenbau (VDMA) definiert die Industrieroboter als

> universell einsetzbare Bewegungsautomaten mit mindestens drei Achsen, deren Bewegungen ohne mechanischen Eingriff flexibel programmierbar sind und die mit Fertigungsmitteln wie Greifern oder Werkzeugen ausgerüstet werden können.

Diese Definition beschreibt die drei wesentlichen Kennzeichen der Industrieroboter

- mechanisches System,

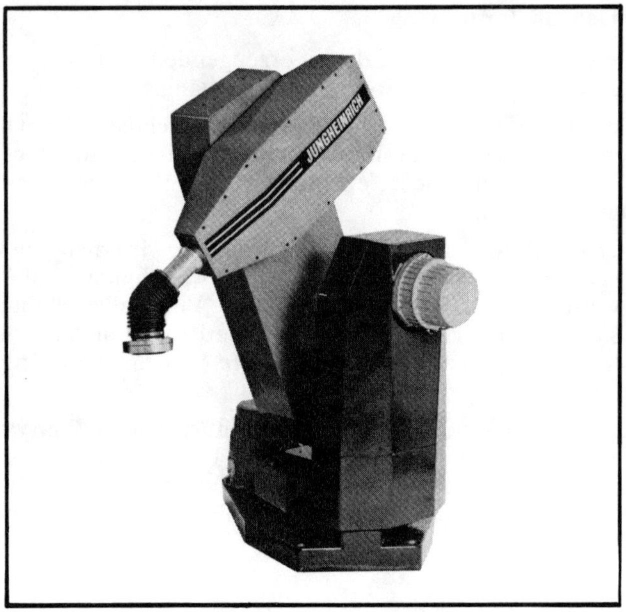

Abb. 22 Freiprogrammierbarer Industrieroboter mit fünf Bewegungsachsen
Quelle: Datenblatt Industrie-Roboter, Reihe 80 der Firma Jungheinrich

- elektronische Steuerung,
- flexible Programmierung.

Die Industrieroboter werden heute in der Bundesrepublik Deutschland überwiegend in der Automobilindustrie eingesetzt, doch finden sich mehr und mehr Verwendungsmöglichkeiten in anderen Industriezweigen (Elektroindustrie, Maschinenbau). Die folgende Tab. 22 gibt den Einsatzbereich der Industrieroboter im Jahr 1980 wieder (Meier 1982, S. 21)

Tab. 22
Einsatzbereiche der Industrieroboter in der BRD, Japan und den USA im Jahr 1980 (v.H.)

Branche	BRD	Japan	USA
Automobilindustrie	60	30	41
Elektroindustrie	12	36	27
Maschinenbau	10	12	11
Kunststoffindustrie	9	12	10
Sonstige	9	10	11

Tab. 22 zeigt, daß in Japan die Elektroindustrie bereits der größte Anwendungsbereich für Industrieroboter geworden ist, wo zunehmend die mit **Sensoren** zum Sehen und Tasten ausgestatteten „intelligenten" Roboter eingesetzt werden.

Die wichtigsten Einsatzmöglichkeiten der Industrieroboter im Produktionsprozeß sind folgende:

Werkzeughandhabung
- Punktschweißen,

- Lichtbogenschweißen,
- Lackieren,
- Beschichten mit Kunststoff,
- Montieren (Sensor-Roboter);

Werkstückhandhabung
- Beschicken von Pressen und Drehbänken,
- Be- und Entladen von Transportbändern,
- Stapeln im Lager.

Die „intelligenten" Roboter mit Sensoren werden vornehmlich im Montagebereich eingesetzt und haben dort große Zukunftsaussichten. Der Verfasser hat in einer Studie die Entwicklung des Industrieroboter-Bestandes in der BRD bis zum Jahre 2000 getrennt für elementare und intelligente Roboter geschätzt (Hansmann 1984). Dabei zeigte sich, daß das Wachstum des Roboterbestandes ab etwa 1987 fast nur noch von den intelligenten Robotern getragen wird (vgl. Tab. 23 und Abb. 23).

Tab. 23 Geschätzter Bestand an Industrierobotern in der BRD

Jahr	Elementare Roboter	Intelligente Roboter
1990	6400	12200
2000	6970	37900
Sättigungsniveau	7000	61000

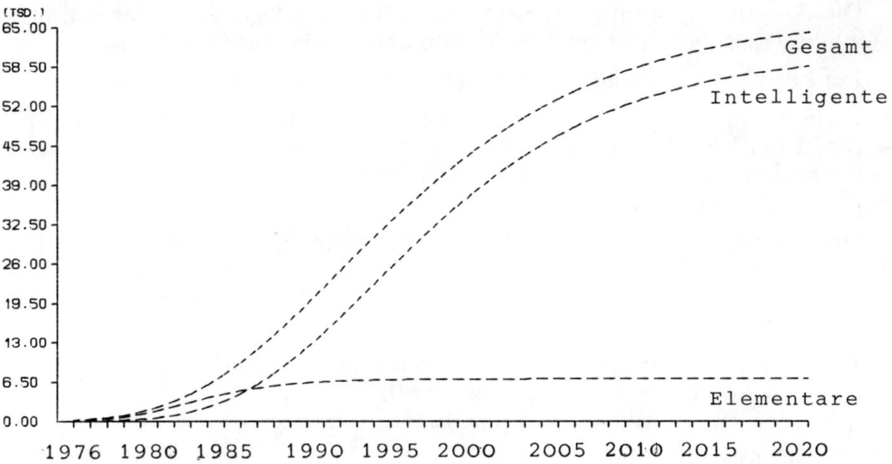

Abb. 23 Prognose des Industrieroboter-Bestandes bis 2020

Basis dieser Prognose ist die externe Schätzung des Sättigungsniveaus aus der Anzahl der für den Einsatz von Robotern in Frage kommenden Arbeitsplätze der wichtigsten Branchen unter Berücksichtigung der japanischen Entwicklung. Die Prognose selbst wurde mit Hilfe der auf S. 51ff dargestellten verallgemeinerten logistischen Funktion erstellt. Wegen weiterer Einzelheiten sei auf Hansmann (1984) verwiesen.

Ein ernstes sozialpolitisches Problem ist die mögliche Vernichtung von Arbeitsplätzen durch den Einsatz von Industrierobotern. Im gegenwärtigen Zeitpunkt kann man davon ausgehen, daß ein elementarer Roboter in der Automobilindustrie zwei Arbeitskräfte im Zwei-Schicht-Betrieb freisetzt. Bei den intelligenten Robotern der Zukunft werden wahrscheinlich bis zu 10 Arbeitsplätze vernichtet. Multipliziert man diese Zahl mit dem Sättigungsniveau des Roboterbestandes, so ist die Tragweite der Konsequenzen für den Arbeitsmarkt offensichtlich. Man sollte aber bei der Bewertung dieser Zahlen nicht vergessen, daß es häufig sehr inhumane und gesundheitsgefährdende Arbeitsplätze (besonders Schweißen und Lackieren) sind, die von den Industrierobotern übernommen werden.

In dem auf S. 99f. dargestellten praktischen Fall einer Industrieroboter-Investition wird die Freisetzung von Arbeitskräften und ihre Wirkungen auf die Wirtschaftlichkeitsüberlegungen des Robotereinsatzes besonders deutlich werden.

c) Innerbetrieblicher Standort der Produktionsanlagen

Nach der Beschaffung der Produktionsanlagen ist über ihren Aufstellungsort im Fabrikgelände zu entscheiden. Dabei ergibt sich das in der OR-Literatur häufig behandelte **innerbetriebliche Standortproblem**, das in Anlehnung an Lüder (1983, S. 68) definiert sei als das Problem der

Bestimmung einer optimalen räumlichen Anordnung für m Betriebsanlagen (Maschinen, Lager usw.), die in wechselseitigen Beziehungen zueinander stehen.

Die Anordnung ist optimal, wenn das zugrunde gelegte Zielkriterium, meistens die Transportkosten oder die Transportzeit, minimiert worden ist.

Zur Lösung dieses Problems müssen mehrere Größen vorab bekannt sein:

- die Fördermenge pro Periode an Produkten, Halbfabrikaten und Materialien,
- die Reihenfolge, in der die Produkte die Produktionsanlagen durchlaufen,
- der für jede Produktionsanlage benötigte Raum,
- die benutzten Fördereinrichtungen.

Diese Daten bilden den Rahmen für die nachfolgende Optimierung. Der Raum des Fabrikgebäudes wird gemäß der Zahl der Betriebsanlagen in m Plätze (Standorte) eingeteilt und diese den Anlagen vorläufig zugewiesen. Bezeichnet man mit

d_{ij} die Entfernung [in LE][10] zwischen den Standorten i und j,
x_{ij} die Fördermenge pro Periode [in ME] von i nach j
t_{ij} den Transportkostensatz [in GE/ME] von i nach j

so läßt sich folgende Zielfunktion aufstellen:

$$(45) \qquad T = \sum_{ij} t_{ij}(d_{ij}) \cdot x_{ij} \qquad \Rightarrow \qquad \text{Min!}$$

Das innerbetriebliche Standortproblem besteht nun darin, die Betriebsanlagen so auf die Standorte zu verteilen, daß die gesamten Transportkosten T pro Periode minimal werden.

[10] LE = Längeneinheiten

Zur Lösung dieses Problems sind in der Literatur verschiedene Verfahren angeboten worden (vgl. Lüder 1983, S. 69), insbesondere das quadratische Zuordnungsmodell sowie heuristische Verfahren (vgl. Domschke, Drexl 1984). Da es dem Verfasser in diesem Buch darauf ankommt, die heuristische Denkweise zu fördern, soll das innerbetriebliche Standortprobleme anhand eines kleinen, nachvollziehbaren Beispiels mit einem einfachen heuristischen Verfahren behandelt werden.

Wir nehmen an, daß die vier Betriebsanlagen Nr. 1, 2, 3 und 4 auf die vier Standorte A, B, C, D verteilt werden sollen. Die auf S. 92 genannten Rahmenbedingungen seien erfüllt. Tab. 24 gibt die Fördermengen pro Periode zwischen den einzelnen Betriebsanlagen wieder.

Tab. 24 Transportmengen zwischen den Betriebsanlagen in ME

von \ nach	1	2	3	4
1		8	1	10
2			4	0
3				7
4				

Die Entfernungen zwischen den Standorten ergeben sich aus Tab. 25.

Tab. 25 Entfernungen zwischen den Standorten in LE

von \ nach	A	B	C	D
A	0	80	120	100
B	80	0	60	70
C	120	60	0	80
D	100	70	80	0

Die Transportkosten betragen 1,– DM pro Mengen- und Entfernungseinheit.

Wir verwenden ein heuristisches Verfahren, das in zwei Schritten vorgeht:

α) Bestimmung einer guten Ausgangslösung,
β) Verbesserung der Ausgangslösung durch räumlichen Tausch von Betriebsanlagen.

Die Ausgangslösung wird mit Hilfe der folgenden heuristischen Regel ermittelt:

Die beiden Betriebsanlagen mit den höchsten Fördermengen erhalten die beiden Standorte mit der geringsten Entfernung zugewiesen.

Diese Regel erfüllt zunächst das Kriterium der Transportkostenminimierung. Ihre Anwendung auf weitere Betriebsanlagen und Standorte garantiert jedoch keine optimale Gesamtlösung des innerbetrieblichen Standortproblems, da die sukzessive Zuweisung nicht die Interdependenzen des Problems berücksichtigt. Am Ende des Prozesses gibt es immer weniger Möglichkeiten der Zuordnung, so daß das Ergebnis meistens ein Suboptimum darstellt, das in der anschließenden Tauschphase verbessert werden muß.

Gemäß der heuristischen Regel und den Daten der Tabellen 24 und 25 weisen wir die Betriebsanlagen 1 und 4 den Standorten B und C zu. Symbolisch schreibt sich dies

$$1 - 4 \Rightarrow B - C.$$

Die Betriebsanlagen mit den nächst niedrigeren Fördermengen sind 1 und 2 (8 ME). Da Betriebsanlage 1 schon verplant ist (für Standort B oder C), bleiben für Anlage 2 die Standorte A und D übrig.

Falls Anlage 1 Standort B erhält, ist für Anlage 2 Standort D am günstigsten, da die Entfernung B – D mit 70 Entfernungseinheiten kleiner ist als B – A. Würde man Anlage 1 dem Standort C zuweisen, wären die Entfernungen C – A und C – D größer. Also bestimmen wir für die Anlagen 1 und 2 die Standorte B und D, symbolisch

$$1 - 2 \Rightarrow B - D.$$

Mit dieser Zuweisung ist die Ausgangslösung unseres Beispiels fixiert:

$$1 \Rightarrow B \quad 2 \Rightarrow D \quad 3 \Rightarrow A \quad 4 \Rightarrow C.$$

Für die Berechnung der Transportkosten empfiehlt sich eine Umgruppierung der Transportmengenmatrix entsprechend den Zuweisungen zu den Standorten A bis D.

Tab. 26 Umgruppierte Transportmengenmatrix

von \ nach	3	1	4	2
3		1	7	4
1			10	8
4				0
2				

Durch Multiplikation der entsprechenden Elemente der Tabellen 25 und 26 und anschließende Addition kann man nun leicht die gesamten Transportkosten der Ausgangslösung errechnen:

$$T = 1 \cdot 80 + 7 \cdot 120 + 4 \cdot 100 + 10 \cdot 60 + 8 \cdot 70 + 0 \cdot 80 = 2480 \text{ DM}.$$

Es wird nun versucht, durch Umgruppieren von Betriebsanlagen die Transportkosten zu verringern. Bei m Betriebsanlagen ergeben sich m! Vertauschungsmöglichkeiten, die aber nicht alle geprüft werden können, da z.B. schon $20! > 2 \cdot 10^{18}$ ist. Wir begnügen uns daher mit Zweiervertauschungen, d.h. jeweils zwei Betriebsanlagen vertauschen ihren Standort. Hierfür gibt es $\binom{m}{2}$ Möglichkeiten, in unserem Fall also $\binom{4}{2} = 6$ Vertauschungen.

Aus Tabelle 26 ist zu ersehen, daß zwischen den Betriebsanlagen 2 und 4 keine Mengen zu transportieren sind. Sie dürfen daher sehr weit auseinanderliegen, z.B. an den Standorten A und C. Wir vertauschen also die Standorte der Betriebsanlagen 2 und 3 und erhalten als neue Lösung:

$$1 \Rightarrow B \quad 2 \Rightarrow A \quad 3 \Rightarrow D \quad 4 \Rightarrow C.$$

Die zugehörigen Transportkosten ergeben sich nach Umgruppierung der Transportmengenmatrix gemäß Tab. 27 zu 2270 DM und zeigen eine verbesserte Lösung gegenüber der Ausgangslösung an.

Tab. 27 Umgruppierte Transportmengenmatrix

von \ nach	2	1	4	3
2		8	0	4
1			10	1
4				7
3				

$$T = 8 \cdot 80 + 0 \cdot 120 + 4 \cdot 100 + 10 \cdot 60 + 1 \cdot 70 + 7 \cdot 80 = 2270 \text{ DM}$$

Weitere Zweiervertauschungen bringen keine bessere Lösung, wovon man sich leicht überzeugen kann. So führt z.B. die Vertauschung 1 und 4 zu Transportkosten von 2530 DM und der Austausch von 2 und 4 zu Transportkosten von 2740 DM. Wir halten folgendes Ergebnis unseres innerbetrieblichen Standortproblems fest:

Das heuristische Verfahren führt zu der transportkostengünstigsten Zuordnung

$$1 \Rightarrow B \qquad 2 \Rightarrow A \qquad 3 \Rightarrow D \qquad 4 \Rightarrow C$$

mit 2270 DM Transportkosten. Ob diese Lösung optimal ist, kann mit einem heuristischen Verfahren natürlich nicht überprüft werden. Der interessierte Leser findet weitere heuristische Lösungsalgorithmen in Lüder (1983, S. 72f) und Domschke, Drexl (1984).

Mit der Aufstellung der Betriebsanlagen an ihren innerbetrieblichen Standorten ist der Abschnitt über die Planung der Produktionsanlagen abgeschlossen. Wir wenden uns nun der Umweltbelastung durch industrielle Produktionsverfahren zu, die in der heutigen Zeit immer größere Bedeutung verlangt.

IV. Umweltbelastung durch industrielle Produktionsverfahren

Das starke Wachstum der Industrie seit dem 2. Weltkrieg hat zu einer erheblichen Belastung der Umwelt geführt. Dies gilt insbesondere für die Bundesrepublik Deutschland mit ihrer hohen Bevölkerungsdichte und der räumlichen Konzentration der industriellen Produktion. Seit Beginn der 70er Jahre ist die Umweltproblematik zunehmend in das öffentliche Bewußtsein und in die Gesetzgebung eingedrungen.

Da die industriellen Produktionsverfahren einen bedeutenden Anteil an der Umweltbelastung ausmachen, sollen die für dieses Lehrbuch wichtigsten Grundlagen des Umweltschutzes kurz zusammengestellt werden.

a) Ursachen der Umweltverschmutzung

Es gibt bis heute keine allgemein anerkannte Definition des Begriffes „Umwelt". In Anlehnung an Hansmeyer/Rürup (1973, S. 7) verstehen wir unter

Umwelt alles, was den Menschen in seinen physischen, gefühlsmäßigen, technischen, ökonomischen und sozialen Bedingungen berührt.

Umweltbelastungen sind die aus der Herstellung und Verwendung industrieller oder gewerblicher Produkte resultierenden nachteiligen Wirkungen auf die menschliche Gesundheit, die Luft, den Boden und das Wasser.

Der Umfang und die Zunahme der Umweltbelastungen ist darauf zurückzuführen, daß die **Umweltgüter** (Luft, Flußwasser usw.) lange Zeit **freie Güter** waren und den Industriebetrieben unentgeltlich zur Verfügung standen.

Der „Nulltarif“ der Umweltgüter führte zu einer extensiven Umweltnutzung seitens der Unternehmen, da die Kostenrechnung und die Wirtschaftlichkeit der Produktion nicht beeinträchtigt wurden. Die gesellschaftlichen Kosten der Umweltnutzung sind in den einzelwirtschaftlichen Kosten der Betriebe nur zu einem geringen Teil enthalten oder werden sogar ganz vernachlässigt.

Die Lösung des Umweltproblems ist daher nur möglich, wenn

- die Umweltgüter nicht mehr als freie Güter angesehen werden können und
- der Unterschied zwischen einzelwirtschaftlichen und gesellschaftlichen Kosten beseitigt wird.

Dies sind die Aufgaben der staatlichen Umweltschutzpolitik, die seit etwa 10 Jahren in einer Vielzahl von Gesetzen und Verordnungen ihren Ausdruck finden.

b) Instrumente der Umweltschutzpolitik

Grundlage der staatlichen Umweltpolitik ist das sog. **Verursacherprinzip**: Die Umweltschutzkosten trägt der Verursacher der Umweltbelastung, d.h. in der Regel der Industriebetrieb, dessen Produkte oder Produktionsverfahren die Umwelt beeinträchtigen.

Ergänzend zum Verursacherprinzip wird vereinzelt das **Gemeinlastprinzip** angewandt, das die Kosten des Umweltschutzes der öffentlichen Hand, d.h. der Allgemeinheit aufbürdet. Die erhöhten Abschreibungsmöglichkeiten für bestimmte Umweltschutzinvestitionen nach § 7d des Einkommensteuergesetzes (EstG) sind hierfür ein Beispiel.

Die **Umweltschutz-Normen** für die Bundesrepublik Deutschland sind in den grundlegenden Umweltschutzgesetzen niedergelegt, die folgende Gebiete umfassen:

- **Luftreinhaltung** und **Lärmschutz**,
  geregelt im Bundesimmissionsschutzgesetz[11] vom 15.3.1974, den Verwaltungsvorschriften „Technische Anleitung (TA) Luft“ und „TA Lärm“, sowie in der Verordnung über Großfeuerungsanlagen,
- **Gewässerschutz**,
  geregelt vor allem im Wasserhaushaltsgesetz (4. Novelle 1976) und Abwasserabgabengesetz vom 13.9.1976,
- **Strahlenschutz**,
  geregelt in der Strahlenschutzverordnung vom 22.5.1981,
- **Abfallbeseitigung**,
  geregelt im Abfallbeseitigungsgesetz vom 5.1.1977.

---

[11] **Immission** bedeutet die Einwirkung von Schadstoffen auf schutzwürdige Objekte, **Emission** die Abgabe von Schadstoffen an die Umwelt.

Einige weitere Gesetzgebungsvorhaben (Chemikaliengesetz, Verkehrslärmgesetz) sind noch nicht abgeschlossen.

Mit diesen Normen glaubt der Staat, die Umwelt vor weiteren gravierenden Schäden schützen zu können. Insbesondere die laufende Verringerung der Emissionsgrenzwerte gemäß der technologischen Entwicklung soll dies auch für die Zukunft sicherstellen.

c) Umweltstrategien des Industriebetriebes

Die Industriebetriebe haben auf der Grundlage der gesetzlichen Vorschriften oder auf freiwilliger Basis seit 1971 Umweltschutzinvestitionen vorgenommen, die eine aufsteigende Tendenz zeigen. Tab. 28 gibt für ausgewählte Industriezweige die absolute Höhe der Umweltschutzinvestitionen und ihren Anteil an den Gesamtinvestitionen wieder.

Tab. 28 Produktions- und produktbezogene Umweltschutzinvestitionen in der Industrie nach Industriegruppen

Bereich	Umweltschutzinvestitionen (hochgerechnet)			
	1971-1977		1978-1980	
	in Mill. DM	in % der Gesamtinvestition.	in Mill. DM	in % der Gesamtinvestition.
Kohle-Bergbau	318	4,3	500	9,5
Grundstoff- u. Produktionsgüterindustrien, davon	9212	11,4	4423	12,3
Eisenschaffende Industrie	2049	10,7	750	13,8
Mineralölverarbeitung	1302	19,9	650	20,3
Chemische Industrie	4021	11,1	1880	11,0
Zellstoff- und Papierindustrie	297	9,6	220	16,3
Investitionsgüterindustrien, davon	1473	1,8	1135	2,3
Maschinenbau	263	1,3	180	1,8
Elektrotechnische Industrie	403	1,9	245	2,2
Verbrauchsgüterindustrien, davon	639	2,0	605	3,6
Kunststoffverarbeitung	179	3,4	125	4,4
Textilindustrie	117	1,5	185	5,9
Nahrungs- und Genußmittelindustrie	734	3,2	850	7,7
Industrie insgesamt (erfaßte Bereiche)	12376	5,3	7513	6,4

Quellen: Erhebungen und Berechnungen des Ifo-Instituts; Gesellschaft für Systemtechnik mbH, Maßnahmen und Kosten des Umweltschutzes im Industriezweig Stahl, Essen 1975, Berechnungen des Ifo-Instituts.

Tab. 28 läßt große Unterschiede zwischen den einzelnen Industriezweigen erkennen. Während die Industrie im Durchschnitt 6,4% ihres Investitionsvolumens für Umweltschutz ausgibt, beträgt diese Relation in der Mineralölverarbeitung 20,3% (1978/80) und in der Chemischen Industrie immerhin 11%.

Für die Industriebetriebe ergeben sich innerhalb des gesetzlichen Rahmens gewisse Wahlmöglichkeiten, den Umweltschutz durchzuführen. Von diesen sog. Umweltstrategien sollen die wichtigsten nachstehend erläutert werden.

1. Strategien der Schadstoffverteilung

Beschränken sich die gesetzlichen Vorschriften auf die Festlegung des Emissionsstroms und reglementieren nicht die insgesamt abgegebene Menge an Schadstoffen, so kann die **Verdünnungsstrategie** angewandt werden (Lange 1978, S. 137f). Dabei werden die anfallenden Schadstoffe so verdünnt an die Umwelt abgegeben, daß die Emissionswerte die vom Gesetz geforderten Grenzen nicht überschreiten (z.B. Bau höherer Schornsteine, um die Belastungen am Erdboden zu verringern).

Bei der **Konzentrationsstrategie** werden die Schadstoffe aus dem Trägermedium gefiltert, verdichtet und in konzentrierter Form abgelagert. Dies ist z.B. der Fall bei Müllverbrennungsanlagen, in denen der Müll zunächst verbrannt, die Asche verdichtet und anschließend endgelagert wird.

Beide Strategien lösen das Umweltproblem nicht endgültig, da sie die Schadstoffe zeitlich und räumlich verteilen oder nur das Trägermedium wechseln. Trotzdem werden sie heute noch – z.T. aus Kostengründen – am häufigsten angewandt.

Für die Zukunft müssen diese Schadstoffverteilungsstrategien jedoch unbedingt durch Strategien der **Schadstoffvermeidung** ergänzt werden, um das Umweltproblem langfristig zu lösen.

2. Strategien der Schadstoffvermeidung

Diese Strategien sollten vom Industriebetrieb bereits bei der **Konzeption** der Produkteigenschaften angewendet werden. Die gewünschten Eigenschaften des Fertigproduktes bestimmen nämlich weitgehend

- die einzusetzenden **Rohstoffe** und **Zwischenprodukte**,
- das anzuwendende **Produktionsverfahren**.

Darüber hinaus bestehen zwischen dem Produktionsverfahren und dem Rohstoffeinsatz wechselseitige Abhängigkeiten, die zu beachten sind.

Grundsätzlich sollten die Produkteigenschaften so festgelegt werden, daß Produktionsverfahren einsetzbar sind, die es erlauben,

- Rohstoffe sparsam zu verwenden,
- den Einsatz knapper Rohstoffe so gering wie möglich zu halten,
- umweltschädliche durch umweltfreundliche Rohstoffe zu ersetzen,
- die Abfallmengen der Produktion zu minimieren,
- die Abfälle umweltverträglich zu gestalten bzw. ihre Wiederverwendung zu ermöglichen.

Eine weitere Strategie der Schadstoffvermeidung ist die Verlängerung der Produktlebensdauer. Hierdurch würde die Umweltbelastung, die auf die Herstellung – nicht auf die Verwendung – der Produkte entfällt, herabgesetzt.

Diese Strategie kann jedoch einerseits mit absatzpolitischen Zielsetzungen des Betriebes (z.B. bei modeabhängigen Artikeln) und andererseits mit dem gesamtwirtschaftlichen Ziel eines hohen Beschäftigungsstandes kollidieren, da eine allgemeine Verlängerung der Produktlebensdauer das industrielle Produktionsvolumen (pro Periode) vermindern würde.

3. Das Recycling

Unter Recycling versteht man die Wieder- oder die Weiterverwendung der bei der Produktion oder dem Verbrauch von Gütern entstehenden Abfälle (incl. Verpackung).

Das Recycling ist eine Schadstoffvermeidungsstrategie besonderer Art, da es nicht nur unter Umweltaspekten, sondern auch unter Wirtschaftlichkeitsgesichtspunkten für Industriebetriebe interessant sein kann (Lange 1978, S. 193).

Bei der **Wiederverwendung** werden die Abfälle in die Produktionsprozesse zurückgeführt, aus denen sie stammen. Insbesondere Transportbehälter, wie Glasflaschen, Holz- und Kunststoffverpackungen können mehrfach benutzt werden. Auch Papier aus der graphischen und Druckindustrie kann durch Aufbereitung zu etwa einem Drittel wieder verwendet werden. Weitere Beispiele sind die Wiedergewinnung von Mineralöl aus Tankerreinigungsanlagen und die Rückführung einzelner Metalle aus Autowracks in die Metallverarbeitung.

Die **Weiterverwendung** umfaßt alle übrigen Produktionsprozesse, in denen die Abfälle eingesetzt werden können. Ein bekanntes Beispiel ist die Elektrizitäts- oder Wärmeerzeugung in Müllverbrennungsanlagen. Auch die Nutzung der Abwärme von Kraftwerken, die Herstellung von Bauplatten aus Abfallgips und von Ziegeln aus Müll-Klärschlammkomposten (Strebel 1980, S. 123) sind hier zu nennen.

Die besondere Bedeutung des Recycling als Umweltstrategie liegt darin, daß der Rohstoffeinsatz und damit die Umweltbelastung herabgesetzt werden kann, ohne das Produktionsvolumen der Fertigprodukte zu verringern.

Soll die Umweltproblematik langfristig bewältigt werden, müssen Industriebetriebe und die öffentliche Hand gemeinsam weitere Anwendungsmöglichkeiten des Recycling erschließen und die übrigen Strategien der Schadstoffvermeidung verstärkt einsetzen.

V. Beispiele strategischer Verfahrensentscheidungen

In diesem Abschnitt sollen drei Praxisbeispiele vorgeführt werden, die zeigen, wie strategische Entscheidungen über **Produktionsverfahren** mit den Hilfsmitteln der **Investitionsrechnung** vorbereitet werden können. Wir beschränken uns dabei auf einfache Verfahren der Investitionstheorie, ohne auf anspruchsvolle Risikoanalysen einzugehen, da diese nicht Gegenstand des vorliegenden Lehrbuchs sind.

a) Der Einsatz von Industrierobotern bei der Zusammenstellung von Kundenaufträgen aus einem Sortiment

Dieses Beispiel aus der Konsumgüterindustrie enthält das Entscheidungsproblem, ob der Arbeitsgang „Kommissionieren“, d.h. das „Zusammenstellen von bestimmten Teilmengen (Artikeln) aus einer bereitgestellten Gesamtmenge (Sortiment) aufgrund von Bedarfsinformationen (Aufträgen)“ (VDI 1975), mit Hilfe von Industrierobotern automatisiert werden soll.

Wegen der Größe der Lagerhalle und anderer firmenspezifischer Gegebenheiten kommen nur vier Industrieroboter in Portalbauweise mit acht induktiv gesteuerten Flurförderzeugen in Betracht. Es soll ermittelt werden, ob die Investition dieses technischen Systems unter Berücksichtigung eines Sozialplanes für das eingesparte Personal gewinngünstig ist.

Die Anschaffungsausgabe des Robotersystems setzt sich aus den in Tab. 29 wiedergegebenen Positionen zusammen. Zu beachten ist dabei, daß nur 50% der Softwareentwicklungskosten auf das Unternehmen entfallen und der Rest vom Bundesministerium für Forschung und Technologie getragen wird (Subventioniertes Pilotprojekt).

Tab. 29 Einmalige Ausgaben des Industrierobotersystems

Art der Ausgabe	Ausgabe (in DM auf 1000 aufgerundet)
1. 4 Industrieroboter in Portalbauweise inkl. Greifer und Sicherheitseinrichtungen	800 000,–
2. 8 induktiv gesteuerte Flurförderzeuge inkl. Rechner, Fahrspuren, Halteschleifen	600 000,–
3. 1 Prozeßrechner für das IR-System	200 000,–
4. Entwicklung der Software	250 000,–
5. Rollenbahnen	125 000,–
6. 4 Palettenmagazine	100 000,–
Zwischensumme	2 075 000,–
7. 10% für Aufstellung und Inbetriebnahme (bezogen auf die Positionen 1-6)	208 000,–
8. Ausbildungskosten	10 000,–
Summe	2 293 000,–

Die wirtschaftliche Nutzungsdauer des Robotersystems wird nach Angaben des Roboter-Herstellers auf sieben Jahre geschätzt. Infolge der schnell fortschreitenden Technologie sind nach Ablauf der Nutzungsdauer keine Liquidationserlöse für die Anlagen zu erwarten.

Das Unternehmen verfügt über genügend Eigenkapital zur Finanzierung der Investition und erhofft eine Mindestverzinsung von 10% nach Steuern.

Die jährlichen Auszahlungen für das Robotersystem bestehen aus Personal-, Instandhaltungs- und Energieausgaben, deren jährliche Steigerungen unterschiedlich eingeschätzt werden (Tab. 30, zweite Spalte). Hinzu kommt die einmalige Ausgabe für den Sozialplan, die sich folgendermaßen berechnet:

Durch das Industrierobotersystem werden 13 Arbeitskräfte eingespart, die eine Abfindung von 1,5 Jahresgehältern à 32.500 DM erhalten. Somit ergibt sich die Ausgabe von 634.000 DM für den Sozialplan. Tab. 30 enthält alle Auszahlungen für das Robotersystem.

Tab. 30 Auszahlungsreihe des Industrierobotersystems

Einflußgröße (in TDM)	Steigerungsrate (in %) p.a.	Jahr							
		84	85	86	87	88	89	90	91
Anschaffungsausgabe	–	−2293							
Sozialplan			−634						
laufende Ausgaben für:									
– Personal	4,7		−1470	−1539	−1611	−1687	−1766	−1850	−1936
– Instandhaltung	6,5		−69	−74	−78	−83	−89	−95	− 101
– Energie	7,2		−22	−24	−25	−27	−29	−31	−33
Auszahlungsreihe		−2293	−2195	−1637	−1714	−1797	−1884	−1976	−2070

Neben den Auszahlungen für das Robotersystem entstehen jährliche Einsparungen an Personal-, Instandhaltungs- und Energieausgaben gegenüber dem jetzigen Kommissionierungssystem. Sie können als „fiktive" Einzahlungen des Robotersystems angesehen werden und sind in Tab. 31 zusammengestellt.

Tab. 31 Einsparungsreihe des Industrierobotersystems

Einflußgröße (in TDM)	Steigerungsrate (in %) p.a.	Jahr							
		84	85	86	87	88	89	90	91
Ausgaben des Ist-Systems für:									
– Personal	4,7	–	2250	2356	2467	2583	2704	2831	2964
– Instandhaltung	6,5	–	18	19	20	21	22	23	25
– Energie	7,2	–	5	5	6	6	7	7	8
Personalausgaben in der Versandabteilung	4,7	–	60	63	66	69	72	76	79
Einsparungsreihe		–	2333	2443	2559	2679	2805	2937	3076

Die Differenz aus Einsparungs- und Auszahlungsreihe bildet die Zahlungsreihe des Industrierobotersystems vor Steuern. Um die Höhe der Gewinnsteuerzahlung zu ermitteln, werden die Abschreibungen des Robotersystems von der Zahlungsreihe vor Steuern subtrahiert und auf den Überschuß der von dem Unternehmen zugrunde gelegte Gewinnsteuersatz von 55% angewendet. Zahlungsreihe vor Steuern abzüglich Steuerzahlung führt zur Zahlungsreihe nach Steuern. Sie ist die Grundlage für die Berechnung von Kapitalwert und internem Zinsfuß.

Tab. 32 faßt die Ermittlung der Zahlungsreihe nach Steuern übersichtlich zusammen.

Tab. 32 Zahlungsreihe des Industrierobotersystems unter Berücksichtigung von Gewinnsteuern

Werte (in TDM) / Jahr	84	85	86	87	88	89	90	91
Anschaffungsausgabe	−2293							
Laufende Einsparungen		2333	2443	2559	2679	2805	2937	3076
Laufende Auszahlungen		−2195	−1637	−1714	−1797	−1884	−1976	−2070
Zahlungsreihe (vor Steuern)	−2293	+138	+806	+845	+882	+921	+961	+1006
Lineare Abschreibung		328	328	328	328	328	328	325
zu zahlende Gewinnsteuern (55%)		+105	−263	−284	−305	−326	−348	−375
Zahlungsreihe (nach Steuern)	−2293	+243	+543	+561	+577	+595	+613	+631

1985 hat das Unternehmen durch den Sozialplan einen auf die Investition entfallenden Verlust von + 138 − 328 = 190 TDM. Kann dieser Verlust mit Gewinnen anderer Bereiche des Unternehmens verrechnet werden, entsteht eine Steuerersparnis von 0,55 · 190 = 105 TDM. Dieser Betrag ist in Zeile 6 von Tab. 32 mit positivem Vorzeichen eingetragen.

Nach der **Kapitalwertmethode** ergibt sich der Kapitalwert (C) des Robotersystems zu

$$C = (-2293 + 243 \cdot 1{,}1^{-1} + 543 \cdot 1{,}1^{-2} + 561 \cdot 1{,}1^{-3} + 577 \cdot 1{,}1^{-4} + 595 \cdot 1{,}1^{-5} + 613 \cdot 1{,}1^{-6} + 631 \cdot 1{,}1^{-7}) \cdot 1000$$
$$= 231\,530 \text{ DM}.$$

Der **interne Zinsfuß** beträgt 12,69%.

Die Investition des Robotersystems ist also unter den angegebenen Daten vorteilhaft, da die Mindestverzinsung des Unternehmens überschritten wird. Berücksichtigt man jedoch die Unsicherheiten der Datenschätzung, so ist der Vorteil des Systems nicht so überzeugend, zumal die **Pay-off-Periode**, die angibt, wann die Anschaffungsausgabe durch versteuerte Überschüsse zurückgeflossen ist, mit etwa fünf Jahren recht hoch ausfällt. Die Entscheidung für das Robotersystem ist daher mit Risiken behaftet.

b) Investition einer Konversionsanlage in der Mineralölindustrie

Im konventionellen **Raffinerieprozeß** der Mineralölindustrie wird das Rohöl unter Atmosphärendruck **destilliert** und in nachgeschalteten Aufarbeitungsanlagen in marktgängige Fertigprodukte, wie z.B. Chemie-Rohstoff, Benzin, Dieselkraftstoff, leichtes Heizöl, Flüssiggas, transformiert. Die Rückstände der Destillation werden noch einmal unter vermindertem Druck destilliert und in thermischen **Crackanlagen** in die oben erwähnten Fertigprodukte aufgespalten. Die nicht verarbeitbaren Rückstände aus Destillation und Crackanlagen werden als schweres Heizöl und Bitumen vermarktet.

Dieses – grob skizzierte – Produktionsverfahren kann durch die Investition einer **Konversionsanlage** so geändert werden, daß die bisher nicht bearbeitbaren Destillationsrückstände (schweres Heizöl) in der Konversionsanlage zu einem neuen Chemie-Rohstoff verarbeitet werden.

Da die Nachfrage nach schwerem Heizöl ständig zurückgeht, kann durch das neue Produktionsverfahren (Konversion) ein hochwertiger Chemie-Rohstoff an die Stelle des wenig profitablen schweren Heizöls treten und die Erlössituation des Mineralölunternehmens entscheidend verbessern.

Wir wollen für die **strategische Entscheidung**, ob eine Konversionsanlage errichtet werden soll, eine quantitative Abschätzung der Rendite geben, die auf veröffentlichten Daten eines Mineralölunternehmens sowie eigenen Schätzungen des Verfassers beruht und nur einfache Methoden der Investitionsrechnung verwendet[12].

Die Investitionskosten der Konversionsanlage betragen 600 Mio DM und sollen – aus Vereinfachungsgründen – in einer Summe zum Zeitpunkt Null anfallen. Die Nutzungsdauer wird mit 10 Jahren angesetzt und in dieser Zeit wird die Anlage linear abgeschrieben. Jährlich können 600000 t schweres Heizöl in die gleiche Menge Chemie-Rohstoff transformiert werden. Die variablen Kosten der Konversionsanlage betragen 100 DM pro t.

Für den Chemie-Rohstoff erwartet man in Zukunft einen durchschnittlichen Absatzpreis von 800 DM pro t, während mit schwerem Heizöl nur 400 DM pro t erlöst werden können.

Es stehen dem Mineralölunternehmen genügend Eigenmittel zur Finanzierung der Konversionsanlage zur Verfügung. Um eine positive Entscheidung treffen zu können, muß das Investitionsprojekt eine Mindestrendite von 10% p.a. nach Gewinnsteuern (Steuersatz 55%) und eine maximale Pay-off-Periode von sechs Jahren erreichen.

Es sind nur die Kosten und Erlöse in Ansatz zu bringen, die von der Konversionsanlage verursacht werden. Daher bleiben z.B. die Rohöleinstandskosten außer Betracht.

Der zusätzliche Erlös durch Konvertierung von schwerem Heizöl in den Chemie-Rohstoff beträgt 400 DM/t. Davon sind die variablen Kosten von 100 DM/t abzuziehen und der verbleibende Betrag mit der jährlichen Produktionsmenge von 600000 t zu multiplizieren. Das Ergebnis ist der **jährliche Einnahmenüberschuß vor Gewinnsteuern** (180 Mio DM).

Die jährliche Gewinnsteuer beträgt 55% des um die Abschreibungen (60 Mio DM) verminderten Einnahmenüberschusses, also 66 Mio DM.

Damit ergibt sich ein **versteuerter** jährlicher **Einnahmenüberschuß** von 114 Mio DM, der der Berechnung des Kapitalwertes zugrunde gelegt wird.

---

[12] In Wirklichkeit ist dieses Entscheidungsproblem wesentlich komplizierter als es hier durch die aus didaktischen Gründen vorgenommenen Vereinfachungen erscheint.

$$\text{Kapitalwert} = -600 + 114 \cdot \frac{1{,}1^{10} - 1}{0{,}1 \cdot 1{,}1^{10}} \approx 100 \text{ Mio DM}$$

Bei einem Kalkulationszinsfuß von 10% nach Steuern und einer zehnjährigen Nutzungszeit erzielt das Investitionsprojekt also einen **positiven Kapitalwert** von rund 100 Mio DM. Die erzielte Rendite (**interner Zinsfuß**) ergibt sich aus der Gleichung

$$-600 + 114 \frac{(1+r)^{10} - 1}{r(1+r)^{10}} = 0$$

zu r = 13,77% und übertrifft damit die geforderte Mindestrendite von 10%.

Die **Pay-off-Periode**[13] gibt den Zeitraum an, in dem die Investitionskosten der Konversionsanlage über die versteuerten Einnahmenüberschüsse in das Unternehmen zurückgeflossen sind:

$$\text{Pay-off-Periode} = \frac{600 \text{ Mio [DM]}}{114 \text{ Mio [DM/Jahr]}} = 5{,}26 \text{ Jahre}$$

Da sowohl die Pay-off-Periode als auch die Rendite der Konversionsanlage die Anforderungen des Unternehmens erfüllen, sollte das Investitionsprojekt realisiert werden. Weitergehende investitionstheoretische Überlegungen, wie z.B. eine eingehende Risikoanalyse, können im Rahmen dieses Lehrbuchs nicht behandelt werden. Sie sind Gegenstand der Investitionsliteratur (Jacob 1979, Kruschwitz 1978).

c) Exploration eines Ölfeldes in der Nordsee

Eine strategische Investitionsentscheidung von hoher Bedeutung für die Mineralölindustrie ist die Exploration eines Off-shore-Ölfeldes, deren Wirtschaftlichkeit im Bereich der Nordsee hauptsächlich von folgenden Faktoren abhängt:

- Entwicklung der Öl- und Erdgaspreise,
- Besteuerung der Erdöl-/Erdgasförderung,
- Inflationsrate.

Der Ölpreis beträgt 28,7 $ je Barrel (159 l) und der Flüssiggaspreis 260 $ je Tonne (Stand: 14.12.1983).

Die Besteuerung des Nordsee-Erdöls setzt sich für Felder, die nach dem 1.4.1982 entwickelt werden, aus folgenden gewinnabhängigen Steuern zusammen:

- PRT (**P**etroleum **R**evenue **T**ax), mit einem Steuersatz von 75%,
- Körperschaftsteuer, mit einem Steuersatz von 52%, die sich auf das gesamte Einkommen der Ölgesellschaft bezieht und nur zu zahlen ist, wenn insgesamt Gewinn erzielt wird.

Aus obigen Steuern errechnet sich ein Spitzensteuersatz von 88%. Dieser Steuersatz läßt sich aber durch steuerfreie Ölförderungen ermäßigen, so daß wir für unser Beispiel einen durchschnittlichen Steuersatz von 83% benutzen werden.

[13] in ihrer einfachsten Form ohne Berücksichtigung von Zinsen

Die zukünftige Inflationsrate wird auf 6% p.a. veranschlagt. Das Investitionsprojekt soll durchgeführt werden, wenn eine Rendite von mindestens 10% p.a. nach Steuern erreicht wird.

Unter obigen Rahmenbedingungen wollen wir die **strategische Entscheidung**, ob ein Off-shore-Ölfeld vor der Küste Großbritanniens erschlossen werden soll, wiederum mit Hilfe einfacher Methoden der Investitionsrechnung treffen. Die dabei von uns verwendeten Daten beruhen auf Auskünften verschiedener Mineralölgesellschaften.

Die Investitionskosten für die Erschließung des Ölfeldes, die Beschaffung und Installation der Bohrplattform und der sonstigen Ausrüstungen betragen 2,6 Mrd. $ und sollen aus Vereinfachungsgründen zum Zeitpunkt Null anfallen.

Die Ölreserven des Feldes von 75 Mio. t Erdöl und 10 Mrd. m^3 Erdgas reichen bei einer jährlichen Spitzenproduktion von 5,8 Mio. t Erdöl und 0,6 Mrd. m^3 Erdgas für einen Zeitraum von 13 Jahren (Nutzungsdauer 13 Jahre).

In dieser Zeit werden die Investitionskosten linear abgeschrieben.

Die Aus- und Einzahlungen für die Exploration des Ölfeldes sind in Tab. 33a zusammengestellt.

Tab. 33a Aus- und Einzahlungsreihen für die Exploration des Ölfeldes

Jahr	t	Auszahlungen in Mio. $					Einzahlungen in Mio. $
		Lohnkosten	Frachtkosten		sonst. Kosten	Σ	Einnahmen für
			Öl	Erdgas			Öl/Erdgas
1984	1	8.72	16,82	12,60	100,00	138,14	1526,0
1985	2	9,24	17,83	13,36	106,00	146,43	1617,6
1986	3	9,80	18,90	14,16	112,36	155,22	1714,6
1987	4	10,38	20,03	15,01	119,10	164,52	1817,4
1988	5	11,00	21,23	15,91	126,25	174,39	1926,5
1989	6	11,66	22,51	16,86	133,82	184,85	2042,1
1990	7	12,36	23,86	17,87	141,85	195,94	2164,6
1991	8	13,12	25,29	18,95	150,36	207,72	2294,5
1992	9	13,90	26,81	20,08	159,38	220,17	2432,3
1993	10	14,74	28,42	21,29	168,95	233,40	2578,1
1994	11	15,62	30,12	22,56	179,08	247,38	2732,8
1995	12	16,56	31,93	23,92	189,83	262,24	2896,7
1996	13	17,54	33,85	25,35	201,22	277,96	3070,6

Den Lohnkosten liegt eine Besatzung der Bohrplattform von 400 Mann (einschließlich Austauschpersonal) und ein Lohn von 1820 $ pro Mann und Monat zugrunde. Die Frachtkosten gelten für den Transport von Erdöl und Flüssiggas vom Ende der Pipeline auf den Shetland Inseln bis Rotterdam bei einer Frachtrate von 2,9 $ je Tonne Erdöl und 15 $ je Tonne Flüssiggas. Die sonstigen Betriebskosten umfassen u.a. Wartungskosten und Reparaturen.

Die Einnahmen für Öl und Gas lassen sich aus der jährlichen Spitzenproduktion und den oben angegebenen Preisen ermitteln. Das Ergebnis wird dann um einen Wetterausfallsatz von 5% berichtigt.

Aus der Differenz von Aus- und Einzahlungsreihe ergibt sich die Zahlungsreihe des Investitionsprojektes vor Steuern. Um die Höhe der Gewinnsteuerzahlung zu berechnen, ziehen wir die Abschreibungen des Investitionsprojektes von der Zahlungsreihe vor Steuern ab. Auf diese Differenzreihe wird der durchschnittliche Gewinnsteuersatz von 83% angewendet. Die Zahlungsreihe vor Steuern abzüglich der Steuerzahlung führt zur Zahlungsreihe nach Steuern, die Grundlage für die Berechnung von Kapitalwert, internem Zins und Pay-off-Periode ist.

Tab. 33b gibt die Ermittlung der Zahlungsreihe nach Steuern wieder:

Tab. 33b Zahlungsreihe der Exploration eines Ölfeldes in der Nordsee nach Steuern

Wert (in Mio $) / Jahr	Investitionskosten	laufende Einzahlungen	laufende Auszahlungen	Zahlungsreihe vor Steuern	zu zahlende Steuern (83%)	Zahlungsreihe nach Steuern
1983	−2600			−2600,0		−2600,0
1984		1526,0	138,1	1387,9	986,0	401,9
1985		1617,6	146,4	1471,2	1055,1	416,1
1986		1714,6	155,2	1559,4	1128,3	431,1
1987		1817,4	164,5	1652,9	1205,9	447,0
1988		1926,5	174,4	1752,1	1288,2	463,9
1989		2042,1	184,9	1857,2	1375,5	481,7
1990		2164,6	195,9	1968,7	1468,0	500,7
1991		2294,5	207,7	2086,8	1566,0	520,8
1992		2432,3	220,2	2212,1	1670,0	542,1
1993		2578,1	233,4	2344,7	1780,1	564,6
1994		2732,8	247,4	2485,4	1896,9	588,5
1995		2896,7	262,2	2634,5	2020,6	613,9
1996		3070,6	278,0	2792,6	2151,9	640,7

Zur Berechnung des **Kapitalwertes** legen wir die geforderte Mindestverzinsung von 10% p.a. zugrunde:

$$\begin{aligned}\text{Kapitalwert} = {} & -2600 + 402 \cdot 1{,}1^{-1} + 416 \cdot 1{,}1^{-2} + 431 \cdot 1{,}1^{-3} \\ & + 447 \cdot 1{,}1^{-4} + 464 \cdot 1{,}1^{-5} + 482 \cdot 1{,}1^{-6} + 501 \cdot 1{,}1^{-7} \\ & + 521 \cdot 1{,}1^{-8} + 542 \cdot 1{,}1^{-9} + 565 \cdot 1{,}1^{-10} + 589 \cdot 1{,}1^{-11} \\ & + 614 \cdot 1{,}1^{-12} + 641 \cdot 1{,}1^{-13} = \underline{833{,}769 \text{ Mio. \$}}\end{aligned}$$

Die erzielte Rendite (**interner Zinsfuß**) errechnet sich für einen Kapitalwert von Null zu r = 15,31% und liegt damit über der geforderten Mindestverzinsung.

Weil auch die Pay-off-Periode mit sechs Jahren die Investitionsentscheidung positiv unterstützt, wird das Investitionsprojekt realisiert.

Teil III:
Operatives Management im Industriebetrieb

Durch die im vorigen Teil des Lehrbuchs behandelten strategischen Entscheidungen wird für den Industriebetrieb ein langfristiger Rahmen geschaffen, innerhalb dessen sich das Betriebsgeschehen vollziehen soll. Die kurz- bis mittelfristigen Entscheidungen, die dieses Betriebsgeschehen regeln, bilden den Inhalt des **operativen** Managements. Diese operativen Entscheidungen betreffen die Bereiche

- Personalwirtschaft,
- kurzfristiges Produktionsprogramm (Mengenplanung),
- Produktionsvollzug.

Bei der Analyse dieser Entscheidungskomplexe in den folgenden Kapiteln wird immer vorausgesetzt, daß die strategischen Entscheidungen bereits gefallen sind und der langfristige Rahmen des Industriebetriebs in bezug auf die Produktfelder und Produktionsverfahren feststeht.

6. Kapitel: Personalwirtschaftliche Entscheidungen

Das Personalwesen eines Industriebetriebes enthält sowohl strategische als auch operative Aspekte. So ist z.B. die Personalentwicklungsplanung oder die Lohn- und Gehaltsstruktur langfristiger Natur, während Entscheidungen über Prämien oder die kurzfristige Deckung des Personalbedarfs eher dem operativen Management zuzurechnen sind. Um aber den personalwirtschaftlichen Komplex nicht thematisch zu zerreißen, werden wir ihn innerhalb des operativen Managements behandeln, da diese Aspekte überwiegen.

A. Der Mensch im Industriebetrieb

I. Die menschliche Arbeitsleistung

Eine grundlegende Fragestellung der Personalwirtschaftslehre lautet: „Welche Faktoren bestimmen die menschliche Arbeitsleistung im Betrieb und wie kann die Arbeitsleistung vom Betrieb beeinflußt werden?“

Im Laufe der Geschichte wurden verschiedene Antworten von der Betriebswirtschaftslehre gegeben, die im folgenden kurz skizziert seien.

a) Das Scientific Management

Dieser von Taylor (1911) entwickelte Ansatz war der erste Versuch, die Bestimmungsfaktoren der menschlichen Arbeitsleistung wissenschaftlich zu erforschen.

Der Industriebetrieb wurde als ökonomisch-technisches System angesehen, in dem der arbeitende Mensch als instrumentaler Produktionsfaktor im technischen Sinne durch Produktions- und Verbrauchsfunktionen „abgebildet“ wurde. Dieser Ansatz basiert auf der Annahme, daß der Mensch als „homo oeconomicus“ rational handelt und sein Einkommen zu maximieren versucht. Koppelt man den Lohn an die Arbeitsleistung, so kann der Betrieb durch ein geeignetes Lohnanreizsystem die Arbeitsleistung von den Arbeitenden bekommen, die seinen Zielen (d.h. häufig der Gewinnmaximierung) am meisten entspricht.

Taylor sah neben dem Lohn noch die persönliche Eignung der Arbeitenden sowie die objektiven Arbeitsbedingungen als Leistungsdeterminanten an. Mit naturwissenschaftlichen Methoden versuchte er, die Arbeitsbedingungen mit Hilfe von Zeit- und Bewegungsstudien zu messen und durch Zerlegen der Arbeitsgänge die Arbeitsabfolge zu rationalisieren.

Der Scientific-Management-Ansatz wird in der Literatur als zu mechanistisch kritisiert, der keine über die Einkommenserzielung hinausgehenden Bedürfnisse der Arbeitenden berücksichtigt (v. Eckardstein/Schnellinger 1978, S. 42; Berthel 1979, S. 16). Schon vor dem 2. Weltkrieg wurden soziologische Ansätze vorgeschlagen, die diesen Mangel beheben sollten.

b) Der Human-Relations-Ansatz

Er versucht, das Leistungsverhalten der Arbeitenden aus nichtökonomischen Bestimmungsfaktoren abzuleiten. Insbesondere die Verbesserung der sozialen

Beziehungen innerhalb des Betriebes sowie die Einrichtung sozialer Kontaktzentren (Betriebssport, Kantine, Fitnesscenter usw.) steigert die Zufriedenheit der Mitarbeiter und motiviert sie zu besseren Arbeitsleistungen (Berthel 1979, S. 17). Aber auch wenn dieser Ansatz allein nicht ausreicht, das menschliche Leistungsverhalten im Betrieb hinreichend zu erklären, so ist doch der Einfluß der nicht-ökonomischen Faktoren auf das menschliche Leistungsverhalten heute überwiegend anerkannt.

c) Die Determinanten der Arbeitsleistung

Die moderne Personalwirtschaftslehre versucht eine Synthese der beiden oben angesprochenen Ansätze, indem die persönliche Eignung, die objektiven Arbeitsbedingungen sowie die Motive und Erwartungen der Arbeitenden in gleichem Maße berücksichtigt werden. Berthel (1979, S. 24ff) unterteilt die Determinanten der Arbeitsleistung zunächst in solche des **Könnens** und des **Wollens**, wobei zur ersten Kategorie die Eignung und die Arbeitsbedingungen gehören, während die Motive und Erwartungen die zweite Kategorie bilden.

1. Eignung

Die Eignung eines Arbeitenden zur Arbeitsleistung wird bestimmt durch

- Kenntnisse,
- geistige Fähigkeiten zur Anwendung und Umsetzung der Kenntnisse,
- körperliche Fähigkeiten, z.B. Geschicklichkeit und Kraft,
- persönliche leistungsfördernde Eigenschaften, wie Konzentrationsfähigkeit, Gründlichkeit, Umsicht, Geduld, Ausdauer usw.

Es liegt auf der Hand, daß diese Eignungsmerkmale nicht für jede Arbeitsleistung bzw. jeden Arbeitsplatz von gleicher Bedeutung sind. Vielmehr muß das Anforderungsprofil eines Arbeitsplatzes mit dem Eignungsprofil des Mitarbeiters möglichst gut übereinstimmen um befriedigende Leistungen zu ermöglichen. Berthel (1979, S. 26) bezeichnet dieses spezifische Leistungsvermögen, eine konkrete Arbeitsaufgabe lösen zu können, als **Arbeitskenntnis**.

2. Arbeitsbedingungen

Das Leistungsvermögen eines Arbeitenden hängt weiterhin wesentlich von den objektiven Arbeitsbedingungen ab, unter denen er arbeiten muß. Man kann sie in vier Kategorien einteilen:

- das Arbeitsverfahren,
  das außer der angewandten Technik auch die Werkzeuge und Hilfsmittel umfaßt,
- die Arbeitsgruppe,
  auf die der Arbeitende persönlich und fachlich angewiesen ist,
- die Arbeitszeit,
  einschließlich Arbeitsbeginn, -ende und Pausengestaltung,
- der Arbeitsraum,
  insbesondere die Anordnung der Arbeitsplätze sowie Beleuchtung, Lüftung, Klimaanlage und Geräuschentwicklung.

Neben diesen Determinanten des Leistungs**vermögens** kommt es in gleicher Weise auf die Leistungsbereitschaft, d.h. den Leistungs**willen** an. Er wird im wesentlichen von der Motivation und den Erwartungen des Arbeitenden bestimmt.

3. Motivation zur Arbeitsleistung

Der Leistungswille kann von sehr verschiedenen **Motiven** gespeist werden, wie aus einer Untersuchung von Sand (1973) hervorgeht. Danach sind die Hauptmotive für die Beurteilung eines Arbeitsplatzes

	(genannt von)
1. Gute Bezahlung	57%
2. Interessante Arbeit	56%
3. Angenehmes Betriebsklima	55%
4. Sichere Stellung	39%
5. Vielseitige Arbeit	36%

Die Entlohnung bildet also einen wesentlichen Faktor bei der Einschätzung eines Arbeitsplatzes und demzufolge auch ein starkes Motiv für die Leistungsbereitschaft. Wir werden uns mit diesem Aspekt in Abschnitt D. dieses Kapitels befassen. Die übrigen nicht-ökonomischen Hauptmotive, die früher häufig unterschätzt wurden, sind jedoch ebenfalls sehr wichtig. Es ist aber wesentlich schwieriger, die Leistungsbereitschaft der Arbeitskräfte vom Unternehmen aus über diese Motive zu steuern, da noch viel zu wenig über die Wirkungsbeziehungen bekannt ist und diese darüber hinaus auch individuell verschieden sind.

4. Erwartungen in bezug auf die eigene Leistung

Die Motivation zur eigenen Leistung wird bei den Arbeitenden nur wirksam, wenn ihre Erwartungen in die gleiche Richtung gehen. Zumindest muß die Erwartung vorhanden sein, daß die eigene Leistung zur Erreichung individueller Ziele führen kann, wie Aufstieg im Betrieb, höheres Einkommen usw., und daß es möglich ist, eine solche Leistung auch zu erbringen. In diese Erwartung gehen neben der Selbsteinschätzung des eigenen Leistungsvermögens auch Erwartungen über die Arbeitsbedingungen ein.

Werden die oben angesprochenen Erwartungen enttäuscht, kann die Leistungsmotivation empfindlich behindert werden, so daß auch objektiv gute Arbeitsbedingungen und die vorhandene Eignung nicht zur gewünschten Arbeitsproduktivität führen. Es ist eine wichtige Aufgabe der Unternehmensleitung, auf allen Führungsebenen das Verhalten der Mitarbeiter möglichst so zu steuern, daß die Bedingungen für eine hohe Arbeitsproduktivität geschaffen werden. Mit dieser „Führungsaufgabe" werden wir uns nun befassen.

II. Die Führungsfunktion im Betrieb

a) Der Begriff der Führung

In Anlehnung an Berthel (1979, S. 47) wollen wir unter Mitarbeiterführung denjenigen Teilbereich des Personalmanagements verstehen, der sich mit der **Verhaltenssteuerung**, d.h. mit der Einwirkung auf das Verhalten der Mitarbeiter, befaßt. Wesentliches Merkmal dieses Führungsbegriffs ist die **Willensdurchsetzung**

- in Form der Instruktion und Motivation,
- gegenüber „fremdbestimmten" Personen,
- auf direktem Wege in einer Kooperationseinheit.

b) Führungsstile

Die Gesamtheit der Elemente der Verhaltenssteuerung wird als Führungsstil bezeichnet. In der Literatur sind eine ganze Reihe verschiedener Führungsstile unterschieden und empirisch untersucht worden (z.B. die Ohio-Studie von Hemphill 1950). Sie lassen sich jedoch gedanklich zu zwei Führungsstilen zusammenfassen, die als Endpunkte einer Strecke gedeutet werden können:

autoritäre Führung ↔ kooperative Führung

Praktische Führungsstile enthalten in der Regel beide Elemente, jedoch in unterschiedlichen „Mischungsverhältnissen", so daß die Feststellung, welche Komponente überwiegt, nicht immer leicht ist.

Zur näheren Charakterisierung der beiden Führungsstile haben Bleicher/Meyer (1976) eine Gegenüberstellung entwickelt, aus der beispielhaft einige Thesen zitiert seien.

- Eine Entscheidung erfolgt im autoritären Führungsstil allein durch den Führer, im kooperativen Stil durch Einschaltung der Mitarbeiter in den Entscheidungsprozeß.
- Die Autoritätsbasis ist institutionell beim autoritären und funktionell beim kooperativen Stil.
- Der autoritäre Führer weiß und kann alles besser als die Untergebenen, während der kooperative Führer für eine sachgerechte Entscheidung die Mitwirkung der Mitarbeiter benötigt.
- Im autoritären Führungsstil werden die Aufgaben vom Führer detailliert festgelegt, während der kooperative Führer im wesentlichen Ziele vorgibt und Rahmenbedingungen setzt.

Der Trend geht heute in den Unternehmen in Richtung der kooperativen Führung, weil man glaubt, den Leistungswillen der Mitarbeiter auf diese Art am besten fördern zu können und weil das demokratische Prinzip in allen Gesellschaftsbereichen, also auch in der Wirtschaft, immer weiter vordringt. Es muß aber darauf hingewiesen werden, daß bisher keine empirische Untersuchung die Überlegenheit des kooperativen Führungsstils in **allen** Situationen eines Unternehmens nachweisen konnte (Berthel 1979, S. 85). Auf die Arbeitszufriedenheit hat jedoch der kooperative Stil einen ausgesprochen positiven Einfluß.

B. Die Personalplanung

Die Personalplanung hat die Aufgabe, die Anforderungen der einzelnen Arbeitsplätze zu analysieren, den daraus resultierenden Personalbedarf quantitativ und qualitativ festzustellen sowie ihn durch Personalauswahl-Maßnahmen so zu dekken, daß jeder Arbeitsplatz gemäß seinem Anforderungsprofil möglichst mit dem geeignetsten Mitarbeiter besetzt wird.

I. Konstruktion von Anforderungsprofilen für Arbeitsplätze

Um einen Arbeitsplatz mit einer geeigneten Arbeitskraft besetzen zu können, muß der Betrieb möglichst genaue Vorstellungen über die Anforderungen haben, die mit den Funktionen dieses Arbeitsplatzes verbunden sind. Als Beispiel sei das Anforderungsprofil einer Exportsachbearbeiterstelle angeführt (Dielmann 1981, S. 97) und in der folgenden Abb. 24 graphisch dargestellt.

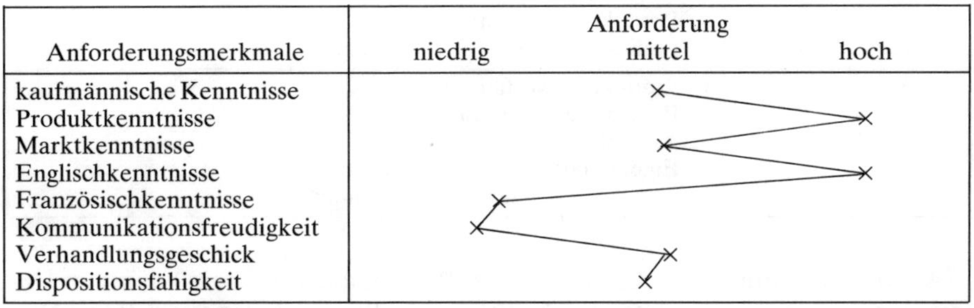

Abb. 24 Anforderungsprofil einer Exportsachbearbeiterstelle

Die Anforderungen an Englischkenntnissen werden also sehr hoch eingestuft im Vergleich zu den Anforderungen an die Kommunikationsfreudigkeit oder die Französischkenntnisse.

Solche Anforderungsprofile müssen – mehr oder weniger ausführlich – für alle zu besetzenden Stellen vorliegen. Weitverbreitet in der Praxis sind das sog. Genfer Anforderungsschema (Böhrs 1959) und das Refa-Schema, das die Anforderungen in die Kategorien

- Kenntnisse
- Geschicklichkeit
- Verantwortung
- geistige Belastung
- muskelmäßige Belastung
- Umgebungseinflüsse

untergliedert. Wir kommen im Abschnitt C. bei der Analyse der Entlohnung im einzelnen darauf zurück.

II. Feststellung des Personalbedarfs

Die Gesamtheit der Anforderungsprofile eines Betriebes ist sein **qualitativer** Brutto-Personalbedarf. Vergleicht man damit gedanklich die Eigenschafts-Profile der Arbeitskräfte, so ergibt sich daraus der qualitative Netto-Personalbedarf, der das qualitative Defizit der Beschäftigten im Unternehmen anzeigt.

Quantitativ ergibt sich der Brutto-Personalbedarf aus der Summe der benötigten Arbeitskräfte, der Netto-Personalbedarf als Differenz von Brutto-Personalbedarf und der Zahl tatsächlich beschäftigter Arbeitskräfte.

Der Personalbedarf eines Unternehmens ist keine zeitlich konstante Größe, sondern ändert sich unter dem Einfluß verschiedenartiger Faktoren im Laufe der Zeit sowohl quantitativ als auch qualitativ. Die Haupteinflußfaktoren des Personalbedarfs gibt in Anlehnung an Berthel (1979, S. 112) Tab. 34 wieder.

Tab. 34 Einflußfaktoren des Personalbedarfs

Personalbedarf	Einflußfaktor
quantiativ	1. Allgemeine bzw. Branchenkonjunktur 2. Arbeitszeit 3. Produktionsverfahren 4. Fluktuation
qualitativ	1. Produktionsverfahren 2. Rationalisierungsvorhaben 3. Anforderungsprofile 4. Eigenschaftsprofile der Mitarbeiter 5. Aus- und Fortbildungsprogramme

Aus diesen Einflußfaktoren läßt sich der Personalbedarf für ein konkretes Unternehmen ableiten. Wird bei der Analyse ersichtlich, daß der quantitative Netto-Personalbedarf größer Null ausfällt, muß als nächstes das Problem der Personalbeschaffung für die zu besetzenden Stellen gelöst werden, bei negativem Personalbedarf ist zu entscheiden, ob die überflüssigen Arbeitskräfte nach und nach abgebaut oder – auf der Grundlage eines Sozialplanes – sofort freigesetzt werden sollen.

III. Personalbeschaffung

Für die Beschaffung geeigneten Personals stehen dem Unternehmen zwei Quellen zur Verfügung:

a) Die externe Beschaffungsquelle

Hierbei versucht das Unternehmen, neue Mitarbeiter von außen zu gewinnen. Dies geschieht in der Regel durch

- direkte Personalanwerbung,
  insbesondere durch Inserate in Zeitungen und Zeitschriften oder durch Kontaktaufnahme mit Ausbildungsstätten (z.B. Hochschulen) oder Mitarbeitern anderer Unternehmen (sog. Abwerbung),
- Inanspruchnahme der Arbeitsvermittlung,
  in erster Linie bei den Arbeitsämtern oder bei kommerziellen Personalberatungsfirmen, die häufig bei der Beschaffung von Führungskräften eingeschaltet werden.

b) Die interne Beschaffungsquelle

Sie wird durch Beförderungen und Versetzungen innerhalb des Unternehmens genutzt. Für Beförderungen sind die Vorgesetzten zuständig, während Versetzungen nicht nur durch Aufgabenänderungen, also vom Betrieb veranlaßt werden, sondern auch über die interne Stellenausschreibung der Initiative des einzelnen Mitarbeiters offenstehen.

Die interne Beschaffung von Arbeitskräften hat gegenüber der externen den Vorteil, daß die generelle Qualifikation des Mitarbeiters der Unternehmensleitung bereits bekannt ist und daher seine Eignung für die neue Aufgabe zuverlässiger geschätzt werden kann. Darüber hinaus sind die Beschaffungskosten wesentlich geringer.

Demgegenüber besteht die Gefahr, daß man für die ausgeschriebene Stelle im Unternehmen nicht hinreichend qualifizierte Bewerber findet oder eine durch persönliche Beziehungen und Protektion geförderte nicht adäquate Besetzung hinnehmen muß.

Ist es dem Betrieb gelungen, aus den o.a. Beschaffungsquellen mehrere Bewerber für die zu besetzende Stelle zu finden, so muß anschließend das Problem der Personalauswahl in befriedigender Weise gelöst werden.

IV. Personalauswahl

Das Personalauswahlproblem stellt sich in zwei Aspekten:

- Festlegung der Auswahlkriterien und Ermittlung einer Rangreihe der Bewerber für einen bestimmten Arbeitsplatz,
- optimale Zuordnung der qualifizierten Bewerber auf die freien Arbeitsplätze.

Zunächst sei auf den ersten Aspekt näher eingegangen. Die Festlegung der Auswahlkritierien für die Besetzung einer Stelle ergibt sich unmittelbar aus dem Anforderungsprofil. Die Beurteilung der Qualifikation der Bewerber für den Arbeitsplatz basiert auf folgenden Informationen, die das Unternehmen je nach der Bedeutung der Stelle unterschiedlich gewichten kann (Berthel 1979, S. 144):

a) Externe Informationen

- Lebenslauf des Bewerbers,
- Schul- bzw. Hochschulzeugnisse und akademische Grade,
- Zeugnisse über die vorangegangene praktische Tätigkeit des Bewerbers in anderen Unternehmen,
- Referenzen von in ihrem Fach anerkannten oder allgemein geschätzten Personen,
- Lichtbild des Bewerbers.

Diese Informationen können durch einen ausführlichen **Personalbogen** vertieft und ergänzt werden.

b) Interne Informationen

Die Unternehmung möchte sich natürlich auch ein **eigenes** Bild von der Qualifikation der Bewerber machen, da die externen Informationen manchmal lückenhaft oder problematisch sein können (z.B. Vergleich von Zeugnissen verschiedene Hochschulen). Als interne Informationsquellen kommen in Frage:

- das Vorstellungsgespräch,
- psychologische Tests (Persönlichkeits- und Intelligenztests).

Das **Vorstellungsgespräch** ist in der Praxis weit verbreitet und gibt oft den Ausschlag bei der Bestimmung der Rangreihe der Bewerber, falls sich bei den externen Informationen keine signifikanten Unterschiede herausgestellt haben.

Das Vorstellungsgespräch hat den Vorteil, daß man durch gezielte Fragen in vielen verschiedenen Richtungen ein breites Informationsspektrum gewinnen kann und auch Aufschluß über charakterliche Eigenschaften und Motive der Bewerber bekommt. Nachteilig kann sich die Abhängigkeit des Gesprächsverlaufs von der Sympathie oder Antipathie der beiden Gesprächsteilnehmer bemerkbar machen, so daß die Bewertung des Gesprächs subjektive Momente enthält.

Um die subjektiven Eindrücke des Vorstellungsgesprächs etwas zu objektivieren, werden daher zuweilen **psychologische Tests** herangezogen. Insbesondere der Intelligenztest wird in vielerlei Varianten angewandt. Er hat jedoch den Nachteil, daß mit der Messung der Intelligenz nur ein Faktor für den beruflichen Erfolg erfaßt wird, der mit einem Gewicht von etwa 25% (Zimmer 1975, S. 39) noch nicht mal dominierend ist. Die übrigen Faktoren für den beruflichen Erfolg, wie Durchsetzungsvermögen, Einsatzbereitschaft oder Kooperationsfähigkeit können noch nicht wissenschaftlich einwandfrei erhoben und beurteilt werden.

Aus den externen und internen Informationen über die einzelnen Bewerber ermittelt der Betrieb eine Qualifikations-Rangreihe. Im einfachsten Fall der Besetzung **eines** Arbeitsplatzes erhält der bestplazierte Bewerber den Zuschlag. Sind mehrere Stellen mit unterschiedlichen Anforderungsprofilen zu besetzen, so sollte prinzipiell für jede Stelle der dafür geeignetste Bewerber ausgewählt werden. Dieses Verfahren führt jedoch nicht zur optimalen Besetzung, wenn z.B. Bewerber für mehrere Stellen besser qualifiziert sind als andere Bewerber.

Für diesen Fall wurde innerhalb des Operations Research ein Zuordnungsmodell entwickelt – das Personal Assignment Model –, das zum Ziel hat, ein Gesamtoptimum bei der Personalauswahl zu erreichen. Es wird im folgenden in einer einfachen Variante dargestellt.

Die Zielfunktion lautet: m Arbeitsplätze sollen mit m Bewerbern so besetzt werden, daß der Gesamtnutzen für das Untenehmen maximal wird.

Die Qualifikation eines Bewerbers i (i = 1, ..., m) für einen Arbeitsplatz j (j = 1, ..., m) wird durch eine Punktzahl v_{ij} ausgedrückt, die z.B. aus einem Bereich von Null bis 10 Punkten entnommen sein kann. Der Bewerber erhält Null Punkte, wenn er für diesen Arbeitsplatz überhaupt nicht geeignet ist und 10 Punkte bei hervorragender Eignung.

Die Qualifikationspunktzahl wird vom Unternehmen auf Grund des Anforderungsprofils der Stelle, der Zeugnisse und Referenzen des Bewerbers sowie des Vorstellungsgesprächs und evtl. psychologischer Tests festgelegt. Sie kann als Nutzen interpretiert werden, den der Bewerber i am Arbeitsplatz j dem Unternehmen stiftet.

Die Variablen des Modells sind ganzzahliger Natur und können nur die Werte Null und Eins annehmen. Sie werden mit x_{ij} (i = 1, ..., m; j = 1, ..., m) bezeichent. Wird die Stelle j mit dem Bewerber i besetzt, ist $x_{ij} = 1$, sonst gilt $x_{ij} = 0$.

Die Zielfunktion, die den Gesamtnutzen des Unternehmens bei der Stellenbesetzung maximieren soll, erhält folgende Gestalt

$$(46) \qquad Z = \sum_{i=1}^{m} \sum_{j=1}^{m} v_{ij} x_{ij} \Rightarrow \text{Max!}$$

Es muß nun gewährleistet werden, daß

1. jeder Arbeitsplatz nur mit einem Bewerber besetzt und
2. jeder Bewerber nur für einen Arbeitsplatz vorgesehen wird.

Dies leisten folgende zwei Systeme von Restriktionen

$$(47) \qquad \sum_{i=1}^{m} x_{ij} = 1 \qquad (\text{für } j = 1, .., m)$$

$$(48) \qquad \sum_{j=1}^{m} x_{ij} = 1 \qquad (\text{für } i = 1, \ldots, m).$$

Sie stellen ebenfalls sicher, daß die x_{ij} ganzzahlig bleiben, sofern die Ausgangslösung ganzzahlig ist. Das Personal-Zuordnungsmodell läßt sich numerisch wie das Transportmodell oder (mit größerem Rechenaufwand) wie das Standardmodell der linearen Optimierung lösen, wofür effiziente Programmpakete (MPSX, FMPS usw.) zur Verfügung stehen.

Kritisch kann man gegen die Personalauswahl mit Hilfe des Zuordnungsmodells einwenden, daß

- keine dynamischen Aspekte berücksichtigt werden, wie Fortbildung und Änderung der Anforderungsprofile im Zeitablauf,
- die Punktbewertung auf der Basis einer kardinalen Nutzenskala nur unvollkommen den Nutzen eines Bewerbers für das Unternehmen widerspiegelt.

Damit sind die Problemkomplexe Personalbedarf, -beschaffung und -auswahl abgeschlossen und es ist nun die Entlohnung zu analysieren.

C. Arbeitsbewertung und Entlohnung

I. Die Verfahren der Arbeitsbewertung

Der Lohn ist ein Entgelt für geleistete Arbeit und stellt damit einen Wert dieser Arbeit dar. Um den Wert einer Arbeitsleistung festzustellen, mißt man

- die Arbeitsmenge (Leistung) in Stück, Tonnen o.ä. pro Zeiteinheit und
- die Arbeitsschwierigkeit.

Beide Komponenten bestimmen neben dem gesamtwirtschaftlichen Lohnniveau die Höhe des Lohnes. Zugrunde liegt das gesellschaftspolitische Prinzip, daß der Lohn um so höher sein soll, je größer die Arbeitsschwierigkeit und die Arbeitsmenge sind.

Die Arbeitsschwierigkeit wird üblicherweise durch das Anforderungsprofil eines Arbeitsplatzes gemessen. Dabei haben sich in der betrieblichen Praxis mehrere Verfahren der Arbeitsbewertung herausgebildet, die danach unterschieden werden, ob die Anforderungen „summarisch" oder in einzelne Arten aufgeschlüsselt (= „analytisch"), bewertet werden.

a) Die summarische Arbeitsbewertung

1. Das Rangfolgeverfahren

Bei diesem Verfahren werden die Anforderungen der Arbeitsplätze als Ganzes miteinander verglichen und die Arbeitsplätze nach abnehmender globaler Anforderung geordnet. Eine solche Rangfolge könnte folgendermaßen aussehen:

1. Dreher
2. Schlosser
3. Kranführer
4. Werksbote

Es liegt auf der Hand, daß ein globaler Vergleich sehr verschiedener Arbeitsplätze große Schwierigkeiten bereitet. Außerdem bildet die Rangfolge nur eine

Ordinalskala und muß für die Lohnfindung in eine Kardinalskala überführt werden.

Wegen dieser Schwierigkeiten ist die Anwendung des Rangfolgeverfahrens auf relativ kleine, überschaubare Betriebe beschränkt.

2. Das Lohngruppenverfahren

Da die Anforderungsprofile von Arbeitsplätzen nur schwer miteinander zu vergleichen sind, ist man dazu übergegangen, „Schwierigkeitsbereiche" (Lücke 1983, S. 247) zu definieren, denen Lohngruppen zugeordnet werden. Richtbeispiele erleichtern die Einordnung der einzelnen Arbeitsplätze in die Lohngruppen.

Die meisten Tarifverträge, in denen das Lohngruppenverfahren angewendet wird (z.B. Metallindustrie), unterscheiden sechs bis zehn Lohngruppen.

Beispielhaft seien im folgenden einige Lohngruppen mit ihren definierten Schwierigkeitsbereichen angegeben (vgl. Lücke 1983, S. 247):

Lohngruppe 1: Hilfsarbeiter (Anlernung einfachster Art)
Lohngruppe 2: Angelernter (für Maschinenarbeiten mit Zweckausbildung)
Lohngruppe 5: Facharbeiter (im Lehrberuf ausgebildet)
Lohngruppe 8: Facharbeiter mit meisterlichem Können und Dispositionsvermögen (z.B. Vorarbeiter oder Gruppenführer mit hoher Verantwortung)

Für jede Lohngruppe werden zusätzlich Richtbeispiele angegeben, z.B. für die Lohngruppe 2 Maschinisten, Heizer, Turbinenwärter oder Kranführer.

Den Lohngruppen werden in den Tarifverträgen Lohnsätze zugeordnet, von denen der wichtigste als „Ecklohn" bezeichnet wird. Er ist Gegenstand der Tarifverhandlungen, während die Lohnsätze der anderen Lohngruppen entsprechend der Ecklohnerhöhung angepaßt werden.

b) Die analytische Arbeitsbewertung

Die Verfahren der summarischen Arbeitsbewertung zeichnen sich durch einen Mangel an Differenzierungsmöglichkeiten bezüglich der Arbeitsschwierigkeiten aus. Es wäre also zweckmäßig, das Anforderungsprofil eines Arbeitsplatzes in einzelne Anforderungskomponenten zu zerlegen, die dann eine Grundlage für den Vergleich der Arbeitsplätze bilden könnten.

Der erste Ansatz war das Genfer Schema von 1950, das zwischen

- geistigen Anforderungen,
- körperlichen Anforderungen,
- Verantwortung und
- Arbeitsbedingungen

unterschied. Dieses Schema wurde von REFA erweitert und enthält heute folgende sechs Anforderungsarten:

1. Kenntisse
2. Geschicklichkeit
3. Verantwortung (für Betriebsmittel und Mitarbeiter)
4. Geistige Belastung
5. Muskelmäßige Belastung
6. Umgebungseinflüsse (Temperatur, Feuchtigkeit, Staub usw.)

Diese Anforderungsarten bilden die Basis der beiden folgenden Verfahren der analytischen Arbeitsbewertung.

1. Das Rangreihenverfahren

Die Anforderungsarten werden zunächst nach ihrer relativen Bedeutung für den Betrieb gewichtet. Anschließend stellen wir eine Rangreihe der Arbeitsplätze für jede Anforderungsart auf, wobei der Arbeitsplatz mit den höchsten Anforderungen die höchste Rangziffer erhält. Die Summe der gewogenen Rangziffern stellt den **Arbeitswert** des Arbeitsplatzes dar, der dann in Lohn umgerechnet wird.

Als Beispiel wird der Arbeitswert des Arbeitsplatzes „Schweißen von Dampfkesseln" berechnet. Die Rangziffern und die Gewichte für die sechs REFA-Anforderungsarten sind in Tabelle 35 zusammengestellt.

Tab. 35 Berechnung des Arbeitswerts nach dem Rangreihenverfahren

Anforderungsart	Rangziffer	Gewicht	Wert
1. Kenntnisse	7	1,0	7,0
2. Geschicklichkeit	10	0,9	9,0
3. Verantwortung	5	0,8	4,0
4. Geistige Belastung	4	0,8	3,2
5. Muskelmäßige Belastung	6	0,7	4,2
6. Umgebungseinflüsse	8	0,5	4,0
Arbeitswert			**31,4**

Der Arbeitswert wird dann mit einem geeigneten Lohnsatz pro Arbeitswert-Einheit in DM/Std. umgerechnet.

Das Rangreihenverfahren hat gegenüber den bisher behandelten Verfahren den Vorteil der größeren Differenzierungsmöglichkeit bei den Anforderungen. Es muß jedoch betont werden, daß die Gewichtung der Anforderungsarten subjektiver Natur und damit nicht frei von Willkür ist. Darüber hinaus sind die Rangziffern eigentlich ordinale Größen, die durch die Addition „künstlich" in kardinale Größen transformiert werden, wobei gleicher Abstand zwischen benachbarten Rangziffern unterstellt werden muß.

2. Das Stufenwertzahlverfahren

Bei dieser Methode werden die Anforderungen für jede Anforderungsart in Stufen eingeteilt und den einzelnen Stufen Wertzahlen zugeordnet.

Auch hier muß natürlich das Problem der Gewichtung der Anforderungsarten gelöst werden. Legt man z.B. wie in der eisenschaffenden Industrie fest, daß die maximale Wertzahl in der Anforderungsart „Kenntnisse" sieben Punkte sein soll, so kann man das Gewicht der übrigen Anforderungsarten durch Festlegung ihrer Maximalpunktzahlen fixieren.

Können in der Anforderungsart „Geschicklichkeit" maximal vier Punkte erreicht werden, bedeutet dies ein Gewicht von $4/7 \approx 57\%$, bezogen auf die Fachkenntnisse.

Tabelle 36 gibt die Wertzahlen in den einzelnen Stufen und ihre verbale Beschreibung wieder.

Tab. 36 Die Zuordnung von Wertzahlen zu den verbal beschriebenen Stufen der Merkmalsarten

Merkmalsarten	Wertzahlen							
	0	1	2	3	4	5	6	7
Fachkenntnisse	kurze Anweisung	Anweisung bis zu 3 Monaten	Anweisung bis zu 6 Monaten	6 Monate Berufserfahrung, Anlernausbildung	Anlernausbildung mit Berufserfahrung	abgeschlossene Fachausbildung und Berufserfahrung	abgeschlossene Facharbeiterausbildung mit besonderer Berufserfahrung	abgeschlossene Facharbeiterausbildung mit höchstem fachlichem Können
Geschicklichkeit	ohne	gering	mittlere	hohe	höchste	–	–	–
Anstrengung körperlich	gering	mittlere	dauernd mittlere, zeitweise hohe	dauernd hohe, zeitweise sehr hohe	dauernd sehr hohe	dauernd ganz außergewöhnlich hohe	–	–
geistig	gering	mittlere	dauernd mittlere, zeitweise hohe	dauernd hohe, zeitweise sehr hohe	dauernd sehr hohe	dauernd ganz außergewöhnlich hohe	–	–
Verantwortung für Werkstück	gering	mittlere	hohe	sehr hohe	–	–	–	–
Arbeitsgüte	gering	mittlere	hohe	sehr hohe	ganz außergewöhnlich hohe	–	–	–
Gesundheit anderer	gering	mittlere	hohe	sehr hohe	–	–	–	–
Umgebungseinflüsse Temperatur	gering	mittlere	hohe	–	–	–	–	–
Öl, Fett, Schmutz, Staub	gering	mittlere	hohe	–	–	–	–	–
Gase, Dämpfe	gering	mittlere	hohe	–	–	–	–	–
Unfallgefährdung	gering	mittlere	hohe	–	–	–	–	–
Lärm, Blendung Erschütterung	gering	mittlere	hohe	–	–	–	–	–

Quelle: Lücke, W. (1983): Arbeitsleistung, Arbeitsbewertung, Arbeitsentlohnung, in: Industriebetriebslehre, Hrsg.: Jacob, H., Wiesbaden 1983, S. 259

Wir errechnen nun die Wertzahlen für den Arbeitsplatz „Schweißen eines Dampfkessels“. Die Arbeit erfordert abgeschlossene Fachausbildung und Berufserfahrung, große Geschicklichkeit, dauernd hohe, zeitweise sehr hohe körperliche Anstrengung, mittlere geistige Anstrengung und stellt hohe Anforderungen an die Verantwortung für Werkstücke, Arbeitsgüte und Gesundheit anderer. Die Umgebungseinflüsse halten sich auf mittlerem Niveau bis auf die hohe Unfallgefährdung.

Aus Tabelle 36 entnehmen wir die entspechenden Stufenwertzahlen und kommen nach Summation der Wertzahlen auf einen Arbeitswert von 24 Punkten.

c) Zuordnung von Lohnsätzen zu Arbeitswerten

Die Arbeitswerte sind nun genauso wie bei der summarischen Arbeitsbewertung in Lohnsätze zu überführen. Im Stufenwertzahlverfahren kann ein Arbeitsplatz Wertsummen erhalten, die zwischen Null und 41 Punkten liegen. Da auch einem Arbeitsplatz mit Wertsumme Null ein bestimmter Lohnsatz entspricht, muß die Lohnsatz/Arbeitswert-Funktion einen fixen Bestandteil enthalten. Wir nehmen an, daß dieser Lohnsatz 10 DM/Std. beträgt, während der maximale Lohnsatz auf 25 DM/Std. festgelegt sei.

Soll der Lohn linear mit dem Arbeitswert anwachsen, so ergibt sich folgende Lohnsatz/Arbeitswert-Funktion

(49) $\text{Lohnsatz} = a \cdot \text{Arbeitswert} + b \qquad (a > 0, b > 0).$

Die Parameter a und b können aus den beiden Grenzlohnsätzen und den zugehörigen Arbeitswerten bestimmt werden.

$$a = \frac{25 - 10}{41 - 0} = 0{,}366 \qquad b = 10$$

Für unseren konkreten Fall lautet also die Lohnfunktion

(50) $\text{Lohnsatz [DM/Std]} = 0{,}366 \cdot \text{Arbeitswert} + 10.$

Dem Arbeitsplatz „Schweißen eines Dampfkessels“, der einen Arbeitswert von 24 Punkten aufweist, entspricht also ein Lohnsatz von DM 18,78.

Außer dieser linearen Form der Lohnsatz/Arbeitswert-Funktion gibt es auch noch nicht-lineare Verknüpfungen mit progressiver oder degressiver Steigerung des Lohnsatzes. Da sie aber seltener verwendet werden und nicht leicht ökonomisch zu begründen sind, soll auf ihre explizite Darstellung verzichtet werden.

Insgesamt kann man zu den Verfahren der Arbeitsbewertung folgendes festhalten:

- Die analytischen Verfahren sind den summarischen prinzipiell überlegen, weil sie mehr Möglichkeiten zur Differenzierung der Arbeitsschwierigkeit anbieten.
- Die Gewichtung der Anforderungsarten muß bei den analytischen Verfahren sehr sorgfältig vorgenommen werden, um nicht durch unbegründete Festlegungen den Genauigkeitsvorsprung gegenüber den summarischen Verfahren wieder aufzuheben.

- Das Stufenwertzahlverfahren löst das Problem der Arbeitsplatzbewertung am besten, vorausgesetzt, daß die Stufeneinteilung nicht zu grob ist.
- Bei allen Verfahren ist die Transformation von ordinalen Bewertungsskalen zur kardinalen Lohnskala das Hauptproblem, das bei den beiden Rangreihenverfahren weniger überzeugend gelöst wird als bei den übrigen Verfahren.

II. Die Lohnformen

Die Messung der Arbeitsschwierigkeit durch die Arbeitsbewertung ist nur die eine Komponente der Lohnfindung. Es bleibt die Messung der **Leistung** bzw. Arbeitsmenge, da der Lohn ein Entgelt für Arbeitsschwierigkeit **und** Leistung sein soll.

Im Laufe der geschichtlichen Entwicklung haben sich mehrere Lohnformen herausgebildet, die die Leistung der Arbeitenden unterschiedlich berücksichtigen. Die wichtigsten dieser Lohnformen (Akkord-, Zeit- und Prämienlohn) werden nachstehend einer kritischen Analyse unterzogen. Zuvor werden die Rechtsgrundlagen der Entlohnung, d.h. die Tarifvertragsgestaltung kurz skizziert.

a) Die Tarifverträge

Ein Tarifvertrag ist ein **Kollektivvertrag** zwischen Arbeitgeberverband und Gewerkschaft. Er enthält einen **schuldrechtlichen** Teil, den sog. Manteltarifvertrag und einen normativen Teil, den sog. Lohn- bzw. Gehaltstarifvertrag.

1. Der Manteltarifvertrag

Außer den Rechten und Pflichten der Vertragsparteien (z.B. Friedenspflicht) enthält der Manteltarifvertrag im wesentlichen folgende Regelungen:

- Bestimmung des räumlichen und fachlichen Geltungsbereichs,
- das Entlohnungssystem, vor allem Vorgabezeiten, Mindestlohn, Akkordzuschlag, Berücksichtigung von Ausfallzeiten,
- die Arbeitszeit,
- die Urlaubsregelung.

Der Manteltarifvertrag ist mehrere Jahre gültig, wird also nicht bei jeder neuen Lohnrunde ausgehandelt.

2. Der Lohn- bzw. Gehalts-Tarifvertrag

Inhalt dieses jährlich neu abzuschließenden Vertrages sind die Lohnsätze, die von den Unternehmen nicht unterschritten werden dürfen. Die effektiv gezahlten Lohnsätze dürfen – nach Vereinbarung mit dem Betriebsrat – höher sein, aber nicht durch Effektiv-Klauseln abgesichert werden.

Eine Lohngruppe wird in der Praxis als **Ecklohngruppe** ausgewählt, deren Lohnsatz in den jährlichen Tarifverhandlungen vereinbart wird. Die übrigen Lohnsätze werden entsprechend angepaßt.

Falls eine tarifliche Regelung nicht besteht, hat der **Betriebsrat** ein Mitbestimmungsrecht bei der betrieblichen Lohngestaltung, das sich auf die Entlohnungsgrundsätze und -methoden erstreckt. Insbesondere die Festlegung der Akkord- und Prämiensätze bedürfen der Mitwirkung des Betriebsrates.

b) Der Akkordlohn

1. Der Begriff

Etymologisch kommt der Begriff von französisch accord und bedeutet etwa „Gleichklang, Übereinstimmung". Der Akkordlohn spiegelt also die Übereinstimmung von Leistung und Entgelt wider. Der Lohn des Arbeitenden soll seiner Leistung (möglichst) proportional sein.

Der Akkordlohn wird in zwei Varianten angewandt:

α) Geldakkord

Die Lohnformel lautet für diese Variante[1]

$$\text{(51)} \qquad \text{Lohn}\left[\frac{\text{DM}}{\text{Std}}\right] = \text{Produktionsmenge}\left[\frac{\text{ME}}{\text{Std}}\right] \cdot \text{Geldfaktor}\left[\frac{\text{DM}}{\text{ME}}\right]$$

wobei der Geldfaktor durch die Relation

$$\text{(52)} \qquad \text{Geldfaktor}\left[\frac{\text{DM}}{\text{ME}}\right] = \frac{\text{Lohnsatz}\left[\frac{\text{DM}}{\text{Std}}\right]}{\text{Normalmenge}\left[\frac{\text{ME}}{\text{Std}}\right]}$$

definiert wird. Die über die Normalmenge hinaus produzierte Menge wird also ohne Abstriche dem Arbeitnehmer vergütet. Der Geldakkord wird heute nur noch selten angewandt, da bei Lohnerhöhungen alle Geldfaktoren im Betrieb neu berechnet werden müssen und diese zusätzliche Arbeit bei der zweiten Akkordlohnvariante vermieden wird.

β) Zeitakkord

Bei dieser Variante wird der Begriff der **Vorgabezeit** neu eingeführt. Sie ist die Zeit, die zur Ausführung einer bestimmten Arbeit an einer Produkteinheit bei **normaler Leistung** und angemessener Erholung benötigt wird. Damit können die Geldfaktoren in die von jährlichen Lohnerhöhungen unberührten Vorgabezeiten und **einen** jährlich neu zu berechnenden **Minutenfaktor**, der den Lohnsatz pro Minute ausdrückt, aufgespalten werden.

Es ergibt sich somit folgende Lohnformel für den Zeitakkord:

$$\text{(53)} \qquad \text{Lohn}\left[\frac{\text{DM}}{\text{Std}}\right] = \text{Produktionsmenge}\left[\frac{\text{ME}}{\text{Std}}\right] \cdot \text{Vorgabezeit}\left[\frac{\text{Min}}{\text{ME}}\right] \cdot$$
$$\cdot\, \text{Minutenfaktor}\left[\frac{\text{DM}}{\text{Min}}\right]$$

Auch bei dieser Variante wird die Proportionalität zwischen Produktionsmenge und Lohn gewahrt. Die Ermittlung der Vorgabezeiten und des Minutenfaktors werden wir im folgenden aufzeigen.

---

[1] Die Abkürzung ME bedeutet Mengeneinheiten und wird in geeigneten Einheiten wie Stück, Tonnen usw. ausgedrückt.

2. Die Vorgabezeit

Ein möglicher Weg zur Ermittlung der Vorgabezeit für eine bestimmte Arbeitsleistung ist die **Mittelwertbildung** von verschiedenen , in der Vergangenheit gemessenen, Ist-Zeiten.

Die Ist-Auftragszeit gliedert man nach REFA in die Rüstzeit und die Ausführungszeit und diese beiden wiederum in eine Grund-, eine Erholungs- und eine Verteilzeit. Dabei versteht man unter der Verteilzeit eine von der Arbeitsaufgabe unabhängige Zeit, die durch Störungen an den Maschinen, Wartung oder auch Dienstgespräche verursacht werden kann.

Die Ist-Auftragszeiten eines Arbeitsganges werden über eine bestimmte Zeit hinweg sorgfältig gemessen und gespeichert.

Anschließend nimmt man – nach Eliminieren von Ausreißern – das arithmetische Mittel oder auch den Median dieser Ist-Auftragszeiten als Vorgabezeit.

Ein anderer Weg ist seit 1935 in den USA beschritten worden. Man zerlegt die Auftragszeit in sehr kleine Zeitabschnitte, die sog. **Elementarzeiten**, die den Elementarbewegungen Hinlangen, Greifen, Bringen, Loslassen, Drücken, Drehen, Trennen usw. zugordnet werden. Dabei geht man von der Hypothese aus, daß jede Handarbeit aus elementaren Bewegungen besteht, deren Zeitbedarf nur von der Natur der Bewegung abhängt und allgemein festgelegt werden kann.

Die Zeiten für die Elementarbewegungen werden sorgfältig gemessen und in besonderen Zeiteinheiten ausgedrückt, z.B. beträgt eine Time Measurement Unit (TMU) beim Methods-Time-Measurement-Verfahren 10^{-5} Stunden, beim Work-Factor-Verfahren 10^{-3} Minuten. Das Ergebnis dieser Meßvorgänge ist eine Tabelle aller benötigten Elementarzeiten, deren Addition die Vorgabezeit des betrachteten Arbeitsganges ergibt. Dabei müssen natürlich die Erholungs- und Verteilzeiten gesondert geschätzt und auf die ermittelten Grundzeiten aufgeschlagen werden.

Außer den beiden oben genannten Verfahren gibt es noch einige Varianten, insbesondere des Work-Factor-Verfahrens, auf die wir jedoch nicht weiter eingehen wollen. Alle Elementarzeit-Verfahren sind in der Literatur umstritten, da die grundlegende Hypothese, die Elementarzeiten seien unabhängig vom Arbeitenden nur von der Natur der Bewegungen determiniert, nicht restlos überzeugt.

3. Der Minutenfaktor

Durch den Lohn-Tarifvertrag wird der **Akkordgrundlohn** in DM/Std. festgelegt. Hinzu kommt ein Akkordzuschlag von 10 bis 20%, weil unterstellt wird, daß der Akkordarbeiter von vornherein leistungsorientierter als der Zeitlohnarbeiter ist. Akkordgrundlohn und Akkordzuschlag ergeben zusammen den **Akkordrichtsatz**, so daß sich für den Minutenfaktor, der bei allen Arbeitsgängen gleich ist, folgende Formel aufstellen läßt:

$$\text{(54)} \qquad \text{Minutenfaktor}\ \left[\frac{\text{DM}}{\text{Min}}\right] = \frac{\text{Akkordrichtsatz [DM/Std]}}{60\ \text{[Min/Std]}}$$

4. Beispiel eines Akkordlohns

Mit der Vorgabezeit und dem Minutenfaktor haben wir die Komponenten des Akkordlohnes erfaßt und können nun ein Beispiel durchrechnen.

Der Akkordgrundlohn betrage 15 DM, der Akkordzuschlag 20%. Die Normalleistung sei mit 20 ME pro Stunde ermittelt, woraus eine Vorgabezeit von drei Minuten pro Stück resultiert. Erbringt der Arbeitnehmer nur 80% der Normalleistung oder weniger, so erhält er als Mindestlohn den Akkordgrundlohn.

Aus diesen Angaben errechnen sich ein Akkordrichtsatz von 18 DM und ein Minutenfaktor von 0,30 DM/Min. Damit lautet die Akkordlohnformel

$$\text{Lohn [DM/Std.]} = 3 \cdot 0{,}3 \cdot \text{Produktionsmenge} = 0{,}9 \cdot \text{Produktionsmenge.} \tag{55}$$

Bei 16 ME, also 80% der Normalleistung, würde die Formel einen Lohn von 14,40 DM pro Stunde anzeigen, der jedoch durch die Mindestlohnvorschrift nicht zulässig ist. Erbringt der Arbeitende 16 ME oder weniger, so erhält er den Grundlohn von 15 DM.

Abb. 25 zeigt den Lohn pro Stunde und den Lohn pro Stück für verschiedene Produktionsvolumina.

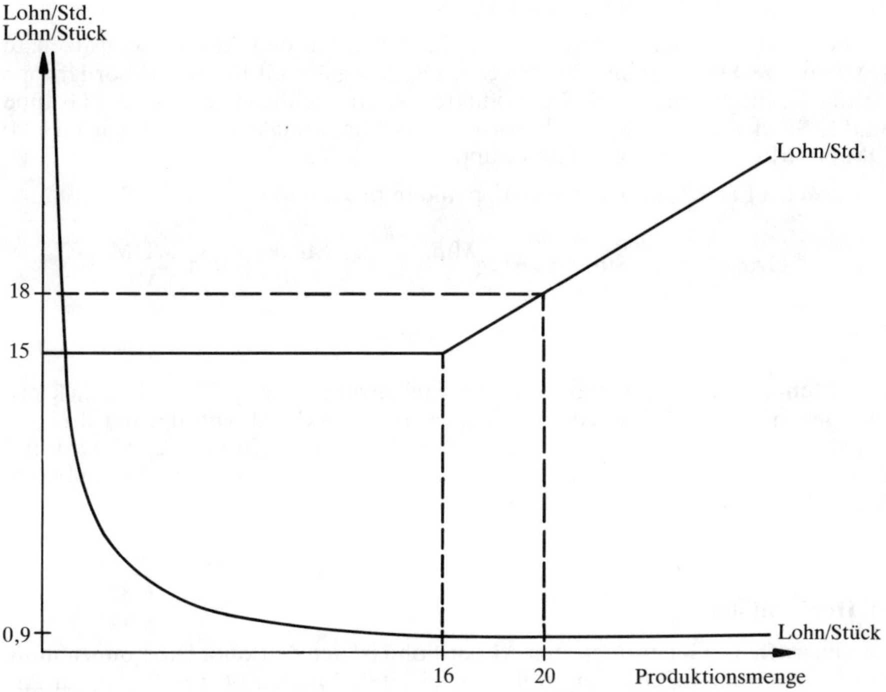

Abb. 25 Zeitakkordlohn in Abhängigkeit von der Produktionsmenge

Für das Unternehmen ist hauptsächlich der Akkordlohn pro Stück wegen der Preiskalkulation interessant. Bis zur Produktionsmenge von 16 ME sinken die Lohnstückkosten in unserem Beispiel hyperbolisch, ab 17 ME sind sie konstant 0,90 DM pro Stück.

5. Der Gruppenakkord

In der arbeitsteiligen Produktion kommt es häufig vor, daß mehrere Arbeitskräfte an einem Arbeitsgang mitwirken. Hierfür bietet sich der Gruppenakkord an, bei dem die Arbeitsgruppe gemeinsam eine Akkordvorgabe erhält und auf die Messung der Individualleistung verzichtet wird. Dies Verfahren hat für das Unternehmen zwei Vorteile:

- Kostenersparnis durch weniger Leistungsmessung,
- gegenseitiger Ansporn der Gruppenmitglieder.

Allerdings steht diesen Vorteilen das Problem gegenüber, den Gruppenmehrverdienst auf die Arbeitenden aufzuteilen. Es gibt eine Reihe von Methoden, die dieses Problem zu lösen versuchen (vgl. Lücke 1983, S. 235ff), doch ist es ex definitione nicht möglich, den Mehrverdienst leistungsgerecht zu verteilen, da die Einzelleistung im Gruppenakkord ja gerade nicht gemessen wird.

Im folgenden Beispiel nehmen wir unter der Voraussetzung, daß alle Gruppenmitglieder die gleiche Zeit arbeiten, die **Akkordrichtsätze** als Verteilungsschlüssel. Dies Verfahren unterstellt, daß die Arbeitenden die Mehrleistung „gleichmäßig" erbringen und niemand bevorzugt wird.

Die Akkordgruppe besteht aus drei Personen mit den Akkordrichtsätzen 16 DM/Std., 18 DM/Std. und 20 DM/Std. Die Vorgabezeit für die Akkordgruppe beträgt 6 Minuten pro Stück des Produktes. Als tatsächliche Leistung der Gruppe sind 12 Stück pro Stunde gezählt worden. Der Minutenfaktor beläuft sich auf 0,90 DM pro Minute für die gesamte Gruppe.

Zunächst berechnen wir den Gruppenlohn pro Stunde.

$$\text{Gruppenlohn/Std.} = 6\left[\frac{\text{Min.}}{\text{Stück}}\right] \cdot 12\left[\frac{\text{Stück}}{\text{Std.}}\right] \cdot 0{,}90\left[\frac{\text{DM}}{\text{Min.}}\right]$$

$$= 64{,}80\,\text{DM/Std.}$$

Der Mehrverdienst gegenüber der Normalleistung beträgt 20% (12 Stück pro Std. gegenüber 10 Stück pro Std. Vorgabe). Die Akkordrichtsätze der drei Arbeitskräfte werden also um 20% erhöht und lauten: 19,20 DM, 21,60 DM und 24,00 DM. Die Summe dieser individuellen Lohnsätze pro Stunde ergibt mit 64,80 DM genau den Gruppenlohn.

c) Der Zeitlohn

Das begriffliche Gegenstück zum Akkordlohn ist der Zeitlohn. Die Lohnzahlung erfolgt hier auf der Basis der effektiv geleisteten **Arbeitszeit**. Ein Bezug zur Arbeitsmenge muß über den Dienstvertrag hergestellt werden, in dem häufig eine „angemessene Arbeitsleistung" als Pflicht des Arbeitnehmers apostrophiert wird.

Die Lohnformel ist beim Zeitlohn sehr einfach, da der tariflich festgelegte Stundenlohn nur mit der Anzahl der geleisteten Arbeitsstunden multipliziert wird.

Abb. 26 gibt den konstanten Lohnsatz pro Stunde und die Lohnkosten pro Stück graphisch wieder.

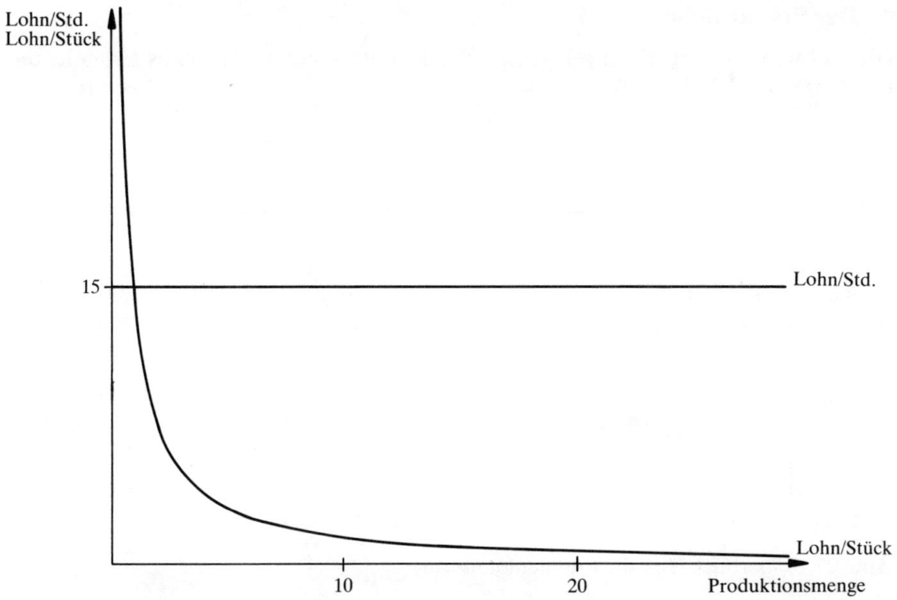

Abb. 26 Lohnsatz und Lohnstückkosten des Zeitlohnes

Der Zeitlohn scheint wegen des fehlenden Leistungsanreizes für den Betrieb die ungünstigere Lohnform zu sein. Darüber hinaus führt der Zeitlohn, wie Abb. 26 zeigt, nicht zu konstanten Lohnstückkosten und erschwert daher die Kalkulation.

Demgegenüber sind aber auch folgende **Vorteile** des Zeitlohns gegenüber dem Akkordlohn zu beachten:

- Die Lohnabrechnung ist wegen fehlender Akkordzettel einfacher als beim Akkordlohn;
- es entfällt die Ermittlung der Vorgabezeiten;
- das Leistungsvermögen der Arbeitenden wird beim Zeitlohn nicht überfordert;
- andere Ziele als die Produktivität, z.B. Materialkostenersparnisse oder Schonung der Betriebsmittel, können besser verfolgt werden.

Bei der Entscheidung, ob Zeit- oder Akkordlohn im Betrieb anzuwenden ist, muß der Industriebetrieb neben den Vor- und Nachteilen der beiden Lohnformen auch folgende objektiven Sachverhalte gebührend berücksichtigen:

Grundsätzlich sollte im **Zeitlohn** entlohnt werden, wenn

- das Arbeitsergebnis quantitativ nicht meßbar ist,
- die Arbeit stark unfallgefährdet ist,
- die Arbeit aus Bereitschaftsdienst besteht,
- die Arbeitsgeschwindigkeit vom Arbeiter nicht zu beeinflussen ist,
- hohe Qualitätsansprüche an die Arbeit zu stellen sind.

Liegen diese Sachverhalte nicht vor, so kann die Entscheidung nach den oben angegebenen Vor- und Nachteilen getroffen oder eine Kombination von Zeit- und Akkordlohn in Form eines Prämienlohnes angewandt werden.

d) Der Prämienlohn

Hierbei wird zum tariflich festgelegten Grundlohn ein zusätzliches Entgelt, die Prämie, gezahlt. Sie ist Ausdruck einer besonderen Produktivität des Arbeitenden und kann sich, wie Abb. 27 zeigt, auf mehrere Basisgrößen beziehen.

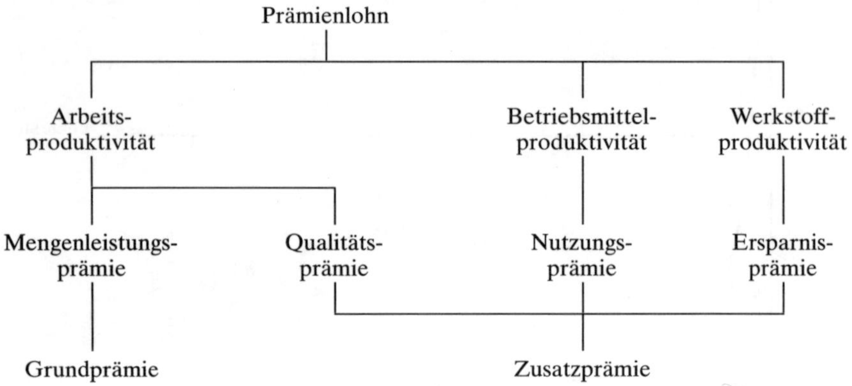

Abb. 27 Überblick über die Prämienlohnformen

1. Grundprämie als Mengenleistungsprämie

Die Addition einer Mengenleistungsprämie zum Zeitlohnsatz ist in der Praxis die häufigste Form des Prämienlohns. Es gibt in der Literatur mehrere Formen dieser Lohngestaltung (vgl. Mellerowicz Bd. II 1981, S. 302ff), von denen wir zwei näher betrachten wollen.

α) Der Halsey-Lohn

Bezeichnet man mit A den Zeitlohnsatz pro Stunde, mit v die Vorgabezeit pro Stück und mit i die Ist-Zeit pro Stück, dann lautet die Halsey-Lohnformel

$$\text{(56)} \qquad \text{Lohnsatz}_{\text{Halsey}} \left[\frac{\text{DM}}{\text{Std}} \right] = A + \alpha A \, \frac{v - i}{i} \qquad \begin{matrix}(0 \leq \alpha \leq 1)\\ (v \geq i)\end{matrix}$$

Die Größe α wird vom Betrieb festgesetzt. Bei $\alpha = 0$ liegt Zeitlohn vor, bei $\alpha = 1$ ergibt die Lohnformel

$$\text{(57)} \qquad \text{Lohnsatz} = A \cdot \frac{v}{i}$$

also den Akkordlohn (allerdings unter Vernachlässigung des Akkordzuschlags).

Der Halsey-Lohn teilt also die Prämie für die Mehrleistung entsprechend dem Wert von α zwischen Betrieb und Arbeitnehmer auf. Daher wird dieser Lohn auch als **Teilungslohn** bezeichnet. Als Wert für α wird in der Praxis häufig 1/3 angesetzt, d.h. der Arbeitnehmer bekommt ein Drittel der Mehrleistung vergütet.

β) Der Rowan-Lohn

$$\text{(58)} \qquad \text{Lohnsatz}_{\text{Rowan}} \left[\frac{\text{DM}}{\text{Std}} \right] = A + A \, \frac{v - i}{v} \qquad (v \geq i)$$

Die variable Größe α fehlt also bei Rowan. Wird die Vorgabezeit nicht unterschritten ($v = i$), so erhält der Arbeitnehmer genau wie bei Halsey den Zeitlohnsatz A.

Verdoppelt der Arbeitende seine Leistung gegenüber der Normalleistung, d.h. gilt $i = \frac{v}{2}$, dann bekommt er jedoch nicht den doppelten, sondern nur den $1\frac{1}{2}$-fachen Zeitlohnsatz. Die zusätzliche Leistung führt also nur zu einer unterproportionalen Lohnsteigerung. Weil der Betrieb an der Leistungssteigerung partizipiert, ist der Rowan-Lohn ebenfalls ein Teilungslohn.

Aus (58) ergibt sich weiterhin, daß der Arbeitnehmer auch bei größter Leistungssteigerung niemals mehr als den doppelten Zeitlohnsatz verdienen kann, da bei $i \rightarrow 0$ der Lohnsatz gegen 2A konvergiert.

Wie unterschiedlich die beiden Teilungslöhne die Mehrleistung vergüten, erkennt man, wenn die Lohnsätze in Abhängigkeit vom Leistungsgrad ($\frac{v}{i}$) ausdrück werden.

(59) $$\text{Lohnsatz}_{\text{Halsey}}\left[\frac{\text{DM}}{\text{Std}}\right] = (1-\alpha)\,A + \alpha A \cdot \frac{v}{i} \qquad (v \geq i)$$

(60) $$\text{Lohnsatz}_{\text{Rowan}}\left[\frac{\text{DM}}{\text{DM}}\right] = 2A - \frac{A}{\frac{v}{i}} \qquad (v \geq i)$$

Während der Halsey-Lohn eine **lineare** Funktion des Leistungsgrades ist, verläuft der Rowan-Lohn **hyperbolisch** mit der Asymptote 2A. Abb. 28 zeigt beide Lohnfunktionen im Vergleich mit $\alpha = \frac{1}{3}$ und $A = 15$ DM pro Stunde.

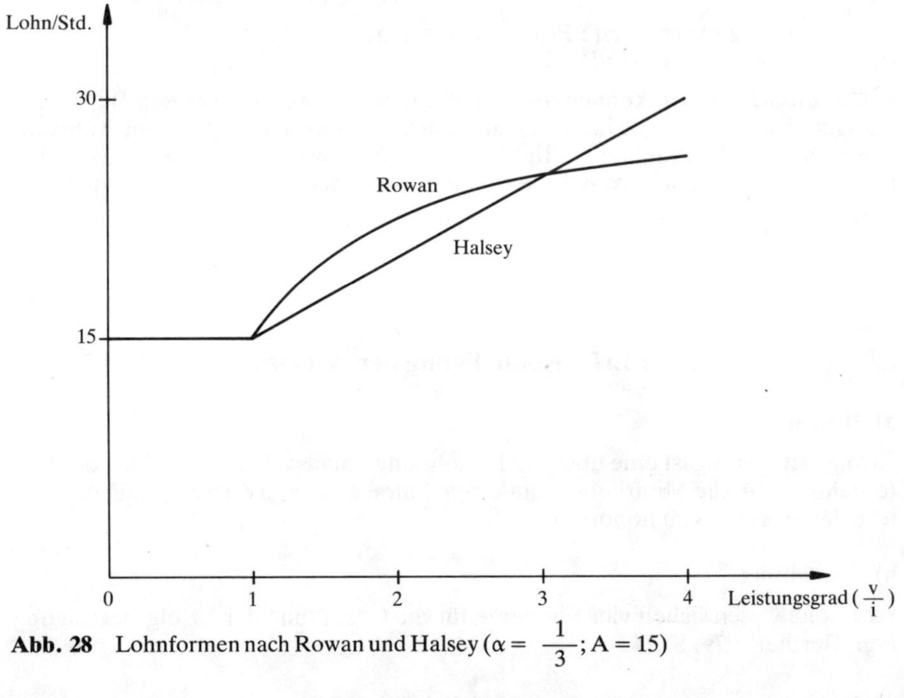

Abb. 28 Lohnformen nach Rowan und Halsey ($\alpha = \frac{1}{3}$; $A = 15$)

Die Prämienlöhne nach Rowan und Halsey vergüten lediglich mengenmäßige Mehrleistungen. Will man neben der Steigerung der Arbeitsproduktivität andere Ziele über das Lohnsystem erreichen, müssen zusätzliche, an anderen Basisgrößen orientierte Prämien gezahlt werden.

2. Zusatzprämien

Die wichtigsten Zusatzprämien betreffen die Produktqualität, die Nutzung der Betriebsmittel sowie die Materialersparnis.

α) Qualitätsprämien

Wenn die Arbeitskräfte die Produktqualität beeinflussen können, ist ein Lohnanreiz geeignet, die Qualität der Produkte zu verbessern. In der Praxis werden solche Prämien in erster Linie an die Höhe des **Ausschusses**, aber auch an die Einhaltung von Toleranzen oder an die Kundenreklamationen geknüpft.

β) Nutzungsprämien

Das Ziel der kostengünstigsten Nutzung von Produktionsanlagen kann über Prämien erreicht werden, denen z.B. die Maßstäbe

Maschinenstillstandszeit : Schichtzeit oder
effektive Produktionszeit : Schichtzeit

zugrunde liegen.

γ) Ersparnisprämien

Sie werden für Einsparungen bei den Roh-, Hilfs- und Betriebsstoffen gezahlt. Als Maßstäbe kommen mehrere innerbetriebliche Kennzahlen in Betracht, so z.B.

Energieverbrauch : Produktionsmenge oder
Rohstoffeinsatz : Produktionsmenge.

Die Zusatzprämien können auch kombiniert angewendet werden. Bei gegenläufigen Zielen, wie z.B. hoher Qualität des Produktes und geringem Rohstoffeinsatz sollten die Prämien multiplikativ verknüpft werden, da nur so gewährleistet ist, daß beide Ziele vom Arbeitnehmer gleichmäßig angestrebt werden.

Bei gleichgerichteten oder unabhängigen Zielen genügt die additive Verknüpfung, d.h. die Addition der Prämien.

III. Die Erfolgsbeteiligung der Arbeitnehmer

a) Begriff

Erfolgsbeteiligung ist eine über die Entlohnung hinausgehende Zahlung des Unternehmens an die Mitarbeiter, um ihren Anteil an der Erwirtschaftung des Unternehmenserfolgs zu honorieren.

b) Gestaltung

Es gibt im wesentlichen vier Elemente für die Gestaltung der Erfolgsbeteiligung (vgl. Berthel 1979, S. 242):

1. Die Basis der Beteiligung

Als mögliche Basen sind denkbar: das Produktionsvolumen, der Umsatz, die Wertschöpfung oder der Gewinn. In der Praxis wird hauptsächlich der **Gewinn** als Maßstab für die Erfolgsbeteiligung benutzt. Dabei wird vom Bilanzgewinn ausgegangen, der zumeist einigen Korrekturen unterzogen wird. Manchmal werden stille Reserven hinzugerechnet und der Unternehmerlohn sowie die kalkulatorische Eigenkapitalverzinsung abgezogen. Bei den sog. Dividendenbeteiligungen ist der ausgeschüttete Gewinn die Beteiligungsbasis.

Umstritten ist die Frage, ob die Arbeitnehmer auch am Verlust des Unternehmens zu beteiligen sind. Dem Argument, daß die Arbeitnehmer aus Paritätsgründen an Gewinn und Verlust partizipieren sollten, steht entgegen, daß sie in Verlustzeiten neben dem Arbeitsplatzrisiko noch ein zusätzliches Vermögensrisiko zu tragen hätten. Ein Kompromiß ist die Regelung, daß der Verlust des Unternehmens auf künftige Jahre vorgetragen wird und eine Erfolgsbeteiligung erst dann wieder erfolgt, wenn die aufgelaufenen Verluste durch Gewinne kompensiert worden sind.

2. Die Höhe der Gesamtausschüttung

Für die Bestimmung des Gewinnanteils, der als Erfolgsbeteiligung an die Arbeitnehmer ausgeschüttet werden soll, gibt es keine wissenschaftlich fundierte Methode, da die Zurechnung des wirtschaftlichen Erfolgs eines Unternehmens auf Faktoren Arbeit und Kapital nicht verursachungsgerecht möglich ist. Man behilft sich häufig mit plausibel erscheinenden und leicht rechenbaren Verteilungsschlüsseln. So erhalten z.B. die Mitarbeiter der Weinkellerei Pieroth GmbH 50% des um Eigenkapitalzinsen und Risikoprämie verringerten Steuerbilanzgewinns.

3. Die Individualquoten der Mitarbeiter

Die Quote der Erfolgsbeteiligung, die jeder Mitarbeiter erhält, kann nach drei Prinzipien ermittelt werden:

- Gleichheitsprinzip (jeder erhält den gleichen Betrag),
- Sozialprinzip (Alter, Familienstand, Kinderzahl werden berücksichtigt),
- Leistungsprinzip (Maßstab: Lohngruppe, Arbeitsplatzbewertung u.a.).

Am häufigsten wird in der Praxis das Leistungsprinzip als Maßstab genommen und die Erfolgsbeteiligung an die persönlichen Bezüge der Arbeitenden geknüpft. Da die Löhne und Gehälter auch soziale Bestandteile enthalten, sollte man besser von einer Kombination aus Leistungs- und Sozialprinzip sprechen.

4. Die Verwendung des Erfolgsanteils

Dieses letzte Element der Gestaltung beantwortet die Frage, ob die Erfolgsbeteiligung an die Arbeitenden ausgeschüttet oder im Unternehmen behalten, d.h. **investiert** wird. In der Praxis erhält die zweite Variante eindeutig den Vorzug. Bei Aktiengesellschaften steht die **Belegschaftsaktie** im Vordergrund, die den Erfolgsanteil des Arbeitnehmers in Eigenkapital überführt, während bei den übrigen Rechtsformen die Umwandlung der Erfolgsanteile in Mitarbeiter-Darlehen, also Fremdkapital, überwiegt.

c) Beispiele

Durch die Kombination der Gestaltungselemente läßt sich ein breites Spektrum

Tab. 37 Erfolgsbeteiligungssysteme (Berthel 1979, S. 253f)

Firmendaten	Modellskizze	Modelldaten
Beispiel: Siemens AG Sitz: Berlin/München Branche: Elektroindustrie Umsatz: ca. 15 Mrd. DM Mitarbeiter: ca. 201000 **Modelltyp: Belegschaftsaktie**	Seit 1969 (bisher insgesamt siebenmal) gewährt die Siemens AG allen Mitarbeitern, die zumindest 3 Monate im Unternehmen beschäftigt sind, die Möglichkeit, Inhaberaktien zum Nominalwert von 50 DM je Aktie zu erwerben. Der Vorzugskurs pro Aktie betrug jeweils 156 DM, wobei jeder berechtigte Mitarbeiter pro Angebot maximal bis zur vollen Ausschöpfung der Kursdifferenz (Börsenkurs ⁒ Kaufpreis) in Höhe von DM 500 Aktien erwerben konnte. Die Sperrfrist für die Weiterveräußerung der Belegschaftsaktien beträgt gem. § 8 Kapitalaufstockungsgesetz 5 Jahre.	Ca. 100000 Belegschaftsaktionäre halten ein Aktienkapital zum Kurswert von über 700 Mio. DM. Der durchschnittliche Kapitalanteil eines Belegschaftsaktionärs beträgt 7000 DM (Kurswert).
Beispiel: Bayer AG Sitz: Leverkusen Branche: Chemie Umsatz: ca. 18 Mrd. DM Mitarbeiter: ca. 65000 **Modelltyp: Belegschaftsfonds**	Neben der Ausgabe von Belegschaftsaktien (seit 1953) und der Ausgabe von Teilschuldverschreibungen (seit 1965) besteht bei der Bayer AG seit 1973 für alle Mitarbeiter in ungekündigtem Arbeitsverhältnis auch die Möglichkeit, Anteile am DEGEF-Bayer-Mitarbeiter-Fonds zu erwerben (Kurs der Erstausgabe: 10,– DM). Das Angebot zur Zeichnung von Fondszertifikaten erfolgt in Verbindung mit einem Bonus von 5% des Vorjahresmonatseinkommens. Die Fonds-Anteile sind nicht verfügbar und nicht beleihbar, ebenfalls bestehen keine Erwerbsbeschränkungen. Beim Ausscheiden aus dem Arbeitsverhältnis Rückgabepflicht über die Bank.	Etwa 72000 Mitarbeiter sind beteiligt und haben 126 Mio. DM (Kurswert) Aktien, 16 Mio. DM Teilschuldverschreibungen und 45 Mio. DM Fonds-Anteile gezeichnet. Gesamter durchschnittlicher Kapitalanteil: 2600,– DM pro Mitarbeiter.
Beispiel: Ferd. Pieroth Weingut – Weinkellerei GmbH Sitz: Burg Layen Branche: Weinkellerei Umsatz: ca. 180 Mio. DM Mitarbeiter: ca. 2200 **Modelltyp: Stille Beteiligung**	Seit 10 Jahren erhalten die Mitarbeiter der Pieroth GmbH, die dem Unternehmen 1 Jahr angehören, 50% des um Korrekturfaktoren (Eigenkapitalverzinsung, Risikoprämie usw.) bereinigten Steuerbilanzgewinnes. Der Gewinnanteil der Mitarbeiter verbleibt (in den Anfangsjahren teilweise Barausschüttung) zunächst als Darlehen im Unternehmen. Mitarbeiter, die 5 Jahre beteiligt sind, können Darlehen in stille Beteiligung umwandeln und erhalten für ihre stille Einlage einen weiteren Gewinnanteil (nach Kapitalrelation). Hat ein Mitarbeiter seine Mindest-Einlage (= 3 Jahres-Gewinnanteile) als stiller Gesellschafter geleistet, kann ab dem Folgejahr der jeweils 5 Jahre alte Gewinnanteil ausbezahlt werden.	Knapp 1000 Mitarbeiter halten über 5 Mio. DM Kapital. Der durchschnittliche Kapitalanteil (Darlehen und stille Beteiligung) pro Mitarbeiter beträgt 5400,– DM.

Tab. 37 (Fortsetzung)

Firmendaten	Modellskizze	Modelldaten
Beispiel: Bertelsmann AG Sitz: Gütersloh Branche: Medienkonzern Umsatz: ca. 950 Mio. DM Mitarbeiter: ca. 8500 **Modelltyp: Indirekte Beteiligung**	Über eine investive Gewinnbeteiligung zzgl. einer 25%igen Eigenleistung können Bertelsmann-Mitarbeiter seit 1970 stille Gesellschaftsanteile an der Bertelsmann-Vermögensverwaltungsgesellschaft (VVG) erwerben. Die VVG investiert das angesammelte Kapital in der Unternehmensgruppe Bertelsmann. Die stillen Gesellschaftsverträge haben eine Laufzeit von 25 Jahren. Nach 3 Jahren sind die Kapitalanteile an innerbetrieblicher Börse (Kursbildung) verkäuflich. Die Mitwirkung bei der Kursbestimmung bzw. die Wahrung der Kontrollrechte nach § 338 HGB wird von 5 Beauftragten der stillen Gesellschafter wahrgenommen.	27 Mio. DM befinden sich in Händen von über 5300 Mitarbeitern. Der durchschnittliche Kapitalanteil des einzelnen Mitarbeiters beträgt 5000,– DM
Beispiel: Wilhelm Hauenschild KG Sitz: Löhne Branche: Möbelfabrikation Umsatz: ca. 23 Mio. DM Mitarbeiter: ca. 230 **Modelltyp: Darlehen**	Seit 1973 ermittelt die Hauenschild KG einen sog. verteilungsfähigen Gewinn (Korrektur des Steuerbilanzgewinnes um den Unternehmerlohn, die Eigenkapitalverzinsung, die Risikoprämie und das Neutrale Ergebnis), der zur Hälfte steuerneutral an die Belegschaft verteilt und in Darlehen umgewandelt wird. Die Darlehen sind 5 Jahre an das Unternehmen gebunden und werden banküblich verzinst. Über einen Partnerschaftsausschuß haben die Mitarbeiter weitgehende Mitgestaltungsrechte in allen Angelegenheiten des Beteiligungsmodells.	Knapp 200 beteiligte Mitarbeiter halten nahezu 1 Mio. DM Mitarbeiter-Darlehen; der Einzelanteil pro Mitarbeiter beträgt im Schnitt 4900,– DM.

von Erfolgsbeteiligungssystemen erzeugen, von denen einige Beispiele in Tab. 37 wiedergegeben sind.

Mit der Analyse der Erfolgsbeteiligung der Arbeitnehmer sind die Grundlagen personalwirtschaftlicher Entscheidungen im Industriebetrieb abgeschlossen und wir wenden uns den weiteren Problemkomplexen des operativen Managements: der kurzfristigen Planung des Produktionsprogramms, der Materialbereitstellung und dem Produktionsvollzug zu.

7. Kapitel: Kurzfristige Produktionsprogrammplanung (Produktmengenplanung)

Die Festlegung der Struktur des Produktionsprogramms (Produktfeldbestimmung, Marktdurchdringung usw.) war Gegenstand der strategischen Markt- und Produktentscheidungen des 4. Kapitels. Im operativen Management ist nun das Problem zu lösen, unter Beachtung dieser langfristigen Rahmenbedingungen das tatsächliche Produktionsprogramm nach **Art** und **Menge** für eine gegebene Planperiode (Monat, Quartal, Jahr) so festzulegen, daß die Unternehmungszielsetzung erfüllt wird.

Bei der Planung dieses konkreten Produktionsprogramms sind die Produktionsanlagen, deren Dimensionierung Gegenstand der strategischen Verfahrensentscheidungen war, nach Qualität und Quantität als gegeben anzusehen. Dies gilt für Standort, Fabrikgebäude und Produktionskapazität. Man erkennt daran deutlich, daß die operativen Managemententscheidungen grundsätzlich auf den betrieblichen Gegebenheiten aufbauen, die durch die strategischen Entscheidungen determiniert sind und der kurzfristigen Planung als Restriktionen zugrunde liegen.

Die **kurzfristige Produktionsprogrammplanung** befaßt sich mit folgenden Problembereichen:

- Kurzfristige Prognose von Absatzmengen und Absatzpreisen der herzustellenden Produkte,
- Auswahl der profitablen Produkte mit Hilfe der Deckungsbeitragsanalyse,
- Einfluß von Kapazitätsgrenzen auf das zieladäquate Produktionsprogramm,
- Entscheidung zwischen Eigenfertigung und Fremdbezug von Produkten und Produktteilen.

Um das optimale Produktionsprogramm mit quantitativen Methoden (Dekkungsbeitragsrechnung, lineare Optimierung) bestimmen zu können, benötigt man Schätzungen der voraussichtlichen maximalen Absatzmengen und der zugehörigen Preise, die daher zunächst mit den Mitteln der kurzfristigen Absatzprognose zu erstellen sind.

A. Die kurzfristige Absatzprognose

Für die Produktmengenplanung genügen im allgemeinen Prognosen bis zu einem Jahr. Hierfür gibt es eine Reihe von Prognoseverfahren, die detailliert in Hansmann (1983, S. 27ff) dargestellt sind. Für dieses Lehrbuch werden wir das in der Praxis gebräuchlichste Verfahren, die **exponentielle Glättung**, vorstellen und anschließend an einem praktischen Beispiel zeigen, wie die **multiple Regression** zur kurzfristigen Absatzprognose herangezogen werden kann.

I. Prognosen auf der Grundlage der exponentiellen Glättung

a) Die Prognosegleichungen

Die exponentielle Glättung basiert auf zwei Überlegungen (Hansmann 1983, S. 28):

- Der aktuelle Prognosefehler wird in bestimmtem Maße zur Korrektur der zukünftigen Prognose verwendet,
- das Gewicht der vergangenen Zeitreihenwerte für die Prognose soll mit zunehmendem „Alter" der Werte abnehmen.

Bezeichnet man mit x_t den Zeitreihenwert zum Zeitpunkt t und mit $\hat{x}_t$ den Prognosewert zum Zeitpunkt t, so ergibt sich der Prognosefehler e_t zu

(61) $$e_t = x_t - \hat{x}_t \qquad \text{(für } t = 1, \ldots, T).$$

Nach der ersten Überlegung wird nun der Prognosewert des folgenden Zeitpunktes t + 1 so bestimmt, daß der aktuelle Prognosewert $\hat{x}_t$ um einen Bruchteil α des Prognosefehlers korrigiert wird, also

(62) $$\hat{x}_{t+1} = \hat{x}_t + \alpha e_t = \hat{x}_t + \alpha(x_t - \hat{x}_t) \qquad (0 < \alpha \leq 1).$$

Durch Umformulieren von (62) erhält man sofort die Prognosegleichung der exponentiellen Glättung für eine Zeitreihe ohne Trend

(63) $$\hat{x}_{t+1} = \alpha x_t + (1 - \alpha)\,\hat{x}_t \qquad (0 < \alpha \leq 1).$$

Es kann gezeigt werden, daß diese Prognoseformel die zweite Überlegung ebenfalls beinhaltet, d.h. daß die Zeitreihenwerte x_t, x_{t-1}, x_{t-2} usw. mit **exponentiell** abnehmendem Gewicht in die Prognose eingehen.

Schreibt man (63) für die Zeitpunkte t − 1 und t − 2

(64a) $$\hat{x}_t = \alpha x_{t-1} + (1 - \alpha)\,\hat{x}_{t-1}$$

(64b) $$\hat{x}_{t-1} = \alpha x_{t-2} + (1 - \alpha)\,\hat{x}_{t-2}$$

und setzt beide Ausdrücke nacheinander in (63) ein, so ergibt sich

(65) $$\hat{x}_{t+1} = \alpha x_t + \alpha(1 - \alpha)\,x_{t-1} + \alpha\,(1 - \alpha)^2\,x_{t-2} + (1 - \alpha)^3\,\hat{x}_{t-2}.$$

Dies zeigt schon die exponentielle Struktur der Gewichtung. Durch rekursives Einsetzen von $\hat{x}_{t-i}$ (i = 0, 1, ..., t − 1) erhält man die allgemeine Form

(66) $$\hat{x}_{t+1} = \alpha \sum_{i=0}^{t-1} (1 - \alpha)^i x_{t-i} + (1 - \alpha)^t \hat{x}_1 \qquad (0 < \alpha \leq 1),$$

in der $\alpha(1 - \alpha)^i$ das Gewicht des Zeitreihenwertes x_{t-i} darstellt. Bei großem Zeitreihenumfang konvergiert das Restglied $(1 - \alpha)^t\,\hat{x}_1$ gegen Null und kann daher vernachlässigt werden.

Für die konkrete Prognose benötigt man einen Wert für den Glättungsparameter α. In der Praxis gilt als Faustregel, α zwischen 0,1 und 0,3 zu wählen. Differenziertere Möglichkeiten der Wahl von α sind in Hansmann (1983, S. 39ff) beschrieben.

Der Vorteil der exponentiellen Glättung ist ihre einfache Handhabung. Man benötigt lediglich den letzten Prognosewert und den neuesten Zeitreihenwert, um eine neue Prognose zu erstellen.

b) Die Berücksichtigung von Trend und Saison

Ist in der zu prognostizierenden Zeitreihe ein Trend vorhanden, so muß die obige einfache exponentielle Glättung durch ein Trendmodell ersetzt werden. Die Prognosegleichung lautet hierfür

$$\text{(67)} \qquad \hat{x}_{t+m} = \hat{a}_t + \hat{b}_t \cdot m \qquad (m = 1, 2, \ldots),$$

wobei $\hat{a}_t$ den konstanten Grundwert und $\hat{b}_t$ den linearen Trendwert, d.h. den Anstieg pro Periode wiedergibt.

$\hat{a}_t$ und $\hat{b}_t$ können aus den Glättungsoperatoren 1. Ordnung

$$\text{(68)} \qquad \hat{S}_t^1 = \alpha \sum_{i=0}^{t-1} (1-\alpha)^i x_{t-i}$$

und 2. Ordnung

$$\text{(69)} \qquad \hat{S}_t^2 = \alpha \sum_{i=0}^{t-1} (1-\alpha)^i \hat{S}_{t-i}^1$$

ermittelt werden, wie in Hansmann (1983, S. 34ff) ausführlich gezeigt wird. Die Bestimmungsgleichungen lauten

$$\text{(70a)} \qquad \hat{a}_t = 2\,\hat{S}_t^1 - \hat{S}_t^2$$

$$\text{(70b)} \qquad \hat{b}_t = \frac{\alpha}{1-\alpha}(\hat{S}_t^1 - \hat{S}_t^2).$$

Die Gleichungen (68) und (69) lassen die Verwandtschaft des Trendmodells mit der einfachen exponentiellen Glättung erkennen.

Auch eine saisonbehaftete Zeitreihe kann mit der exponentiellen Glättung prognostiziert werden. Nimmt man das Trendmodell (67) als Basis, so werden nun die Prognosewerte mit einem **Saisonfaktor** $\hat{s}_t$ multipliziert.

$$\text{(71)} \qquad \hat{x}_{t+m} = (\hat{a}_t + \hat{b}_t \cdot m) \cdot \hat{s}_t \qquad (m = 1, 2, \ldots)$$

Der Saisonzyklus umfasse L Perioden. Dann sind L Saisonfaktoren zu berechnen; am einfachsten geschieht dies mit dem Verfahren von Winters (1960), das neben anderen Saisonverfahren in Hansmann (1983, S. 46ff) dargestellt ist. Danach errechnet man den Saisonfaktor der Periode t aus dem Saisonfaktor des vorigen Saisonzyklus $(t - L)$, korrigiert um einen Bruchteil γ des Schätzfehlers.

$$\text{(72)} \qquad \hat{s}_t = \hat{s}_{t-L} + \gamma \left[\frac{x_t}{\hat{a}_t} - \hat{s}_{t-L} \right] \qquad (0 < \gamma < 1)$$

Auf die verschiedentlich erhobene Kritik gegen die exponentielle Glättung (incl. Saisonverfahren) kann in diesem Rahmen nicht näher eingegangen werden. Es bleibt festzuhalten, daß die Methode numerisch wenig aufwendig, leicht zu programmieren und für den prognostizierenden Anwender einfach zu durchschauen ist. Im Hinblick auf anspruchsvollere Zeitreihenverfahren, wie z.B. das Box-Jenkins-Verfahren oder das Adaptive Filtern, sei auf die Literatur verwiesen (vgl. Hansmann (1983), Makridakis/Wheelwright (1978), Lewandowski (1974)).

II. Prognosen mit der multiplen Regressionsrechnung

Die im letzten Abschnitt besprochenen Prognoseverfahren verwenden zur Prognose nur die historischen Werte der Zeitreihe selbst. Hängt jedoch der Absatz eines Produktes auch von einzelnen anderen Faktoren ab, so müssen auch diese zur Prognose herangezogen werden. Man verwendet in diesem Fall die multiple Regressionsrechnung, um den Einfluß der externen Faktoren auf den zu prognostizierenden Absatz zu messen. An einem in der Praxis durchgeführten Prognosebeispiel, das in Hansmann (1980, S. 231ff) vollständig beschrieben ist, sei diese Art der Prognose kurz skizziert.

Zu prognostizieren war die verkaufte Auflage (also der Absatz) einer deutschen Publikumszeitschrift. Es lagen 234 Zeitreihenwerte der verkauften Auflage aus den Jahren 1975-1979 vor. Nach sorgfältiger Analyse der Zeitreihenstruktur wurden folgende Faktoren ermittelt, die einen statistisch gesicherten signifikanten Einfluß auf den Absatz der Zeitschrift hatten:

1. Ein leicht ansteigender linearer Gesamttrend des Absatzes,
2. ein jährlicher Saisonzyklus mit höherem Absatz im Winterhalbjahr,
3. die Neuerscheinung einer Konkurrenzzeitschrift während des Erhebungszeitraums,
4. eine auflagensteigernde Themenfolge im redaktionellen Teil der Zeitschrift,
5. die auflagensenkende Wirkung der Sommer- und Weihnachtsferien,
6. zwei periodisch alle 14 Tage bzw. vier Wochen erscheinende Heftbeilagen mit verkaufsfördernder Wirkung.

Mit diesen Faktoren wurde ein multiples Regressionsmodell aufgestellt, dessen Ergebnisse in Tab. 38 wiedergegeben sind.

In dieser Tabelle bedeuten $\hat{b}$ die geschätzten Regressionskoeffizienten und $\hat{\sigma}(\hat{b})$ ihre Standardabweichungen. F ist der empirische und F(95%) der auf dem 95%-Signifikanzniveau ermittelte theoretische Wert der F-Verteilung. Falls F > F(95%), ist der Einfluß des Regressors auf den Absatz signifikant. MAD ist die Abkürzung für die mittlere absolute Abweichung (**m**ean **a**bsolute **d**eviation).

Die Regressoren 3. bis 8. sind durch binäre Variable dargestellt. So hat z.B. der Regressor „Weihnachtsferien“ während dieser Ferien den Wert 1, sonst den Wert Null. Der Saisonzyklus (2. Regressor) ist durch eine Kosinus-Funktion angenähert.

Der zukünftige Absatz der Zeitschrift (in Tsd. Stück) wird nun prognostiziert, indem man die zukünftigen Werte der Regressoren mit den Koeffizienten der $\hat{b}$–Spalte multipliziert und diese Produkte zu der Konstanten von 235,762 addiert:

Tab. 38 Regressionsmodell des Absatzes einer Publikumszeitschrift

Regressor	$\hat{b}$	$\hat{\sigma}(\hat{b})$	F	F(95%)
1. Trend	0,721	0,023	986,96	3,88
2. Saison	20,477	1,323	239,60	3,88
3. Konkurrenzprodukt	−46,460	3,383	188,59	3,88
4. Spezielle Themenfolge	33,511	3,343	100,47	3,88
5. Sommerferien	−27,769	3,393	66,99	3,88
6. Weihnachtsferien	−26,716	3,533	57,20	3,88
7. Heftbeilage I	5,792	1,062	29,75	3,88
8. Heftbeilage II	11,718	2,841	17,01	3,88
Konstante	235,762	1,935	–	–
Bestimmtheitsmaß R^2 = 0,96				
Standardprognosefehler = 11,80				
Anzahl der Zeitreihenwerte = 234				
Durbin-Watson-Koeffizient = 1,41				
MAD der Prognose = 8360 Stück				
MAD in % der letzten Auflage = 2,4%				

(73) $\hat{x}_t = 235{,}762 + 0{,}721\ \text{Trend}_t + 20{,}477\ \text{Saison}_t - 46{,}46\ \text{Konkurrenzprodukt}_t + 33{,}511\ \text{Themenfolge}_t - 27{,}769\ \text{Sommerferien}_t - 26{,}716\ \text{Weihnachtsferien}_t + 5{,}792\ \text{Heftbeilage I}_t + 11{,}718\ \text{Heftbeilage II}_t$

Mit diesem Modell können 96% der Absatzschwankungen erklärt werden (R^2 = 0,96), so daß die Schätzungen mit einem sehr niedrigen Schätzfehler von 2,4% (MAD) behaftet sind. Dieses Beispiel soll nur zur Veranschaulichung von kurzfristigen Absatzprognosen dienen; daher können wir in diesem Lehrbuch auf statistische Einzelheiten, wie z.B. die Bedeutung des Durbin-Watson-Koeffizienten, nicht näher eingehen (vgl. hierzu Hansmann (1980) oder Schneeweiß (1978)).

B. Die Bestimmung des Produktionsprogramms mit der Deckungsbeitragsanalyse

Wir gehen im folgenden davon aus, daß die erzielbaren Absatzmengen und die zugehörigen Absatzpreise für alle Produkte aufgrund der oben beschriebenen kurzfristigen Absatzprognose geschätzt worden sind und nunmehr als Daten zur Verfügung stehen.

Ferner liegen aufgrund der strategischen Markt- und Verfahrensentscheidungen als Daten vor:

- die Kapazität und die fixen Kosten der Produktionsanlagen,
- die Produktionskoeffizienten der Produkte, d.h. der Verbrauch an Produktionskapazität bei der Bearbeitung einer Produkteinheit (in ZE/ME),
- die variablen Kosten pro Produkteinheit.

Mit diesen Rahmenbedingungen soll das Produktionsprogramm realisiert werden, das den Gewinn in der Planperiode (z.B. Monat oder Quartal) maximiert. Dabei wird auch die Möglichkeit eingeschlossen, daß ein Produkt, für das Nachfrage besteht, mangels Gewinnaussichten nicht auf dem Markt angeboten wird. Lieferverpflichtungen bestehen also nicht.

Wir werden die nachfolgende Analyse aus Gründen der Anschaulichkeit anhand eines konkreten Zahlenbeispiels durchführen.

I. Die Daten des Zahlenbeispiels

Der betrachtete Industriebetrieb verfügt über eine Produktionsanlage, mit der vier Produkte hergestellt werden können. Die Produktionsanlage kann während der Planperiode (hier: eine Woche) 2.400 Minuten produktiv genutzt werden und verursacht in dieser Zeit folgende Kosten in DM:

- Abscheibungen 8000
- Kapitalverzinsung 4000
- Wartung 3000
- Zeitlöhne 6000

Darüber hinaus entfallen auf die Anlage anteilige Verwaltungskosten von 3000 DM.

Tab. 39 zeigt die wichtigsten auf die Produkte zurechenbaren Erlös- und Kostengrößen sowie die Produktionskoeffizienten.

Tab. 39 Produktdaten der Produktionsplanung für eine Planperiode

Produkt	A	B	C	D
Absatzpreis (DM/ME)	100	75	40	60
Absatzmenge (ME)	200	150	100	200
Materialkosten (DM/ME)	15	20	35	25
Akkordlöhne (DM/ME)	5	5	5	5
Produktionszeit (Min/ME)	4	2	3	5

II. Ermittlung von Selbstkosten und Stückgewinn

Um die Selbstkosten für jedes Produkt errechnen zu können, müssen die Kosten der Produktionsanlage und die anteiligen Verwaltungskosten auf die einzelnen Produkte umgelegt werden. Als Verrechnungsschlüssel nehmen wir die Produktionszeit jedes Produktes auf der Produktionsanlage. Mit diesem Schlüssel werden die fixen Kosten anteilig nach Zeitverbrauch, d.h. nach Beanspruchung der Produktionskapazität, verteilt[2].

Da die Summe der fixen Kosten 24000 DM und die Summe der Fertigungszeiten 2400 Minuten beträgt, wenn das Absatzpotential voll ausgeschöpft wird, ergibt sich ein **Fixkostensatz** von 10 DM pro Minute Produktionszeit der Anlage.

Tab. 40 zeigt die Errechnung der Selbstkosten und des Stückgewinns auf Grund der vorliegenden Daten.

Aus der Tab. 40 geht hervor, daß eine Produktion der Produkte C und D zu einem **Verlust** von 30 bzw. 20 DM pro ME führen würde, wenn die fixen Kosten entsprechend unserem oben beschriebenen Verrechnungsschlüssel verteilt werden.

---

2 Aus Vereinfachungsgründen nehmen wir diesen Schlüssel auch für die Verwaltungskosten, obwohl dies strenggenommen nicht richtig ist.

Tab. 40 Selbstkosten und Stückgewinn der Produkte (in DM pro ME)

Produkt	A	B	C	D
Materialkosten	15	20	35	25
Akkordlöhne	5	5	5	5
Fixe Kosten	40	20	30	50
Selbstkosten	60	45	70	80
Absatzpreis	100	75	40	60
Gewinn	40	30	−30	−20

Daraus darf jedoch **nicht** die Schlußfolgerung gezogen werden, die Produkte C und D aus dem Produktionsprogramm zu streichen und nur A und B mit ihren maximal möglichen Absatzmengen $x_A = 200$ und $x_B = 150$ herzustellen, denn in diesem Fall müßten A und B sämtliche Fixkosten tragen und ihre Fixkostensätze wären falsch berechnet.

Da die fixen Kosten – unabhängig vom Produktionsprogramm – konstant 24.000 DM betragen, sind die **Selbstkosten** und der daraus resultierende **Stückgewinn** für die kurzfristige Produktionsplanung **irrelevant**. An ihre Stelle treten die variablen Kosten und die Deckungsspannen.

III. Das optimale Produktionsprogramm bei ausreichender Kapazität

Variabel sind die Kosten, die sich mit der Produktionsmenge verändern. Nur diese Kosten können mit der Entscheidung über das Produktionsprogramm beeinflußt werden. Demgegenüber sind die fixen Kosten – in unserem kurzfristigen Rahmen – unbeeinflußbar und müssen durch den Überschuß der Erlöse über die variablen Kosten „gedeckt" werden. Daraus ergeben sich die Bezeichnungen:

Deckungsspanne eines Produktes = Absatzpreis − variable Kosten pro Stück

Deckungsbeitrag eines Produktes = Deckungsspanne · Absatzmenge eines Produktes in der Planperiode

Die Deckungsspanne ist also stückbezogen und der Deckungsbeitrag periodenbezogen.

Für unser Beispiel ergeben sich nun folgende Deckungsspannen:

Produkt	A	B	C	D
Deckungsspanne (DM/ME)	80	50	0	30

Das Produkt A trägt also am meisten zur Deckung der fixen Kosten bei, während Produkt C über den Absatzpreis gerade seine variablen Kosten abdeckt. Für den Gewinn ist es belanglos, ob wir C produzieren oder nicht. Hätte C hingegen eine **negative** Deckungsspanne, so würde mit jeder produzierten Einheit der Gesamtgewinn vermindert.

Das optimale Produktionsprogramm besteht also darin, daß die maximalen Absatzmengen der Produkte A, B und D hergestellt und verkauft werden. Zur

Entscheidung, ob auch das Produkt C produziert wird, müssen andere Beweggründe als die Gewinnerzielung herangezogen werden, z.B. die Abrundung des Sortiments oder die Präsenz auf einem zukünftig wachsenden Markt.

Wir können die am Zahlenbeispiel gewonnenen Erkenntnisse nun allgemein zusammenfassen:

Bei ausreichender Produktionskapazität wird der höchste Gewinn erreicht, wenn die maximalen Absatzmengen der Produkte mit **positiver Deckungsspanne** produziert und die Produkte mit negativer Deckungsspanne nicht in das Produktionsprogramm aufgenommen werden.

In unserem Beispiel ergibt sich folgendes optimales Produktionsprogramm:

$$x_A = 200 \text{ ME} \quad x_B = 150 \text{ ME} \quad x_C = 0 \text{ ME} \quad x_D = 200 \text{ ME}$$

Der zugehörige Gewinn beträgt 5 500 DM. Hätten wir dagegen nach dem Stückgewinn entschieden und nur die Produkte A und B hergestellt, müßte demgegenüber ein Verlust von 500 DM hingenommen werden.

Leider ist diese einfache Deckungsbeitragsanalyse nicht mehr anwendbar, wenn die Kapazität zur Produktion der profitablen Produkte in den gewünschten Mengen nicht ausreicht. Die Analyse muß – wie im nächsten Abschnitt gezeigt wird – entsprechend verfeinert werden.

C. Die Berücksichtigung kapazitativer Beschränkungen

I. Ein Produktionsengpaß

Es sei angenommen, daß die betrachtete Produktionsanlage nicht in der Lage ist, die maximalen Absatzmengen aller Produkte mit positiver Deckungsspanne zu erzeugen. Wir reduzieren hierzu in unserem Zahlenbeispiel die Produktionskapazität der Anlage auf 1000 Minuten und die fixen Kosten auf 10 000 DM (in der Planperiode). Da für die maximalen Absatzmengen der Produkte A, B und D 2100 Minuten benötigt werden, entsteht jetzt das Problem, die Produkte auszuwählen, die in dieser Situation den maximalen Gesamtgewinn versprechen.

Dazu bewerten wir die zeitliche Kapazität der Produktionsanlage mit dem größtmöglichen Deckungsbeitrag, der durch ihre Nutzung erwirtschaftet werden kann. Eine Einheit des Produktes A erzielt eine Deckungsspanne von 80 DM und verbraucht 4 Minuten der Kapazität. Eine Einheit des Produktes B erwirtschaftet zwar nur 50 DM, verbraucht aber dafür nur 2 Minuten der Kapazität. Bezogen auf eine Minute Kapazitätsverbrauch, errechnen wir für A eine Deckungsspanne von 20 DM und für B eine Deckungsspanne von 25 DM. Da die Deckungsspannen unabhängig von der produzierten Menge sind, lohnt es sich, zunächst die maximale Absatzmenge von Produkt B herzustellen und anschließend soviel wie möglich von Produkt A zu produzieren. Ist dann noch Kapazität frei, so sollte auch Produkt D hergestellt werden, da es pro Kapazitätsminute eine Deckungsspanne von 30/5 = 6 DM erwirtschaftet.

Wir benutzen somit als Entscheidungskriterium den Quotienten

$$\frac{\text{Deckungsspanne [DM/ME]}}{\text{Zeitverbrauch [ZE/ME]}} = \textbf{relative}\ \text{Deckungsspanne [DM/ZE].}$$

Für das Beispiel gelten folgende relative Deckungsspannen:

Produkt	A	B	C	D
relativeDeckungsspanne	20	25	0	6

Das optimale Produktionsprogramm bei einer beschränkten Produktionskapazität sieht demnach so aus:

1. Produkt B	150 ME	Kapazitätsverbrauch	300 Minuten
2. Produkt A	175 ME	Kapazitätsverbrauch	700 Minuten
3. Produkt C und D	0 ME	Kapazitätsverbrauch	0 Minuten
		verfügbare Kapazität	1000 Minuten

Von Produkt A kann also infolge der Kapazitätsauslastung nicht die maximal mögliche Absatzmenge und von Produkt D keine Einheit hergestellt werden. Der erzielbare Gewinn beträgt 11500 DM.

Zusammenfassend können wir die Regel zur Ermittlung des optimalen Produktionsprogramms wie folgt verallgemeinern:

Bei einer Engpaßkapazität werden die Produkte in der Reihenfolge fallender relativer Deckungsspannen und – falls die Kapazität ausreicht – mit ihren maximalen Absatzmengen produziert.

II. Mehrere Produktionsengpässe

In der Realität durchlaufen die Produkte im Herstellungsprozeß mehrere Produktionsstufen, z.B. bei der Herstellung von Schleifpapier die Stufen

- Auftragen des Klebstoffs auf die Papierbahn,
- Auftragen der Schleifkörner,
- Trocknen durch Erwärmung,
- Schneiden in die gewünschten Formate,
- Verpacken der fertigen Schleifmittel.

Die Produktionsstufen können durch Produktionsanlagen mit beschränkter Kapazität repräsentiert werden.

Ist nun vorab bekannt, welche Produktionsanlage am schärfsten die Produktionsmöglichkeiten einengt, d.h. zum wirklichen Engpaß wird, kann die Analyse des vorigen Abschnitts unverändert übernommen werden.

In vielen Fällen läßt sich jedoch nicht von vornherein absehen, welche Produktionsanlagen beim optimalen Produktionsprogramm mit voller Kapazitätsauslastung produzieren. Dann muß die Analyse ergänzt werden, wie an unserem Zahlenbeispiel gezeigt werden soll.

Wir erweitern das Zahlenbeispiel um eine zweite Produktionsstufe, repräsentiert durch eine Anlage mit einer zeitlichen Kapazität von 930 Minuten in der Planperiode. Die Produktion einer Einheit der Produkte A und B verbraucht jeweils 3 Minuten dieser Kapazität.

Die Produkte C und D brauchen nicht mehr berücksichtigt zu werden, da sie schon auf der Produktionsanlage I nicht profitabel waren (s.o.).

Das Produktionsplanungsproblem kann übersichtlich in der Form eines linearen Optimierungsmodells geschrieben werden, und zwar mit zwei Variablen und vier Nebenbedingungen:

Zielfunktion

Brutto-Gewinn = $80x_A + 50x_B \Rightarrow$ Max !

Nebenbedingungen

$4x_A + 2x_B \leq 1000$	Produktionsanlage I
$3x_A + 3x_B \leq 930$	Produktionsanlage II
$x_A \leq 200$	Absatz Produkt A
$x_B \leq 150$	Absatz Produkt B

Nicht-Negativitätsbedingungen

$$x_A \geq 0$$

$$x_B \geq 0$$

Mit Hilfe der Simplexmethode lassen sich Produktionsplanungsprobleme dieser Art mit n Variablen und m Nebenbedingungen lösen. Entsprechende Software ist von EDV-Herstellern und wissenschaftlichen Rechenzentren entwickelt worden (z.B. MPSX von IBM oder FMPS von Univac).

In unserem sehr einfachen Zahlenbeispiel läßt sich die Lösung auf einem **heuristischen** Wege, der die relativen Deckungsspannen benutzt, sehr leicht gewinnen. Tab. 41 zeigt die relativen Deckungsspannen der Produkte, bezogen auf beide Produktionsanlagen.

Tab. 41 Relative Deckungsspannen der Produkte A und B

	d_A	d_B	Differenz
Produktionsanlage I	20	25	− 5
Produktionsanlage II	$26\frac{2}{3}$	$16\frac{2}{3}$	10

Wir nehmen heuristisch an, daß das Produkt A insgesamt profitabler als das Produkt B ist, weil die gesamte Differenz der relativen Deckungsspannen zu seinen Gunsten ausfällt[3].

Produzieren wir die maximale Absatzmenge von 200 ME des Produktes A, verbrauchen wir 800 Minuten von Anlage I und 600 Minuten von Anlage II. Bei der Herstellung von 100 ME des Produktes B stoßen wir bei Anlage I an die Kapazitätsgrenze, während Anlage II noch über 30 ZE verfügt. Wenn jedoch Anlage I bei dieser Produktionsverteilung Engpaß ist, müßte auf Grund der relativen Dekkungsspannen eine größere Menge von Produkt B den Gewinn steigen lassen.

[3] Man beachte das heuristische Vorgehen; es soll nur ein Anhaltspunkt gesucht werden für eine vorläufige Entscheidung zwischen A und B.

Für eine Einheit von A kann man zwei Einheiten von B auf Anlage I fertigen. Das ergibt einen zusätzlichen Gewinn von $-80 + 2 \cdot 50 = +20$ DM pro Stück.

Dieser Austausch kann aber nicht beliebig fortgesetzt werden, weil dadurch jeweils 3 Minuten der Anlage II verbraucht werden. Ihre 30 freien ZE sind erschöpft, wenn wir die Produktion von A um 10 Einheiten reduzieren und gleichzeitig von B 20 Einheiten zusätzlich herstellen. Dann sind beide Kapazitäten ausgelastet und der Gewinn kann nicht mehr gesteigert werden. Das optimale Produktionsprogramm lautet also für unser Beispiel:

$$x_A = 190 \qquad x_B = 120 \qquad \text{Brutto-Gewinn} = 21.200$$

Bei mehreren Produkten und Produktionsanlagen ist diese heuristische Methode zu mühsam. Eine Anwendung der Simplexmethode in Verbindung mit einer EDV-Anlage ist in diesem Fall unumgänglich.

D. Die Wahl zwischen Eigenfertigung und Fremdbezug

Bisher sind wir davon ausgegangen, daß der Industriebetrieb alle abzusetzenden Produkte selbst herstellt. In der Praxis können jedoch auch solche Produkte in das Absatzprogramm aufgenommen werden, die der Betrieb nicht selbst herstellt, sondern von anderen Betrieben bezieht (Fremdbezug). Darüber hinaus kaufen die meisten Industriebetriebe auch Produktteile von anderen Unternehmen. In diesem Abschnitt soll die Frage beantwortet werden, wann sich der Fremdbezug von Produkten und Produktteilen gegenüber der Eigenfertigung lohnt.

I. Keine Beschränkungen der eigenen Produktionskapazität

Wir analysieren die Planungssituation wieder anhand eines Zahlenbeispiels. Ein Produkt kann zum Einstandspreis von 100 DM femdbezogen werden. Die Selbstkosten, die entstehen, wenn das Produkt vom Unternehmen selbst hergestellt wird, enthält Tab. 42:

Tab. 42 Kosten des Produktes bei Eigenfertigung in DM pro Stück

Materialkosten	50
Materialgemeinkosten (10% der Materialkosten)	5
Akkordlöhne	20
Fertigungsgemeinkosten (**davon** 20% variabel)	80
Verwaltungs- und Vertriebskosten	20
Selbstkosten	175

Auf den ersten Blick erscheint es sinnvoll, das Produkt fremd zu beziehen, da der Einstandspreis niedriger ist als die Selbstkosten. Aber auch in dieser Planungssituation dürfen **nur** die Kosten mit dem Einstandspreis verglichen werden, die bei Eigenfertigung zusätzlich anfallen, d.h. die entscheidungsrelevanten variablen Kosten: Materialkosten, Akkordlöhne und 20% der Fertigungsgemeinkosten.

Die Summe dieser variablen Kosten beträgt 86 DM und liegt damit unter dem Einstandspreis bei Fremdbezug. Demzufolge sollte das Produkt selbst gefertigt werden.

II. Eine Produktionsanlage mit beschränkter Kapazität

Betrachtet sei nun der realistische Fall einer beschränkten Produktionskapazität, die in der Planperiode 500 Minuten zur Verfügung steht und fixe Kosten von 10.000 DM aufweist. Auf dieser Produktionsanlage können drei Produkte hergestellt werden. Bei zwei Produkten ist auch ein Fremdbezug möglich. Tab. 43 zeigt die Produktions- und Absatzdaten im einzelnen.

Tab. 43

Produkt	Absatzpreis	maximale Absatzmenge	Variable Kosten		Zeitbedarf [ZE/ME] bei Eigenfertigung
			Eigenfertig.	Fremdbezug	
A	200	100	100	–	4
B	150	100	70	60	3
C	120	100	40	60	2

Das Produkt A kann nicht fremd bezogen werden, die Einstandspreise von B und C sind jeweils 60 DM.

Zunächst können wir feststellen, daß ein Produkt, dessen variable Kosten höher sind als der Einstandspreis bei Fremdbezug, in vollem Umfang fremdbezogen wird. Denn dieses Produkt würde bei Eigenfertigung teurer erstellt werden und darüber hinaus knappe Fertigungszeit verbrauchen.

Aus dieser Erkenntnis kann man jedoch nicht schließen, daß Produkte, deren variable Kosten unter dem Einstandspreis bei Fremdbezug liegen, selbst erstellt werden. Es muß vielmehr geprüft werden, welchen **zusätzlichen** Gewinn die Eigenfertigung gegenüber dem Fremdbezug bringt.

Um dies zu erkennen, errechnen wir die jeweiligen Deckungsspannen sowie die Deckungsspannendifferenzen bei Eigenfertigung im Vergleich zum Fremdbezug. Tab. 44 zeigt die Ergebnisse.

Tab. 44

Produkt	Deckungsspanne		Spannen-differenz	relative Spannen-differenz
	Eigenfertigung	Fremdbezug		
A	100	–	100	25
B	80	90	– 10	–10/3
C	80	60	20	10

Das Produkt B wird vollständig fremd bezogen, da es eine negative Deckungsspannendifferenz (variable Kosten > Einstandspreis) aufweist. Für Produkt C könnte die Deckungsspanne um 20 DM erhöht werden, wenn es selbst erstellt statt fremd bezogen würde; das kostet zwei Minuten der Produktionskapazität.

Die relative Spannendifferenz (Spannendifferenz/Zeitbedarf pro Stück) dient als Auswahlkriterium: Pro Minute Zeitverbrauch kann durch Eigenfertigung von Produkt C die Deckungsspanne um 10 DM erhöht werden (letzte Spalte von Tab. 44). Dieser Betrag muß mit der Spanne von 25 DM pro Minute verglichen werden, die mit Produkt A erwirtschaftet werden kann.

Damit ergibt sich folgende Produktionsplanung: Vom Produkt A mit der höchsten relativen Deckungsspanne wird die maximale Absatzmenge von 100 ME hergestellt. Die restliche Kapazität von 100 Minuten wird dem Produkt C zugewiesen, so daß 50 ME selbst erstellt und 50 ME fremd bezogen werden. Produkt B wird fremd bezogen. Der erzielbare Gewinn bei dieser optimalen Aufteilung beträgt 16.000 DM.

III. Mehrere Produktionsanlagen mit beschränkter Kapazität

Für diese Problemsituation reicht die Deckungsspannenanalyse nicht mehr aus. Wir gehen daher zur linearen Optimierung über und konstruieren ein Modell, in dem auch Produktteile fremd bezogen werden können (Jacob 1983, S. 555ff).

Folgende Symbole werden im Modell benutzt:

p = Verkaufspreis
x = selbsterstellte Menge
c = Zeitverbrauch pro ME
C = Produktionskapazität
a = Anzahl der Teile pro Produkteinheit
q = Einstandspreis bei Fremdbezug
y = fremd bezogene Menge
k = variable Kosten pro ME bei Eigenfertigung
N = maximale Absatzmenge

Indizes:

z = Produkt w = Produktteil i = Produktionsanlage

Die **Zielfunktion** lautet als Gewinnfunktion:

$$\text{Brutto-Gewinn} = \sum_z (x_z + y_z)\,p_z - \sum_z y_z q_z - \sum_z x_z k_z - \sum_{zw} x_{zw} k_{zw} - \sum_{zw} y_{zw} q_{zw} \Rightarrow \text{Max!}$$

Kapazitätsbedingungen

$$\sum_{zw} c_{izw} x_{zw} \leq C_i \qquad (\text{für } i = 1, \ldots, I)$$

Absatzbedingungen

$$x_z + y_z \leq N_z \qquad (\text{für } z = 1, \ldots, Z)$$

Mengenbedingungen

$$a_{zw} x_z = x_{zw} + y_{zw} \qquad (\text{für } z = 1, \ldots, Z \text{ und } w = 1, \ldots, W)$$

Nicht-Negativitätsbedingungen

$$x_{zw} \geq 0,\ y_{zw} \geq 0,\ x_z \geq 0,\ y_z \geq 0 \qquad (\text{für } z = 1, \ldots, Z \text{ und } w = 1, \ldots, W)$$

Mit diesem Modell können die selbst zu fertigenden und fremd zu beziehenden Mengen von Produkten und Produktteilen auf einer EDV-Anlage bestimmt werden. Das Modell enthält alle in diesem Abschnitt erörterten Ansätze als Spezialfälle.

Die Wahl zwischen Eigenfertigung und Fremdbezug beschließt unsere kurzfristige Programmplanung. Steht das Produktionsprogramm fest, so können in der nächsten Stufe des operativen Managements die Entscheidungen über die Materialbereitstellung und die zugehörige Lagerwirtschaft getroffen werden.

8. Kapitel: Materialbereitstellung und Lagerwirtschaft

A. Grundlagen der Lagerwirtschaft

I. Ziele der Lagerpolitik

In den meisten industriellen Unternehmen ist es nicht möglich, den Produktionsprozeß von der Beschaffung über die Herstellung bis zum Absatz der Produkte ohne die Lagerung von Rohstoffen, Halb- und Fertigfabrikaten durchzuführen. Da jede Lagerhaltung Kosten verursacht und Kapital bindet, müssen im Bereich der Lagerwirtschaft ständig operative Entscheidungen getroffen werden, um die zeitliche und örtliche Bereitstellung des Produktionsfaktors „Werkstoffe" zu gewährleisten und gleichzeitig die Lagerwirtschaft an der globalen Zielsetzung des Unternehmens auszurichten.

Bevor aus der Unternehmenszielsetzung konkrete Ziele für die Lagerpolitik abgeleitet werden, sind zunächst einige grundlegende Begriffe zu definieren.

Wir verstehen unter einem **Lagerbestand**

Güter, die noch nicht, vorübergehend nicht oder nicht mehr am Produktionsprozeß teilnehmen (Materialien, Halb- und Fertigfabrikate, Handelswaren).

Aus Vereinfachungsgründen subsumieren wir im folgenden alle Roh-, Hilfs- und Betriebsstoffe sowie Zwischenprodukte, die von anderen Unternehmen bezogen und im eigenen Produktionsprozeß eingesetzt werden, unter den Begriff **Material**, der ursprünglich aus lat. materia = Urstoff, Grundstoff abgeleitet worden ist.

Mit Grochla (1978, S. 13) definieren wir **Material** als Sachgüter, die im Betriebsprozeß eingesetzt werden und damit die Eignung zur weiteren Verwendung verlieren.

Wie oben dargelegt, müssen die konkreten Ziele der Lagerpolitik aus der globalen Unternehmenszielsetzung abgeleitet werden. Auf Grund dieser globalen Zielvorstellungen werden zunächst die Absatz- und Produktionsmengen der einzelnen Produkte geplant. Für die Lagerpolitik gilt – daraus abgeleitet – das primäre Ziel, die Lieferbereitschaft des Unternehmens mengenmäßig und zeitlich zu gewährleisten. Wir nennen dieses Ziel kurz: **Sicherung der Lieferbereitschaft**.

Ein zweites Ziel der Lagerpolitik ergibt sich aus dem ökonomischen Prinzip und auch aus dem Unternehmensziel Gewinnmaximierung. Da im Lagerbereich keine Erträge anfallen, sind die lagerpolitischen Entscheidungen so zu treffen, daß die Beschaffungs- und Lager**kosten** des Materials für das vorgegebene Produktions- und Absatzvolumen minimiert werden[4]. Wir nennen dieses Ziel kurz: **Minimierung der Beschaffungs- und Lagerkosten.**

---

[4] Dieses nur den Beschaffungs- und Lagerbereich betreffende „Subziel" vernachlässigt die Interdependenzen zu anderen Unternehmensbereichen und kann daher mit dem Globalziel „Gewinnmaximierung" durchaus in Konflikt stehen. Dies ist jedoch bei sukzessiver praxisnaher Planung unvermeidlich.

Neben diesen beiden wichtigen Zielen der Lagerpolitik kann es bei manchen Unternehmen noch das **Spekulationsziel** geben. Dabei versucht man, die Preisveränderungen auf den Beschaffungsmärkten für Spekulationsgewinne auszunutzen. Wegen der erheblichen Risiken – insbesondere auf den internationalen Rohstoffmärkten – ist das Spekulationsziel jedoch für viele Unternehmen nicht angebracht.

II. Kosten der Lagerhaltung

Geht man von der Zielsetzung Kostenminimierung im Beschaffungs- und Lagerbereich aus, so sind zunächst die Kosten der Lagerhaltung im einzelnen zu erfassen und auf ihren lagerbestandsfixen oder -variablen Charakter zu untersuchen.

Folgende wichtige Kostenarten der Lagerhaltung sind zu unterscheiden (Mellerowicz Bd. II 1981, S. 180f):

a) Raumkosten

Sie umfassen im wesentlichen

- Abschreibungen auf Lagergebäude und Inventar,
- Verzinsung für das in Lagergebäuden und Inventar investierte Kapital,
- Versicherungen gegen Feuer und Diebstahl,
- Heizungs- bzw. Kühlungs- und Beleuchtungskosten,
- Instandhaltungskosten.

b) Lagerbestandskosten

- Zinsen für das in den Beständen gebundene Kapital,
- Versicherung der Bestände,
- Verderb, Schwund und Güteminderung der Bestände.

c) Güterbehandlungskosten

- Transport der Gütermengen,
- Pflege der Bestände.

d) Personalkosten für die Lagerverwaltung

Die Raumkosten sind vollständig unabhängig von den Bestandsmengen, also in unserer Betrachtung bestandsfix, während die Lagerbestandskosten und die Güterbehandlungskosten im großen und ganzen variablen Charakter haben. Demgegenüber sind die Personalkosten der Lagerverwaltung überwiegend bestandsfix.

Nach der Erörterung der Lagerkostenarten ist nun der Materialbedarf zu analysieren, da eine genaue Schätzung des Materialbedarfs Voraussetzung für eine optimale Bestell- und Lagerpolitik ist.

B. Die Ermittlung des Materialbedarfs

I. Die Struktur des Materialverbrauchs (ABC-Analyse)

In modernen Industriebetrieben werden sehr viele verschiedene Materialarten zur Produktion benötigt. Es ist keine Seltenheit, daß mehr als tausend verschiedene Bauteile, die in die Endprodukte eingehen, beschafft und gelagert werden müssen.

Da eine detaillierte Planung der Bedarfsmengen aller benötigten Materialien zu viel Zeitaufwand und Kosten verursachen würde, ist man in der Praxis dazu übergegangen, nur den Bedarf der Materialien mit **hohem Verbrauchswert** (gemessen in DM pro Jahr) detailliert anhand von Stücklisten zu planen und sich bei den geringerwertigen Materialien mit der Extrapolation der gegenwärtigen Bedarfsmengen zu begnügen.

Zumeist werden die Materialien in drei **Verbrauchsgruppen** eingeteilt:

Gruppe A:	hoher Verbrauchswert	(DM/Jahr)
Gruppe B:	mittlerer Verbrauchswert	(DM/Jahr)
Gruppe C:	niedriger Verbrauchswert	(DM/Jahr)

Die nach dieser Einteilung benannte ABC-Analyse (Taff 1968, S. 108ff) sei an einem Beispiel erläutert.

Wir betrachten vier Materialarten, deren Verbrauchswerte in Tab. 45 wiedergegeben sind.

Tab. 45 Daten des Beispiels zur ABC-Analyse

Materialart	Verbrauch (ME/Jahr)	Verbrauchswert (DM/Jahr)	Wertanteil in%	Rangziffer
1	10.000	2.000	1,9	4
2	500	50.000	46,7	1
3	1.000	15.000	14,0	3
4	100	40.000	37,4	2

Aus Tab. 45 entwickeln wir durch Kumulierung der Wertanteile und Ordnung der Materialarten nach ihrer Bedeutung (Rangziffer) die Tab. 46, mit der die Materialarten in die Verbrauchsgruppen eingeordnet werden können. Dabei ist eine gewisse Willkür in der Abgrenzung der Gruppen nicht zu vermeiden.

Tab. 46 Gruppierung der Materialarten bei der ABC-Analyse

Materialart	Rangziffer	kumulierter Wertanteil in %	Gruppe	Wertanteil je Gruppe in %
2	1	46,7	A	84,1
4	2	84,1	A	
3	3	98,1	B	14,0
1	4	100,0	C	1,9

Aus Tab. 46 geht hervor, daß die 600 ME der Materialarten 2 und 4 84% des Materialwertes und die 11.000 ME der restlichen Materialien nur 16% des Materialverbrauchswertes darstellen. Es genügt daher, nur den Bedarf der Materialien 2 und 4 detailliert zu planen, um Verwaltungskosten einzusparen. Beide Materialarten werden der Gruppe A zugeordnet.

In der Praxis plant man meistens die A- und B-Materialien im einzelnen mit Stücklistenauflösung und die C-Materialien durch Extrapolation der Vergangenheitswerte (gleitende Durchschnittsbildung). Dies ist Gegenstand des nächsten Abschnitts.

II. Die Prognose des Materialbedarfs

a) Stücklistenanalyse mit dem Gozinto-Verfahren

Ist die Anzahl der Fertigerzeugnisse, die ein Industriebetrieb pro Periode herstellt, genau bekannt (z.B. bei Auftragsfertigung) oder relativ gut prognostizierbar (sorgfältige Absatzprognose), dann kann die Anzahl der benötigten Bauteile und Baugruppen durch **Stücklistenauflösung** bestimmt werden.

In der Praxis sehr bekannt geworden ist das Gozinto-Verfahren von Vazsonyi (1962). Der Name rührt von dem scherzhaften Hinweis Vazsonyis her, der italienische Mathematiker Zeparzat Gozinto habe das Verfahren erfunden. Im Namen des nicht existenten Mathematikers spiegelt sich der englische Ausdruck „the part that goes into" wider, der sich auf die Integration von Bauteilen zu Baugruppen bezieht.

Wir erläutern das Verfahren zunächst anhand des Gozinto-Graphen, um dann auf die für umfangreiche Produktionsprozesse notwendige Matrizendarstellung überzugehen.

1. Der Gozinto-Graph

Ein Fertigprodukt F wird aus drei Baugruppen (B1, B2, B3) montiert, die ihrerseits aus den beiden Einzelteilen E1 und E2 zusammengesetzt sind. Der durch den Gozinto-Graphen der Abb. 29 dargestellte Produktionsprozeß enthält die Teile als Knoten, während die Kanten (Pfeile) die Produktionsrichtung angeben. An jeden Pfeil wird die Anzahl der Teile des Ausgangsknotens geschrieben, die pro Einheit des Teils am Zielknoten benötigt werden.

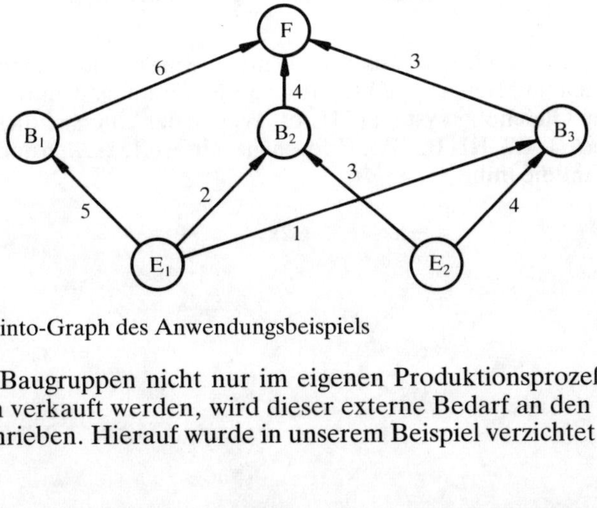

Abb. 29 Gozinto-Graph des Anwendungsbeispiels

Wenn die Baugruppen nicht nur im eigenen Produktionsprozeß verwendet, sondern auch verkauft werden, wird dieser externe Bedarf an den betreffenden Knoten geschrieben. Hierauf wurde in unserem Beispiel verzichtet.

Nun ist die Frage zu beantworten, wieviele Einzelteile und Baugruppen benötigt werden, um eine Einheit des Fertigproduktes zu erzeugen.

Hierzu entwickeln wir aus dem Gozinto-Graphen sukzessive ein Gleichungssystem, das aus fünf Gleichungen und sechs Variablen besteht (x = Menge):

$$x_{B1} = 6x_F \qquad x_{B2} = 4x_F \qquad x_{B3} = 3x_F$$

$$x_{E1} = 5x_{B1} + 2x_{B2} + x_{B3}$$

$$x_{E2} = 3x_{B2} + 4x_{B3}$$

Dieses zunächst unterbestimmte Gleichungssystem können wir durch Vorgabe der gewünschten Menge x_F lösen. Für $x_F = 1$ erhält man das Ergebnis

$$x_{B1} = 6 \qquad x_{B2} = 4 \qquad x_{B3} = 3 \qquad x_{E1} = 41 \qquad x_{E2} = 24.$$

2. Matrizendarstellung

Bei umfangreichen Produktionsprozessen ist der Gozinto-Graph zu unübersichtlich und zu mühsam in der Auswertung. Man geht dann zweckmäßigerweise zur Matrizenrechnung über, was wir anhand unseres Beispiels zeigen.

Zunächst wird der Gozinto-Graph in die **Direktbedarfsmatrix** mit dem Rang n (n = Anzahl der Knoten) überführt, die in Tab. 47 wiedergegeben ist.

Tab. 47 Direktbedarfsmatrix **D** [in ME] des Beispiels

Einsatz in / Einsatz von	E1	E2	B1	B2	B3	F
E1	0	0	5	2	1	0
E2	0	0	0	3	4	0
B1	0	0	0	0	0	6
B2	0	0	0	0	0	4
B3	0	0	0	0	0	3
F	0	0	0	0	0	0

Außer dem direkten Bedarf aus Tab. 47 möchte man jedoch auch den Gesamtbedarf an Teilen und Baugruppen sowie ihre Verwendungsstruktur wissen. Dazu gehen wir vom Gleichungssystem (74) aus. Wegen der Übersichtlichkeit ersetzen wir die Indizes E1, E2, B1, B2, B3, F durch die Ziffern 1, 2, …, 6 und schreiben alle Variablen auf die linke Seite:

$$\begin{array}{lcccccccl}
& x_1 & & -5x_3 & -2x_4 & -\ x_5 & & = 0 \\
& & x_2 & & -3x_4 & -4x_5 & & = 0 \\
(74) & & & x_3 & & & -6x_6 & = 0 \\
& & & & x_4 & & -4x_6 & = 0 \\
& & & & & x_5 & -3x_6 & = 0 \\
& & & & & & x_6 & = 1
\end{array}$$

Die Koeffizienten der linken Seite des Gleichungssystems sind die gleichen, die man durch Subtraktion der Direktbedarfsmatrix **D** von der Einheitsmatrix **E** erhält, so daß wir (74) in Matrizenform schreiben können[5]:

(75) $(\mathbf{E} - \mathbf{D})\,\mathbf{x} = \mathbf{b}$

wobei $\mathbf{b}^T = (0, 0, 0, 0, 0, 1)$ gesetzt ist[6].

Man ermittelt die von uns schon gefundene Lösung allgemein durch Inversion der Matrix $(\mathbf{E} - \mathbf{D})$, deren letzte Spalte durch die Multiplikation mit **b** als Lösungsvektor bestimmt wird.

(76) $\mathbf{x} = (\mathbf{E} - \mathbf{D})^{-1} \cdot \mathbf{b}$

Der Vektor **x** gibt die Mengen aller Einzelteile und Baugruppen an, die für eine Einheit des Fertigprodukts verbraucht werden .Möchte man darüber hinaus z.B. wissen, wieviele ME des Einzelteils E1 für die Baugruppe B2 verbraucht werden, so ist der Vektor **x** zu einer Matrix **X** zu erweitern und gleichzeitig der Vektor **b**, der die letzte Spalte der Einheitsmatrix **E** darstellt, durch diese zu ersetzen.

(77) $$\mathbf{X} = \begin{pmatrix} x_{11}\ x_{12} \ldots x_{16} \\ x_{21}\ x_{22} \ldots x_{26} \\ . \quad . \quad . \\ . \quad . \quad . \\ x_{61}\ x_{62} \ldots x_{66} \end{pmatrix}$$

x_{14} ist nun die Menge von E1, die in Baugruppe B2 eingeht, und der Lösungsvektor (76) besteht jetzt aus den Matrixelementen $x_{16}, x_{26}, \ldots, x_{66}$.

Die Bestimmungsgleichung des Teilbedarfs für alle Verwendungen auf den einzelnen Produktionsstufen läßt sich danach wie folgt schreiben:

(78) $(\mathbf{E} - \mathbf{D})\,\mathbf{X} = \mathbf{E}$

oder nach der Inversion von $(\mathbf{E} - \mathbf{D})$

(79) $\mathbf{X} = (\mathbf{E} - \mathbf{D})^{-1}$.

X wird auch als Gesamtbedarfsmatrix bezeichnet und hat für das Beispiel folgende Gestalt (Tab. 48):

Tab. 48 Gesamtbedarfsmatrix **X** [in ME] des Beispiels

Einsatz von \ Einsatz in	1 E1	2 E2	3 B1	4 B2	5 B3	6 F
1 E1	1	0	5	2	1	41
2 E2	0	1	0	3	4	24
3 B1	0	0	1	0	0	6
4 B2	0	0	0	1	0	4
5 B3	0	0	0	0	1	3
6 F	0	0	0	0	0	1

5 Wir bezeichnen Matrizen mit großen und Vektoren mit kleinen Buchstaben, beide in Fettdruck.

6 Der Hochindex T ist hier das Symbol für einen Zeilenvektor; bei Matrizen bedeutet er die Transponierung der Matrix.

Da die Elemente der Hauptdiagonalen fiktiven Charakter haben („Einsatz von einer ME E1 für eine ME E1"), kann man von der Gesamtbedarfsmatrix noch die Einheitsmatrix subtrahieren und erhält so die **Mengenübersichtsmatrix**, auf deren Wiedergabe hier verzichtet sei.

Die **Spalten** der Gesamtbedarfsmatrix können als **Stücklisten** interpretiert werden; z.B. benötigt man für eine ME der Baugruppe B3 eine ME von E1 und vier ME von E2.

Die **Zeilen** der Matrix dienen als **Teileverwendungsnachweise**. So ist z.B. das Teil E2 mit drei ME in B2, mit vier ME in B3 und mit 24 ME im Fertigprodukt F enthalten.

Bei größeren Produktionsprozessen sind die Matrizen entsprechend umfangreicher und die Stücklistenauflösung ist nur mit EDV-Unterstützung möglich.

In gleicher Weise wird nun der Materialbedarf aller Materialarten der Gruppen A und B auf der Basis der geplanten Absatzmengen der Fertigprodukte durch Stücklistenauflösung bestimmt.

Für die Materialien der Gruppe C verwendet man demgegenüber die nachstehenden einfacheren Prognosemethoden.

b) Stochastische Materialbedarfsprognosen

Infolge des hohen Detaillierungsgrades und des erheblichen Rechenaufwandes bei der Inversion großer Matrizen wird der Bedarf der weniger wertvollen Materialien (Gruppe C) in der Praxis meist aus Vergangenheitsdaten geschätzt.

Für diese Prognosen können alle in Abschnitt A. des 7. Kapitels (S. 134ff) erläuterten kurzfristigen Prognoseverfahren Exponentielle Glättung, Saisonverfahren, Trendextrapolation und Multiple Regression verwendet werden, auf die hier nicht noch einmal eingegangen wird.

Es sei nur noch kurz auf das einfachste und bei Materialbedarfsprognosen weit verbreitete Verfahren der **gleitenden Durchschnitte** hingewiesen.

Man prognostiziert den Materialbedarf der Periode t + 1 mit Hilfe des arithmetischen Mittels der effektiven Materialbeschaffung (x) aus den letzten n Perioden, wobei n frei wählbar ist.

$$(80) \qquad \hat{x}_{t+1} = (x_t + x_{t-1} + \ldots + x_{t-(n-1)})/n$$

Man kann die Gleichung komprimieren, wenn man rekursiv verfährt und die Prognose für die Periode t ($\hat{x}_t$) auch als gleitenden Durchschnitt ausdrückt und in (80) einsetzt.

$$(81) \qquad \hat{x}_{t+1} = \hat{x}_t + \frac{x_t - x_{t-n}}{n}$$

Aus dieser Gleichung geht hervor, daß der neue Prognosewert aus dem vorhergehenden besteht, korrigiert um die mit 1/n gewichtete Differenz aus neuestem und ältestem Beobachtungswert.

Nimmt man an, daß der älteste Beobachtungswert x_{t-n} ungefähr dem Prognosewert $\hat{x}_t$ gleich ist, ergibt sich **formal** der Übergang zur exponentiellen Glättung:

$$(82) \qquad \hat{x}_{t+1} = \frac{n\hat{x}_t + x_t - \hat{x}_t}{n} = (1 - \frac{1}{n})\hat{x}_t + \frac{1}{n}x_t \qquad (\text{für } \hat{x}_t = x_{t-n})$$

mit $\alpha = 1/n$.

Die Prognosegenauigkeit dieses einfachen Verfahrens der gleitenden Durchschnitte ist nicht sehr groß. Darüber hinaus muß die Beobachtungsreihe **stationär** sein und die Zeitstabilitätshypothese uneingeschränkt gelten. (Vgl. zu weiteren Einzelheiten Hansmann 1983, S. 11 und S. 27ff)

Damit ist die Prognose des Materialbedarfs abgeschlossen. Wir sind nunmehr in der Lage, die Entscheidungen über die Beschaffung und Lagerhaltung der Materialien zieladäquat treffen zu können.

C. Optimale Bestellpolitik

I. Das Grundmodell der kostenminimalen Bestellmenge

Nachdem der Industriebetrieb mit den Methoden der Materialbedarfsprognose des vorigen Abschnitts seinen Materialbedarf pro Periode (Monat, Quartal bzw. Jahr) bestimmt hat, ergibt sich das Problem, in welcher zeitlichen Verteilung dieser Bedarf durch Bestellungen bei den Lieferanten zu decken ist. Es muß ermittelt werden, ob eine einmalige Bestellung der gesamten Bedarfsmenge oder mehrere über die Planungsperiode verteilte Bestellungen geringerer Mengen für das Unternehmen günstiger ist.

In Abschnitt A. (S. 148) war als Ziel der Lagerpolitik neben der ständigen Lieferbereitschaft, die durch eine sorgfältige Bedarfsprognose gewährleistet werden muß, die Minimierung der Beschaffungs- und Lagerkosten abgeleitet worden. Diese Kosten sind zunächst auf ihre Abhängigkeit von der **Bestellhäufigkeit** zu untersuchen.

- Bei jeder Bestellung treten Bestellkosten auf, die nicht von der Höhe der gelieferten Menge abhängen, z.B. die Kosten des Einkaufs, der Warenannahme, der Rechnungsprüfung, sowie Porto und Telefonkosten. Wir bezeichnen sie als **fixe Bestellkosten** pro Bestellung. Die gesamten Bestellkosten der Planperiode steigen mit zunehmender Bestellhäufigkeit.
- Demgegenüber sinken die **bestandsvariablen Lagerkosten** pro Periode bei häufigeren Bestellungen, da die zu lagernde Menge kleiner wird.

Diese beiden gegenläufigen Kostentendenzen gilt es durch die Optimierung auszugleichen. Wir vermuten, daß die hier betrachteten Bestell- und Lagerkosten bei einer Bestellhäufigkeit ihr Minimum annehmen, die zwischen den extremen Alternativen: „eine Bestellung“ und „sehr viele Bestellungen“ während der Planperiode liegt.

Unter bestimmten Annahmen, die in der Realität nicht immer gegeben sind, kann man diese Vermutung quantitativ nachprüfen.

Wir verwenden folgende Symbole:

B = prognostizierter Bedarf an Material pro Jahr [ME/ZE]
A = fixeBestellkosten pro Bestellung [GE]
p = Einstandspreis einer Einheit des Materials [GE/ME]

z = bestandsvariabler Lagerkostensatz in % des durchschnittlichen Lagerwertes pro Jahr [1/ZE]
K_B = Bestellkosten pro Jahr [GE/ZE]
K_L = Lagerkosten pro Jahr [GE/ZE]
x = Bestellmenge pro Bestellung [ME]
y = Bestellhäufigkeit pro Jahr [1/ZE]

Die Bestellmenge ist mit der Bestellhäufigkeit reziprok verknüpft

(83) $$y = \frac{B}{x} \quad [1/ZE],$$

so daß wir die Kostenfunktionen wahlweise mit den Variablen x oder y formulieren können.

Die Bestellkosten pro Jahr ergeben sich durch Multiplikation der Bestellkosten pro Bestellung mit der Bestellhäufigkeit

(84) $$K_B = A \cdot y = \frac{A \cdot B}{x} \quad [GE/ZE].$$

Für die Lagerkosten müssen wir eine Annahme über den zeitlichen Verlauf des Lagerzu- und abgangs machen. In Übereinstimmung mit der Praxis unterstellen wir, daß der Lagerbestand bei Eintreffen der Materiallieferung gleich der Bestellmenge ist und anschließend **linear** durch die Produktion auf Null ME abgebaut wird, bevor die nächste Lieferung eintrifft. Abb. 30 zeigt diese Lagerentwicklung.

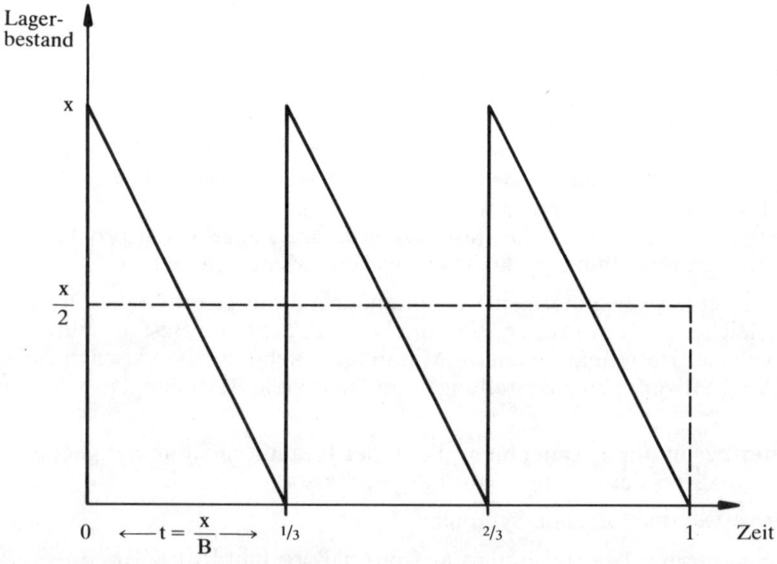

Abb. 30 Entwicklung des Lagerbestandes bei linearem Lagerabbau

Der durchschnittliche Lagerbestand ist bei diesem linearen Lagerabbau gleich der halben Bestellmenge (Flächengleichheit der drei Dreiecke mit dem gestrichelten Rechteck in Abb. 30).

Die Lagerkosten pro Jahr ergeben sich nun durch Multiplikation des Einstandspreises (Lagerwert pro Stück) mit dem durchschnittlichen Lagerbestand und dem Lagerkostensatz:

$$(85) \qquad K_L = \frac{x}{2} \cdot p \cdot z \qquad [GE/ZE]$$

In diesen Lagerkosten sind nur die **bestandsvariablen** Anteile wie z.B. Verzinsung und Versicherung der Bestände, Verderb, Schwund und Transportkosten der Gütermengen enthalten (vgl. Abschnitt A. II., S. 149), da die fixen Lagerkosten (insbesondere Raum- und Personalkosten) unabhängig von der Bestellhäufigkeit sind.

Wir fassen nun (84) und (85) zu unserer Zielfunktion zusammen

$$(86) \qquad K_B + K_L = A \cdot \frac{B}{x} + \frac{x}{2} \cdot p \cdot z \qquad \Rightarrow \text{Min!}$$

Da keine Nebenbedingungen zu berücksichtigen sind, setzen wir die 1. Ableitung von (86) nach x gleich Null und prüfen, ob die 2. Ableitung positiv ausfällt.

$$(87) \qquad \frac{d(K_B + K_L)}{dx} = -\frac{AB}{x^2} + \frac{pz}{2} = 0$$

$$(88) \qquad \frac{d^2(K_B + K_L)}{dx^2} = \frac{2AB}{x^3} > 0 \qquad \text{für } x > 0$$

Da die 2. Ableitung für positive Bestellmengen ebenfalls positiv ist, liegt tatsächlich an der Stelle x_{opt} ein Minimum vor, das wir aus (87) gewinnen:

$$(89) \qquad x_{opt} = \sqrt{\frac{2AB}{pz}} \qquad [ME]$$

Diese Gleichung stellt die klassische Formel für die **optimale Bestellmenge** dar, die bereits 1915 von Harris im Rahmen der Losgrößenplanung entwickelt wurde und von Stefanic-Allmayer (1927) und Andler (1929) auf die Bestellmengenplanung übertragen worden ist.

Die Bestellhäufigkeit ergibt sich aus der optimalen Bestellmenge gemäß (83) zu

$$(90) \qquad y_{opt} = \frac{B}{x_{opt}} \qquad [ZE^{-1}].$$

Die klassische Bestellmengenformel soll nun auf ein Zahlenbeispiel angewendet werden, um die Kostenverläufe auch graphisch sichtbar machen zu können.

Beispiel:

Der Jahresbedarf eines Materials beträgt 1300 ME. Die fixen Bestellkosten sind 5 DM pro Bestellung, der Einstandspreis beläuft sich auf 6,50 DM und der Lagerkostensatz beträgt 20%. Die Kostenfunktionen K_B (x) und K_L (x) lauten also:

$$K_B(x) = \frac{6500}{x} \qquad K_L(x) = 0{,}65x$$

Daraus errechnen wir eine optimale Bestellmenge von 100 ME. Abb. 31a zeigt den Verlauf der Kostenfunktionen.

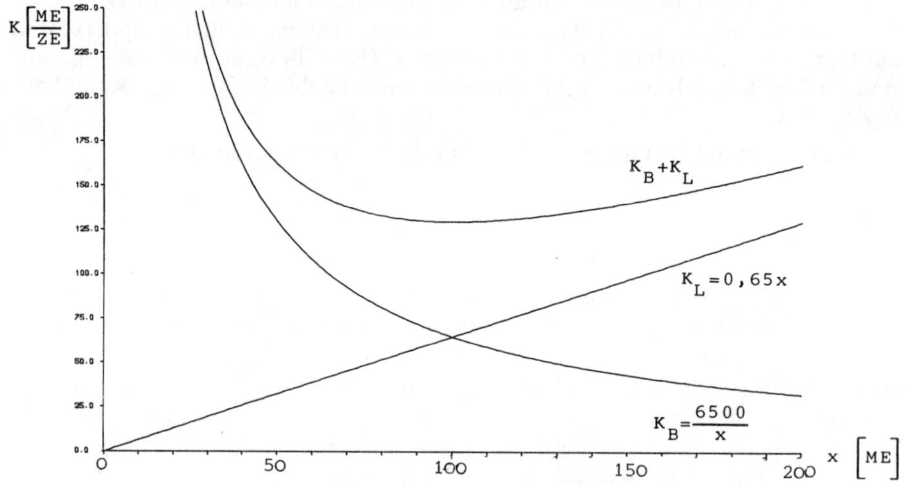

Abb. 31a Bestell-, Lager- und Gesamtkostenfunktionen für die Bestellplanung

Das Modell der optimalen Bestellmenge wird in der industriellen Praxis häufig angewendet und ist in vielen EDV-Programmen zur Material- und Lagerplanung enthalten. Daher ist es von erheblicher Bedeutung, sich der einschränkenden Prämissen des Modells stets bewußt zu sein:

1. Es werden keine **Restriktionen**, wie z.B. eine beschränkte Lagerkapazität oder Liquidität, berücksichtigt.
2. Erzielbare **Mengenrabatte** bei der Bestellung sind nicht vorgesehen.
3. Fehlmengen durch Lieferverzögerungen und stochastisch schwankenden Absatz dürfen nicht vorkommen. Das Modell enthält keinen **Sicherheitsbestand**.
4. Ein **nicht-linearer** Lagerabbau ist nicht möglich.
5. Die **Prognose** des jährlichen Materialbedarfs kann mit großer Unsicherheit behaftet sein.
6. Die **Ganzzahligkeit** der Bestellhäufigkeit $y = \frac{B}{x}$ kann vom Modell nicht erzwungen werden.

Die Einwände 1. bis 3. werden durch Erweiterungen des Grundmodells in den nächsten Abschnitten behoben. Die Punkte 4. und 6. sind durch Anwendung der Integralrechnung und der ganzzahligen Optimierung in den Griff zu bekommen, während Punkt 5. von prinzipieller Natur ist. Das Grundmodell der optimalen Bestellmenge ist also nur als erste Annäherung an die Wirklichkeit anzusehen.

II. Erweiterungen des Grundmodells

a) Einbeziehung von Lager- und Finanzrestriktionen

In der Praxis ist gelegentlich die räumliche Kapazität des Materiallagers nicht groß genug, um die optimale Bestellmenge aufzunehmen (vgl. Zoller 1982). In solchen Fällen muß die Zielfunktion (86) um die Nebenbedingung

(91) $x \leq Kap$ [ME]

ergänzt werden. Falls die optimale Bestellmenge größer ist als Kap, wird genau x = Kap bestellt.

Eine weitere Restriktion kann sich durch beschränkte Finanzmittel ergeben. So ist es z.B. möglich, daß aus Gründen der Liquidität das durchschnittlich im Lager gebundene Kapital eine bestimmte Grenze F nicht überschreiten darf:

(92) $\frac{x}{2} p \leq F$ [GE]

Zur Illustration erweitern wir unser Anwendungsbeispiel durch die Angaben, daß die Lagerkapazität 90 ME beträgt und das durchschnittlich im Lager gebundene Kapital 260 GE nicht überschreiten darf. Aus (92) sieht man, daß die letzte Bedingung schärfer ist, weil nur maximal 80 ME pro Bestellung beschafft werden dürfen.

Will man wissen, um wieviel GE die Kosten durch eine höhere Bestellmenge gesenkt werden könnten, empfiehlt sich die Anwendung der Multiplikatorenmethode von Lagrange (Müller-Merbach, Operations Research, 3. Aufl., S. 65ff).

Die strikt erfüllte Nebenbedingung (92) wird an die Zielfunktion mit dem Parameter λ angeschlossen:

(93) $L = \frac{A \cdot B}{x} + \frac{x p z}{2} + \lambda \left(\frac{x p}{2} - F \right)$

Die ersten partiellen Ableitungen der Funktion L nach x und λ ergeben zwei Bestimmungsgleichungen, aus denen der Wert für λ entnommen werden kann. Setzt man die Daten unseres Beispiels ein, dann ergibt sich folgendes Gleichungssystem:

(94a) $\frac{\partial L}{\partial x} = -\frac{6500}{x^2} + 0{,}65 + 3{,}25\lambda = 0$

(94b) $\frac{\partial L}{\partial \lambda} = 3{,}25x - 260 = 0$

Die Lösung lautet x = 80 λ = 0,1125.

Die Kosten könnten also um 0,11 DM gesenkt werden, wenn das durchschnittlich im Lager gebundene Kapital um eine GE und damit die Bestellmenge um etwa 0,3 ME höher sein dürfte.

Komplexe Modelle, die außer den Lager- und Finanzrestriktionen auch personelle Nebenbedingungen berücksichtigen, sind von Zoller entwickelt worden (vgl. Zoller 1980).

b) Berücksichtigung von Mengenrabatten

In der Praxis kommt es zuweilen vor, daß der Lieferant bei Bezug einer bestimmten Mindestmenge einen Rabatt auf den Verkaufspreis seiner Ware gewährt. Wir bezeichnen diese Menge als Rabattgrenze r. Ist die Bestellmenge kleiner als die Rabattgrenze, so gilt der Preis p_1, im anderen Fall wird für die gesamte Menge der Preis p_2 berechnet, wobei $p_1 > p_2$ ist.

Durch die Rabattgewährung sind die Materialkosten pro Jahr $(B \cdot p)$ von der Bestellmenge abhängig, da der Preis p jetzt eine Funktion von x ist. Sie müssen daher in den Kostenfunktionen berücksichtigt werden. Durch die Rabattgrenze r wird die Lösungsmenge für x in zwei disjunkte Teilmengen aufgespalten, denen folgende Kostenfunktionen zugeordnet werden können:

(95) $$K_1 = \frac{AB}{x_1} + Bp_1 + \frac{x_1 p_1 z}{2} \qquad (\text{für } x_1 < r)$$

(96) $$K_2 = \frac{AB}{x_2} + Bp_2 + \frac{x_2 p_2 z}{2} \qquad (\text{für } x_2 \geq r)$$

Die Suche nach der optimalen Bestellmenge wird nun zunächst in zwei Bereichen durchgeführt. Im ersten Bereich $x < r$ liegt ein lokales Minimum im Innern, das wir x_{1opt} nennen.

Im zweiten Bereich $x \geq r$ kann das lokale Minimum x_{2opt} im Innern oder genau an der Rabattgrenze r liegen. Das kleinere der beiden lokalen Minima (x_{1opt}, x_{2opt}) ist das **globale** Minimum und damit die optimale Bestellmenge bei Rabattgewährung. Dieser Gedankengang muß nun operationalisiert werden.

Für jede Bestellmenge x_0 gilt nach (95) und (96) – ungeachtet ihrer Zulässigkeit –

(97) $$K_1(x_0) > K_2(x_0).$$

Daraus folgen die Ungleichungen

(98) $$K_1(x_{1opt}) > K_2(x_{1opt}) > K_2\,(x_{2opt}),$$

da x_{2opt} das lokale Minimum der Kostenfunktion K_2 ist.

Aus diesen Ungleichungen leiten wir folgende **Regeln** zur Berechnung der optimalen Bestellmenge ab:

1. Errechne x_{2opt} durch Minimierung von K_2. Gilt $x_{2opt} \geq r$, so ist x_{2opt} die optimale Bestellmenge.
2. Gilt $x_{2opt} < r$, dann ist x_{2opt} unzulässig. Errechne x_{1opt} durch Minimierung von K_1.
3. Vergleiche $K_1(x_{1opt})$ mit $K_2(r)$. Gilt $K_1(x_{1opt}) > K_2(r)$, so ist r die optimale Bestellmenge, im anderen Fall ist x_{1opt} die optimale Bestellmenge.

Wir wollen nun die Anwendung dieser Regeln an unserem Beispiel verdeutlichen. Neben den bekannten Daten $B = 1300$, $A = 5$, $z = 0{,}2$ und $p = 6{,}50$ legen wir nun fest, daß das Unternehmen 10% Rabatt auf den Einstandspreis erhält, wenn mindestens 120 ME pro Bestellung abgenommen werden. Damit ergibt sich ein Einstandspreis $p_2 = 5{,}85$ für $x \geq 120$.

Die beiden Kostenfunktionen lauten:

$$(99) \qquad K_1 = \frac{6500}{x_1} + 8450 + 0{,}65\,x_1 \qquad (\text{für } x_1 < 120)$$

$$(100) \qquad K_2 = \frac{6500}{x_2} + 7605 + 0{,}585\,x_2 \qquad (\text{für } x_2 \geq 120)$$

Nach Regel 1 ergibt sich:

$$x_{2opt} = \sqrt{\frac{13000}{1{,}17}} = 105{,}4$$

Dieser Wert ist jedoch **kleiner** als die Rabattgrenze und damit unzulässig, da bei dieser Menge kein Rabatt gewährt wird. Nach Regel 2 ist deshalb x_{1opt} zu berechnen.

$$x_{1opt} = \sqrt{\frac{13000}{1{,}3}} = 100$$

Gemäß Regel 3 vergleichen wir $K_1\ (x_1 = 100)$ mit $K_2\ (x_2 = 120)$.

$$K_1(x_1 = 100) = 65 + 8450 + 65 = 8580$$
$$K_2(x_2 = 120) = 54{,}17 + 7605 + 70{,}2 = 7729{,}37$$

Die **optimale Bestellmenge** beträgt also 120 ME und der Rabatt wird in Anspruch genommen. Abb. 31b zeigt die Kostenfunktionen und die beiden lokalen Minima.

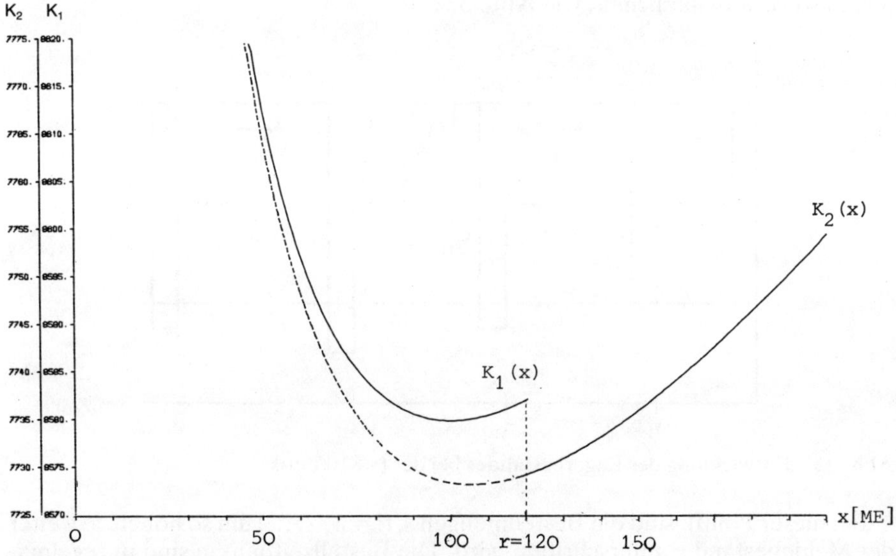

Abb. 31b Optimale Bestellmenge bei Rabattgewährung

Sind mehrere Rabattgrenzen gegeben, z.B. 10% Rabatt ab 120 ME und 15% Rabatt ab 200 ME, so läßt sich die optimale Bestellmenge auf dem gleichen Weg errechnen wie hier beschrieben.

Man ermittelt für jeden der drei Bereiche $x < 120$, $120 \leq x < 200$ und $x \geq 200$ das lokale Minimum und vergleicht diese Minima miteinander. Zweckmäßigerweise ist dabei wieder mit dem Bereich zu beginnen, dem der kleinste Einstandspreis entspricht.

Bisher haben wir in das Modell der optimalen Bestellmenge Restriktionen und Mengenrabatte integriert. Ein weiterer Einwand gegen das Grundmodell war sein deterministischer Charakter (vgl. S. 158); es konnte auf einen Sicherheitsbestand verzichtet werden, da keine unvorhergesehenen Lieferverzögerungen zu befürchten waren. Im nächsten Abschnitt wird diese Einschränkung aufgehoben.

D. Lagerhaltungssysteme

Es gibt in der Literatur verschiedene stochastische Lagerhaltungssysteme, die auf statistischem Wege einen Sicherheitsbestand bei der Bestellpolitik berücksichtigen. Daneben existieren in der Praxis einfache Strategien der Lagerpolitik, die die Unsicherheit auf heuristische Weise angehen. Wir werden beide Ansätze im folgenden analysieren.

I. Einfache Bestellstrategien bei Unsicherheit

a) Die (s, S)-Politik

Sie besteht in folgendem Vorgehen: Der Lagerbestand wird nach jeder Entnahme überprüft. Ist er unter den Meldebestand s gesunken, so wird eine Bestellung ausgelöst, die das Lager auf den Sollbestand S auffüllt. Diese Politik läßt sich graphisch so veranschaulichen, wie Abb. 32 zeigt.

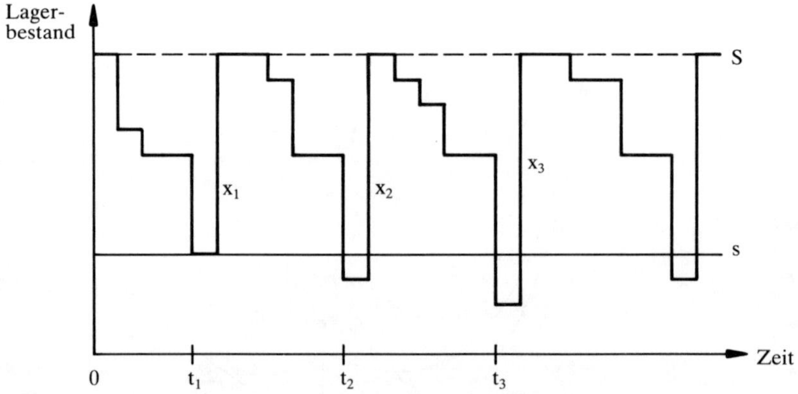

Abb. 32 Entwicklung des Lagerbestandes bei der (s,S)-Politik

Bei dieser Politik sind die Bestellmengen x_i ($i = 1, 2, \ldots$) um so höher, je weiter der Meldebestand s unterschritten wird. Die Bestellzeitpunkte sind unregelmäßig verteilt, da nichtlinearer Lagerabbau zugelassen ist.

b) Die (s, x)-Politik

Diese Politik hat folgende Merkmale: Der Lagerbestand wird nach jeder Entnahme überprüft. Ist der Meldebestand s unterschritten, so wird die konstante Menge x bestellt. Abb. 33 zeigt eine mögliche Lagerentwicklung.

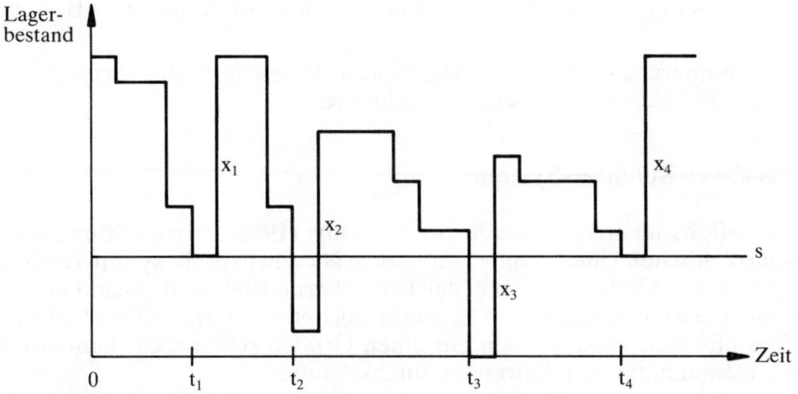

Abb. 33 Entwicklung des Lagerbestandes bei der (s,x)-Politik

Hier können sowohl die Bestellzeiträume als auch der Lagerbestand schwanken, da es keine Sollmenge gibt, auf die grundsätzlich aufgefüllt wird.

c) Die (t, S)-Politik

Hierbei wird der Lagerbestand in einem regelmäßigen Bestellzyklus (Intervall t) auf den Sollbestand S aufgefüllt, wie Abb. 34 zeigt.

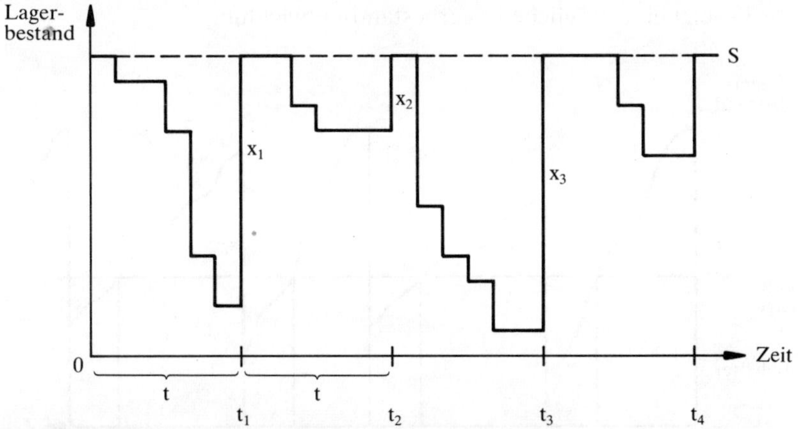

Abb. 34 Entwicklung des Lagerbestandes bei der (t,S)-Politik

Bei dieser Politik sind der Lagerhöchstbestand und die Bestellzeitpunkte fest vorgegeben, während die Bestellmengen variieren.

Zusammenfassend kann man über die elementaren Bestellstrategien folgendes aussagen:

- Sie haben eine einfache, überschaubare Struktur und erfordern wenig Planungsaufwand.
- Weder die Bestellmengen noch die Bestellzeitpunkte werden optimiert, sondern nur nach groben Anhaltspunkten festgelegt.
- Ein Sicherheitsbestand als Teil des Meldebestandes wird nur heuristisch eingeführt, bei der (t, S)-Politik sogar nur indirekt über die konstanten Bestellzyklen.

Eine Optimierung des Sicherheitsbestandes auf stochastischer Grundlage werden wir im nächsten Unterabschnitt durchführen.

II. Das Zwei-Behälter-System

Das Zwei-Behälter-System wurde von Vazsonyi (1962) entwickelt und wird bei US-amerikanischen Unternehmen unter dem Namen two-bin-system relativ häufig angewandt. Es hat den Vorzug, daß der Sicherheitsbestand zusammen mit der Bestellmenge bei stochastischem Lagerabgang optimiert wird. Obwohl die Funktionalbeziehungen zwischen den einzelnen Größen schon recht komplex sind, bleibt das System für den Anwender durchschaubar.

Das Zwei-Behälter-System wird durch folgende Kennzeichen charakterisiert:

- Es wird eine bestimmte Meldemenge s vom System bestimmt, bei deren Unterschreiten eine Bestellung in Höhe der optimalen Bestellmenge ausgelöst wird. **Meldemenge** und **Bestellmenge** sind Ergebnis einer **simultanen** Optimierung.
- Die Höhe der Meldemenge s ist abhängig vom Materialverbrauch (Zufallsvariable) während der als gegeben angesehenen **Lieferfrist**.
- Der Lagerabbau auf Grund des Materialverbrauchs ist **normalverteilt**.
- Der Lagerbestand oberhalb der Meldemenge s wird als „erster Behälter" bezeichnet, derjenige unterhalb der Meldemenge als „zweiter Behälter".

Abb. 35 zeigt eine mögliche Lagerbestandsentwicklung.

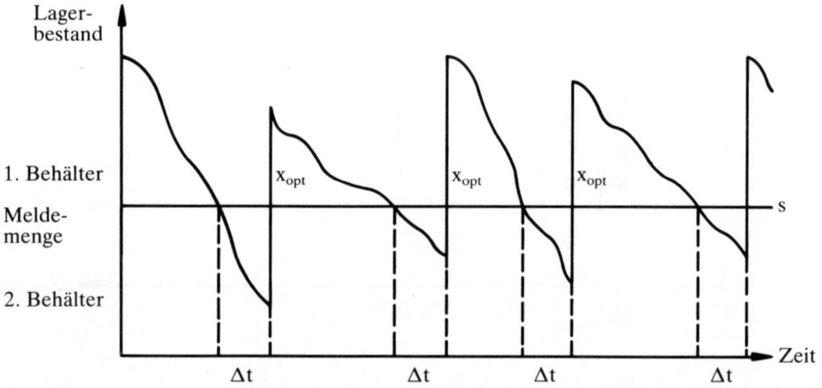

Abb. 35 Entwicklung des Lagerbestandes beim Zwei-Behälter-System

Da die Meldemenge s auch den Sicherheitsbestand w enthält, der Fehlmengen während der Lieferfrist verhindern soll, ergeben sich zwei **gegenläufige** Kostenwirkungen:

- die Lagerkosten steigen mit zunehmendem Sicherheitsbestand w,
- die Kosten für Fehlmengen (z.B. Kundenärger, Gewinnentgang) sinken mit höherem Sicherheitsbestand.

Um die optimalen Werte für w, s und x bestimmen zu können, benötigen wir einen Ansatz für die Fehlmengenkosten, die sehr schwer zu quantifizieren sind.

Wir treffen folgende vereinfachende **Annahme**:

Fehlt während der Lieferfrist **mindestens** ein Stück des Materials, so kann der Produktionsprozeß nicht fortgesetzt werden und es treten konstante – nicht von der Fehlmenge abhängige – Fehlmengenkosten E [GE] auf.

Im nächsten Schritt analysieren wir die Beziehungen zwischen der Meldemenge und dem Sicherheitsbestand. Die Meldemenge s besteht aus dem durchschnittlichen Lagerabgang μ während der Lieferfrist und dem Sicherheitsbestand w, der von der Varianz σ^2 des Lagerabgangs und von der tolerierbaren Wahrscheinlichkeit einer Fehlmenge abhängt.

Zur Erläuterung sei ein Beispiel angeführt. Die Lieferfrist betrage eine Woche. Die Zufallsvariable „wöchentlicher Lagerabgang" d ist normalverteilt mit $\mu = 25$ ME und $\sigma = 5$ ME. Es soll bei 13 Bestellungen im Jahr höchstens einmal in 5 Jahren eine Fehlmenge auftreten. Wie hoch muß der Sicherheitsbestand bemessen sein?

Die Situation, daß der wöchentliche Lagerabgang d größer als die Meldemenge s ist, soll während der Lieferfrist der $13 \times 5 = 65$ Bestellungen nur höchstens einmal vorkommen, daher ist die Wahrscheinlichkeit W für dieses Ereignis

$$W(d > s) = \frac{1}{65} = 0{,}0154$$

Bezeichnet man die Verteilungsfunktion der Variablen d mit F(s), so daß $W(d \leq s) = F(s)$ gilt, kann man schreiben

$$W(d > s) = 1 - W(d \leq s) = 1 - F(s) = 0{,}0154$$

Die Zufallsvariable d ist leider nicht **standardnormalverteilt** N (0; 1), so daß man die Tabellen der Normalverteilung noch nicht anwenden kann.

Wir bilden die neue standardnormalverteilte Zufallsvariable $\frac{d - \mu}{\sigma}$ mit der ebenfalls normierten Meldemenge $\frac{s - \mu}{\sigma}$ und nennen diese Größe ξ.

Dann gilt:

$$(101) \qquad F(s) = \Phi\left(\frac{s - \mu}{\sigma}\right) = \Phi(\xi)$$

Hier ist Φ die tabellierte Verteilungsfunktion einer nach N (0; 1) verteilten Zufallsvariablen.

Für $F(s) = \Phi(\xi) = 0{,}9846$ liest man aus der Tabelle der Normalverteilung (Verteilungsfunktion) $\xi = 2{,}16$ ab. Damit kann man s und w errechnen.

$$(102) \qquad s = \mu + \sigma\xi = 25 + 5 \cdot 2{,}16 = 35{,}8 \qquad [ME]$$

Der Sicherheitsbestand w ist die Differenz zwischen dem Meldebestand s und dem durchschnittlichen wöchentlichen Lagerabgang μ.

(103) $w = \sigma\xi = 10{,}8$ [ME]

Möchte man nur eine Fehlmenge bei 65 Bestellungen tolerieren, muß man also einen Sicherheitsbestand von 10,8 ME und eine Meldemenge von 35,8 ME planen.

Bei unserer globalen Lagerpolitik-Zielsetzung Kostenminimierung ist es jedoch nicht statthaft, den Sicherheitsbestand **autonom** zu planen, indem eine tolerierbare Fehlmengenwahrscheinlichkeit vorgegeben wird. Vielmehr sind die Bestellkosten, die Lagerkosten und die Fehlmengenkosten simultan zu minimieren, um die optimalen Werte für Bestellmenge und Sicherheitsbestand zu erhalten.

Die Bestellkosten sind gegenüber (84) auf S. 156 unverändert,

(104) $K_B = \frac{A \cdot B}{x}$ [GE/ZE].

Die Lagerkosten werden um den Sicherheitsbestand erweitert,

(105) $K_L = \frac{xpz}{2} + wpz$ [GE/ZE].

Die Fehlmengenkosten K_F pro Jahr [GE/ZE] ergeben sich als Produkt aus der Bestellhäufigkeit pro Jahr, den konstanten Kosten einer Fehlmenge E und der Wahrscheinlichkeit, daß diese Fehlmenge auftritt.

(106) $K_F = \frac{B}{x} \cdot E \cdot W(d > s) = \frac{B}{x} \cdot E \cdot [1 - \Phi(\xi)]$ [GE/ZE]

Die zu minimierende Kostenfunktion lautet also [in GE/ZE]:

(107) $K = \frac{AB}{x} + \frac{xpz}{2} + \sigma\xi pz + \frac{B}{x} E\,[1 - \Phi(\xi)] \Rightarrow \text{Min!}$

Wir setzen die beiden ersten partiellen Ableitungen nach x und ξ gleich Null[7] und beachten dabei, daß die erste Ableitung der Verteilungsfunktion $\Phi(\xi)$ gleich der Dichtefunktion $\varphi(\xi)$ ist.

(108a) $\frac{\partial K}{\partial \xi} = \sigma pz - \frac{BE\varphi(\xi)}{x} = 0$

(108b) $\frac{\partial K}{\partial x} = -\frac{AB}{x^2} + \frac{pz}{2} - \frac{BE[1 - \Phi(\xi)]}{x^2} = 0$

7 Die Matrix der zweiten Ableitungen ist positiv definit, so daß die ermittelten Größen für x und ξ ein Minimum liefern.

Dieses Gleichungssystem läßt sich nicht in geschlossener Form nach x und ξ auflösen und damit können die optimalen Werte für die Variablen nur **iterativ** bestimmt werden. Für diese Iteration formen wir das Gleichungssystem um:

$$\text{(109a)} \quad \varphi(\xi) = \frac{x\sigma pz}{BE}$$

$$\text{(109b)} \quad x = \sqrt{\frac{2B}{pz}\{A + E[1 - \Phi(\xi)]\}}$$

In Gleichung (109b) ist die optimale Bestellmenge des Grundmodells (S. 157) zu erkennen, wenn $\Phi(\xi) = 1$ gilt. Dies tritt dann ein, wenn z.B. $\sigma = 0$ ist, d.h. im deterministischen Fall.

Wir zeigen nun den Iterationsprozeß an unserem Standardbeispiel mit den Daten $B = 1300$, $A = 5$, $p = 6{,}50$, das wir um die Fehlmengenkosten $E = 20$ und die Parameter des Lagerabgangs $\mu = 25$ und $\sigma = 5$ ergänzen.

Im deterministischen Fall betrug die optimale Bestellmenge 100 ME (vgl. S. 158). Diesen Wert setzen wir als x_0 (der Index bezeichnet die 0. Iteration) in (109a) ein und errechnen

$$\varphi(\xi_0) = \frac{100 \cdot 5 \cdot 6{,}5 \cdot 0{,}2}{1300 \cdot 20} = 0{,}025.$$

Aus der Tabelle der Dichtefunktion zur Normalverteilung ergibt sich mit $\varphi(\xi_0) = 0{,}025$ $\xi_0 = 2{,}35$. Dazu gehört der Wert der Verteilungsfunktion $\Phi(\xi_0) = 0{,}9906$, den wir in (109b) einsetzen, um x_1 zu erhalten.

$$x_1 = \sqrt{\frac{2 \cdot 1300}{6{,}5 \cdot 0{,}2}(5 + 20 \cdot 0{,}0094)} = 101{,}86$$

Diese „vorläufige" Bestellmenge wird nun wiederum in (109a) eingesetzt und liefert

$$\varphi(\xi_1) = 0{,}025465 \text{ mit } \xi_1 = 2{,}345 \text{ und } \Phi(\xi_1) = 0{,}9905.$$

In der zweiten Iteration erhalten wir mit (109b)

$$x_2 = 101{,}88$$

und entsprechend $\varphi(\xi_2) = 0{,}02547$, $\xi_2 = 2{,}3457$ und $\Phi(\xi_2) = 0{,}9905$. Da dieser Wert auf vier Stellen genau gleich $\Phi(\xi_1)$ ist, können wir den Iterationsprozeß beenden.

Die optimale Lösung unseres Standardbeispiels lautet somit:

$$\begin{aligned} x_{opt} &= 101{,}88 \approx 102 \text{ ME} && \text{(Bestellmenge)} \\ \xi_{opt} &= 2{,}3457 && \\ s_{opt} &= 36{,}7285 \approx 37 \text{ ME} && \text{(Meldemenge)} \\ w_{opt} &= 11{,}7285 \approx 12 \text{ ME} && \text{(Sicherheitsbestand)} \end{aligned}$$

Zum Abschluß dieses stochastischen Lagermodells seien die hauptsächlichen Kritikpunkte, die in der Literatur erhoben werden, zusammengestellt.

- Die Fehlmengenkosten E sind in der Praxis manchmal eine Funktion der Fehlmenge.
- Die als konstant unterstellte Lieferzeit kann durch Lieferverzögerungen erheblich schwanken.
- Die Funktionsfähigkeit des Modells erfordert Lagerentnahmen in so kleinen Posten, daß das Erreichen der Meldemenge sofort erkannt und eine Bestellung ausgelöst wird.
- Der Lagerabgang kann nur bei großen Lagern mit vielen Einzelteilen als normalverteilt unterstellt werden.
- Treten häufig Fehlmengen auf, wird der jährliche Bedarf B gar nicht vollständig gedeckt und eine wichtige Prämisse ist verletzt.

Ein Teil dieser Einwendungen könnte durch einen komplizierten Aufbau des Modells behoben werden, der indessen Rückwirkungen auf die praktische Anwendung hätte. Wir wollen hier darauf verzichten und beenden mit dem Zwei-Behälter-System die Material- und Lagerplanung. Für weitere Verfahren und dynamische Modelle sei auf Zoller (1980, 1982) verwiesen.

9. Kapitel: Entscheidungen über den Produktionsvollzug

A. Aufgaben der Produktionsvollzugsplanung und Interdependenzen zur Programmplanung

Der Produktionsvollzug ist das letzte Glied in der Kette der Entscheidungen zur Produktionsplanung. Nach der Festlegung des kurzfristigen Produktionsprogramms und der Material- und Personalbereitstellung für dieses Programm ist nun zu entscheiden über

- die Größe der einzelnen Fertigungsaufträge (Lose),
- die Belegung und die Nutzungsintensität der Betriebsmittel,
- den Produktionsbeginn und das Produktionsende der einzelnen Aufträge.

Wir werden diese Probleme der Losgrößenplanung sowie der Maschinenbelegungs- und Ablaufplanung in den folgenden Abschnitten eingehend analysieren. Dabei setzen wir stets voraus, daß das Produktionsprogramm nach Art und Menge vorab optimiert worden ist.

Theoretisch exakt ist jedoch nur eine **simultane** Planung von Programm und Vollzug der Produktion. Dies läßt sich so zeigen:

1. Das gewinnmaximale Produktionsprogramm hängt vom Preis und den variablen Kosten der Produkte ab. Die variablen Kosten enthalten Zwischenlager- und Umrüstkosten, die von den Losgrößen und der Maschinenbelegung bestimmt werden. Hier erkennt man deutlich den Einfluß der Vollzugsplanung auf die Programmplanung.
2. Die optimalen Losgrößen, Reihenfolgen und Maschinenbelegungen können nur errechnet werden, wenn das Produktionsprogramm nach Art und Menge feststeht. Dies ist der Einfluß der Programmplanung auf die Vollzugsplanung.

Die gegenseitigen Einflüsse sind also in beiden Richtungen sichtbar. Ein solches **interdependentes** System ist nur simultan lösbar. Es gibt hierfür in der Literatur theoretische Ansätze, die auf nicht-lineare ganzzahlige Optimierungsmodelle mit einer erheblichen Variablenzahl führen und ihre „Rechenbarkeit" in der Praxis erst noch unter Beweis stellen müssen (Adam 1969, Pressmar 1974, 1977).

Wir wenden in diesem Buch die Sukzessivplanung mit heuristischen Methoden an, die das Produktionsprogramm für die Vollzugsplanung als gegeben ansieht. Diese „Suboptimierung" hat den Vorteil, daß sie im Unterschied zu den theoretischen Modellen praktikabel ist.

Wir beschäftigen uns zunächst mit dem Problem, die Größe der einzelnen Fertigungsaufträge (Lose) für die in der Praxis sehr häufig angewandte Sortenfertigung zu bestimmen.

B. Produktionsvollzugsplanung bei Sortenfertigung

I. Kennzeichen der Sortenfertigung

In der Sortenfertigung werden mehrere produktions- bzw. absatzverwandte Erzeugnisse – die Sorten – als geschlossene Posten – die Lose – nacheinander auf derselben Produktionsanlage hergestellt (Adam 1983, S. 759).

Ein Los ist somit die Menge eines Erzeugnisses, die zusammenhängend produziert wird. Bei jedem Sortenwechsel wird der Produktionsprozeß unterbrochen und die Produktionsanlage auf die neue Sorte **umgerüstet**.

Aufgrund der Entscheidung für eine sukzessive Planung unterstellen wir bei jedem Erzeugnis des Produktionsprogramms eine vorab bestimmte Produktionsmenge pro Planperiode. Wird diese Menge mit wenigen großen Losen erstellt, so treten hohe Lagerkosten auf, da der Lageraufbau durch die Produktion wesentlich schneller vor sich geht als der Lagerabbau durch den kontinuierlich über die Planperiode verteilten Absatz. Die Lagerkosten können durch kleinere Lose gesenkt werden, dafür steigen aber die **Umrüstkosten**, die von der Häufigkeit des Sortenwechsels in der Planperiode abhängen. Es wird die Losgröße – und damit auch die Loshäufigkeit – gesucht, die die Umrüst- und Lagerkosten minimiert.

II. Die klassische Bestimmung der optimalen Losgröße

Der im folgenden zu entwickelnde Planungsansatz stimmt **formal** weitgehend mit dem Modell der optimalen Bestellmenge überein, wo ebenfalls gegenläufige Kostenwirkungen auftreten. Inhaltlich gesehen sind es jedoch andere Kostengrößen, die nun betrachtet werden.

a) Die losabhängigen Kostengrößen

Die „normalen“ Produktionskosten (Material, Akkordlöhne usw.) brauchen hier nicht betrachtet zu werden, da sie **losunabhängig** sind. Losabhängig sind nur folgende Kostenarten:

1. Die Umrüstkosten

Hierzu zählen alle Kosten für die Umstellung der Produktionsanlage auf eine neue Sorte, z.B. Lohn- und Materialkosten für die Reinigung der Anlage, Lohn- und Werkzeugkosten für das Justieren der Anlage oder für das Anbringen von Ausrüstungsteilen.

Die Umrüstkosten **pro Umrüstung** sind vom Losumfang unabhängig, doch meistens nicht von der **Sortenreihenfolge** (z.B. bei der Reinigung von Druckwalzen). Sie werden mit U [GE] bezeichnet.

2. Die Anlaufkosten

Nach jeder Umrüstung benötigt die Produktionsanlage eine gewisse Anlaufzeit, bis der Normalbetrieb wieder erreicht ist. Die dabei entstehenden Anlaufkosten werden aus Vereinfachungsgründen in den Umrüstkosten mit erfaßt.

3. Die Lagerkosten

Die Bestimmungsgrößen der Lagerkosten sind

- der durchschnittliche Lagerbestand [ME]
- die Lagerdauer [ZE]
- der Lagerkostensatz [$\frac{GE}{ME \cdot ZE}$]

Der durchschnittliche Lagerbestand hängt ab von

- der Losgröße x [ME]
- dem Lagerabgang pro Zeiteinheit aufgrund von Verkäufen V [ME/ZE]
- der Produktionsmenge pro Zeiteinheit M [ME/ZE]

Produktions- und Absatzbeginn eines Loses fallen zusammen. Eine neue Auflage einer Sorte beginnt dann, wenn der Lagerbestand zur Neige geht.

Abb. 36 zeigt die Lagerentwicklung während der Verkaufszeit des Loses.

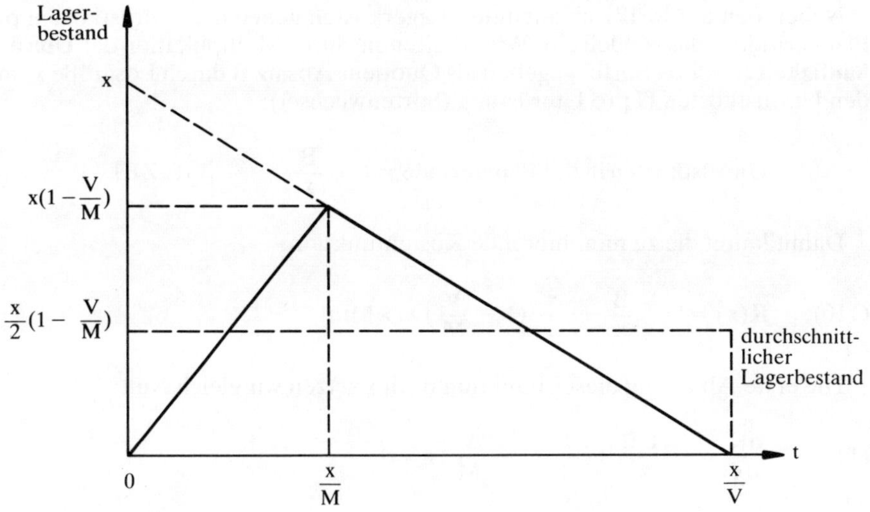

Abb. 36 Lagerentwicklung bei Sortenfertigung

Bis zum Ende der Produktionszeit $\frac{x}{M}$ wird das Lager aufgebaut, obwohl schon Produkte verkauft werden, weil in der Realität $V < M$ gilt. Am Ende der Losverkaufszeit $\frac{x}{V}$ ist das Lager geräumt.

Da die verkaufte Menge während der Produktionszeit $V \cdot \frac{x}{M}$ ME beträgt, ergibt sich am Ende der Produktionszeit eine Lagermenge von

$x - V \cdot \frac{x}{M} = x(1 - \frac{V}{M})$ Einheiten.

Durchschnittlich ist die Hälfte dieses Bestandes am Lager (vgl. Abb. 36). Multipliziert man diese Menge mit dem Lagerkostensatz z [$\frac{GE}{ME \cdot ZE}$], der unabhängig vom **Lagerwert** sein soll[8], so erhält man die

$$\text{Lagerkosten} = \frac{x}{2}\,(1 - \frac{V}{M})\,z \qquad [\text{GE/ZE}].$$

b) Die kostenminimale Losgröße

Wir wollen die Losgröße so festlegen, daß die Summe aus Umrüstkosten und Lagerkosten pro Periode minimal wird.

Folgende Prämissen gehen in unser Modell ein:

- Der Lagerkostensatz z hängt nur von der Lagermenge, nicht jedoch vom Lagerwert ab;
- die Umrüstkosten U pro Umrüstung hängen nicht von der Sortenfolge ab;
- der Gesamtabsatz B [ME/ZE] des betrachteten Produktes während der Planperiode ist konstant;
- es gilt $V < M$;
- es liegen keine Restriktionen im Finanz-, Lager- und Produktionsbereich vor.

Neben den auf S. 171 abgeleiteten Lagerkosten gehen die Umrüstkosten pro Planperiode in das Modell ein. Wir erhalten sie durch Multiplikation der **Umrüsthäufigkeit** für diese Sorte, gegeben als Quotient Absatz B durch Losgröße x, mit den Umrüstkosten U pro Umrüstung (Sortenwechsel):

$$\text{Umrüstkosten in der Planperiode} = U \cdot \frac{B}{x} \qquad [\text{GE/ZE}]$$

Damit lautet die zu minimierende Kostenfunktion:

$$\text{(110)} \qquad K(x) = U \cdot \frac{B}{x} + \frac{x}{2}\,(1 - \frac{V}{M})\,z \Rightarrow \text{Min!}$$

Die erste Ableitung dieser Funktion nach x setzen wir gleich Null[9]

$$\text{(111)} \qquad \frac{dK}{dx} = -\frac{UB}{x^2} + \frac{1}{2}\,(1 - \frac{V}{M})\,z = 0.$$

Daraus ergibt sich die **kostenminimale Losgröße**:

$$\text{(112)} \qquad x_{opt} = \sqrt{\frac{2\,UB}{z(1 - \frac{V}{M})}}$$

Wenn $V << M$ ist, ergibt sich formal der gleiche Ausdruck wie bei der optimalen Bestellmenge ohne Berücksichtigung des Lagerwerts (vgl. S. 157). Daher sind auch die gleichen Kritikpunkte (linearer Lagerabbau, keine Berücksichtigung

[8] Ein lagerwertabhängiger Kostensatz erschwert die Analyse beträchtlich. Vgl. Adam (1983, S. 771f).

[9] Die zweite Ableitung ist für $x > 0$ stets positiv.

von Fehlmengen usw.) hier gültig. Die Nichtbeachtung von Kapazitätsbeschränkungen ist jedoch für die Anwendbarkeit des Modells so gravierend, daß wir im nächsten Abschnitt detailliert darauf eingehen müssen. Zuvor sei aber die kostenminimale Losgröße für ein Zahlenbeispiel berechnet, das wir auch im folgenden Abschnitt weiterführen werden.

Beispiel:

Jährlicher Absatz B	= 10.800 ME pro Jahr
Lagerabgang V	= 30 ME pro Tag
Produktionsmenge M	= 300 ME pro Tag
Umrüstkosten pro Umrüstung U	= 108 DM
Lagerkostensatz z	= 0,20 DM pro ME und Jahr

Daraus ergibt sich die Kostenfunktion

$$K(x) = \frac{1166400}{x} + 0{,}09\,x$$

und die kostenminimale **Losgröße** zu

$$x_{opt} = \sqrt{\frac{2 \cdot 108 \cdot 10800}{0{,}2 \cdot 0{,}9}} = 3600\,\text{ME}.$$

Pro Jahr werden also **drei Lose** aufgelegt, um die Absatzmenge dieser Sorte produzieren zu können.

III. Losgrößenbestimmung bei beschränkter Kapazität

a) Unzulänglichkeiten der klassischen Losgrößenformel

Die wichtigste Schwäche der klassischen Losgrößenbestimmung besteht in der Nichtbeachtung jeglicher Kapazitätsbeschränkungen im Produktions- und Lagerbereich. Adam erkannte 1965, daß die einfache Losgrößenformel bei knapper Produktionskapazität dem Ziel der Gewinnmaximierung widerspricht.

Dies läßt sich wie folgt zeigen (Adam 1983, S. 785):

Bei beschränkter Produktionskapazität – gemessen in Maschinenzeit – kann die am Markt absetzbare Höchstmenge nicht hergestellt werden, wodurch ein Gewinnentgang entsteht. Nun gilt für die Maschinenzeit die Gleichung:

$$\text{Maschinenzeit} = \text{Produktionszeit} + \text{Umrüstzeit}$$

Erhöht man die Losgröße über den kostenminimalen Umfang hinaus, so wird weniger häufig umgerüstet und es treten geringere Rüstzeiten auf. Der Anteil der Produktionszeit an der Maschinenzeit erhöht sich und es kann eine größere Produktionsmenge hergestellt und abgesetzt werden.

Bringt die zusätzliche Absatzmenge einen Mehrerlös, der die zusätzlichen Kosten des größeren Loses übersteigt, ist die **gewinnmaximale** Losgröße von der kostenminimalen verschieden und wir müssen unsere Losgrößenformel modifizieren.

b) Die gewinnmaximale Losgröße

1. Ableitung der Losgrößenformel

Infolge der Kapazitätsbeschränkung ist die tatsächliche Produktionsmenge (Y) pro Jahr geringer als die mögliche Absatzmenge (B) pro Jahr. Mit Hilfe dieser Produktionsmenge können wir nun die **Kapazitäts-Restriktion** definieren.

$$(113) \qquad \underbrace{\frac{Y}{M}}_{\text{Produktionszeit}} + \underbrace{\frac{t_r \cdot Y}{x}}_{\text{Umrüstzeit}} \leq \underbrace{F}_{\text{Maschinenzeit}} \qquad [ZE/P]^{10}$$

In dieser Ungleichung haben die neu eingeführten Symbole folgende Bedeutung:

Y [ME/P] = Produktionsmenge pro Jahr
t_r [ZE] = Rüstzeit pro Umrüstung (Sortenwechsel)
F [ZE/P] = Maschinenzeit der Produktionsanlage, die pro Jahr auf eine Sorte entfällt
$\frac{Y}{M}$ [ZE/P] = Produktionszeit einer Sorte pro Jahr
$\frac{t_r \cdot Y}{x}$ [ZE/P] = Umrüstzeit einer Sorte pro Jahr

Aus (113) ist zu erkennen, daß die Produktionsmenge Y bei konstanter Kapazität F gesteigert werden kann, wenn die Losgröße x erhöht wird.

Wir formulieren nun als **Zielfunktion**:

Es ist die Losgröße x und die Produktionsmenge Y zu ermitteln, mit denen der **maximale Gewinn** erzielt werden kann.

Neben den Umrüst- und Lagerkosten müssen jetzt auch die variablen Produktionskosten (kY) und die Absatzerlöse (pY) berücksichtigt werden, weil sie von der (variablen) Produktionsmenge Y abhängen. Darüber hinaus sind zwei Nebenbedingungen zu beachten.

Die zu maximierende Gewinnfunktion lautet wie folgt:

$$(114) \qquad G(x, Y) = pY - kY - U\,\frac{Y}{x} - \frac{x}{2}\,(1 - \frac{V}{M})\,z \Rightarrow \text{Min!}$$

Nebenbedingungen:

$$(113) \qquad \frac{Y}{M} + \frac{t_r Y}{x} \leq F$$

$$(115) \qquad Y \leq B$$

---

[10] Es ist hier zweckmäßig, die Dimension „Zeit“ in zwei Einheiten zu messen. Die schon eingeführten Zeiteinheiten (ZE) benutzen wir für kurze Zeitspannen (Stunden oder Tage), die Periodeneinheiten (P) für das Jahr als Planperiode.

Wir setzen voraus, daß die erste Nebenbedingung (113) in strikter Form, d.h. als Gleichung gilt, weil die Kapazität ja tatsächlich restriktiv sein soll und verwenden die Multiplikatoren-Methode von Lagrange, wobei (115) zunächst vernachlässigt wird.

$$(116)\qquad L(x,Y,\lambda) = pY - kY - U\,\frac{Y}{x} - \frac{x}{2}\,(1 - \frac{V}{M})\,z - \lambda\,(\frac{Y}{M} + \frac{t_r Y}{x} - F)$$

Die ersten partiellen Ableitungen lauten gleich Null gesetzt:

$$(117a)\qquad \frac{\partial L}{\partial x} = \frac{UY}{x^2} - \frac{z}{2}\,(1 - \frac{V}{M}) + \frac{\lambda t_r Y}{x^2} = 0$$

$$(117b)\qquad \frac{\partial L}{\partial Y} = p - k - \frac{U}{x} - \frac{\lambda}{M} - \frac{\lambda t_r}{x} = 0$$

$$(117c)\qquad \frac{\partial L}{\partial \lambda} = \frac{Y}{M} + \frac{t_r Y}{x} - F = 0$$

Aus (117a) ergibt sich

$$(118)\qquad x = \sqrt{\frac{2Y\,(U + \lambda t_r)}{z(1 - \frac{V}{M})}}$$

(117b) ermöglicht eine ökonomisch interpretierbare Definition für λ:

$$(119)\qquad \lambda = \frac{p - k - \frac{U}{x}}{\frac{1}{M} + \frac{t_r}{x}} \qquad [GE/ZE]$$

λ ist also die **Deckungsspanne** (Preis ⁒ var. Kosten ⁒ Rüstkosten pro Stück), bezogen auf die **Produktions-** und **Rüstzeit** eines Stückes, d.h. eine **relative** Deckungsspanne, wie wir sie schon in der kurzfristigen Programmplanung (vgl. 7. Kapitel, S. 141) kennengelernt haben.

Schließlich erlaubt (117c) eine Auflösung nach Y:

$$(120)\qquad Y = \frac{F}{\frac{1}{M} + \frac{t_r}{x}}$$

Ähnlich wie bei der stochastischen Bestellmengenplanung kann man die optimalen Werte von x, Y und λ aus (118) bis (120) nur **iterativ** gewinnen, da sich die Gleichungen nicht in geschlossener Form nach den drei Variablen auflösen lassen. Wir zeigen den Iterationsprozeß wieder an einem Beispiel.

2. Anwendungsbeispiel

Wir übernehmen die Daten des vorigen Abschnitts: V = 30 ME pro Tag, M = 300

ME pro Tag, U = 108 DM pro Umrüstung, B = 10800 ME pro Jahr, z = 0,20 DM pro ME und Jahr.

Hinzu kommen die Daten: p = 1 DM pro ME, k = 0,80 DM pro ME, $t_r = 2\frac{3}{4}$ Tage, F = 40 Tage pro Jahr.

Ausgangslösung

Wir nehmen als heuristische Ausgangslösung das Ergebnis der klassischen Losgrößenbestimmung: 3 Lose pro Jahr. Damit stehen pro Jahr $40 - 2{,}75 \cdot 3 = 31{,}75$ Tage Produktionszeit zur Verfügung, an denen insgesamt eine Produktionsmenge $Y = 31{,}75 \cdot 300 = 9525$ ME hergestellt werden kann. Die Losgröße beträgt 9525 : 3 = 3175 ME. Aus (119) berechnen wir das zugehörige $\lambda = 39{,}53$ GE pro Tag.

Die Ausgangslösung hat also die Werte

$$x_0 = 3175 \quad Y_0 = 9525 \quad \lambda_0 = 39{,}53 \quad 3 \text{ Lose pro Jahr.}$$

Der Algorithmus für die erste Iteration sieht wie folgt aus:

1. Errechne mit Y_0 und λ_0 aus Gleichung (118) die neue Losgröße x_1.
2. Errechne mit x_1 aus den Gleichungen (119) und (120) die neuen Werte λ_1 und Y_1.

Wir wiederholen den Algorithmus mit den jeweils neuesten Werten von x, Y und λ bis nach der k-ten Iteration $(|x_k - x_{k-1}|)/x_{k-1} < \varepsilon$ gilt. Tab. 49 zeigt die Ergebnisse des Iterationsprozesses, wobei wir $\varepsilon = 10^{-3}$ gesetzt und x bzw. Y auf ganze Zahlen gerundet haben.

Tab. 49 Iterationsprozeß für die gewinnmaximale Losgröße

k-te Iteration	x_k	Y_k	λ_k	Anzahl der Lose
0	3175	9525	39,53	3,00
1	4789	10237	45,41	2,14
2	5147	10342	46,29	2,01
3	5200	10357	46,41	1,99
4	5207	10359	46,42	1,99
5	5208	10359	46,42	1,99

Man erkennt, daß der Algorithmus nicht bei genau zwei Losen pro Jahr, sondern bei 1,99 Losen pro Jahr konvergiert, da er keine Ganzzahligkeit gewährleisten kann. Um eine zulässige ganzzahlige Lösung zu erreichen, passen wir die Werte von x und Y so an, daß genau zwei Lose pro Jahr produziert werden.

Die ganzzahlige gewinnmaximale Lösung lautet:

$$x_{opt} = 5175 \text{ ME} \quad Y_{opt} = 10350 \text{ ME} \quad 2 \text{ Lose pro Jahr}$$

Die Nebenbedingung (115) ist erfüllt.

Das Ergebnis zeigt eindeutig die Tendenz zu größeren Losen, wenn die Produktionszeit knapp ist.

3. Kritische Würdigung des Ansatzes

Die gewinnmaximale Losgrößenbestimmung ist durch die Berücksichtigung von Kapazitätsrestriktionen wesentlich realitätsnäher als die klassische Formel. Trotzdem bleiben noch Unzulänglichkeiten und Anwendungsbeschränkungen, die im folgenden zusammengestellt sind.

- Es wird nur eine Sorte geplant. Der Kapazitätsanteil F müßte jedoch für alle Sorten simultan optimiert werden. Die Interdependenzen zu den anderen Sorten können zudem bewirken, daß die errechneten Losgrößen im Hinblick auf die zeitliche Ablaufplanung nicht zulässig sind.
- Die Maschinenbelegung – vor allem wichtig bei mehrstufiger Produktion – wird nicht untersucht. Dadurch sind ebenfalls unzulässige Losgrößen möglich.
- Das Modell ist deterministisch und läßt Unsicherheiten außer acht, wie z.B. den stochastischen Charakter des Jahresabsatzes und der Rüstzeiten.
- Eine dynamische, mehrere Teilperioden umfassende Planung ist aufgrund des statischen Modellcharakters nicht möglich.
- Es werden keine Lager- und Finanzrestriktionen berücksichtigt.

Diese Einwendungen sind z.T. durch neuere Lösungsansätze behoben worden, doch sind die dafür entwickelten Modelle formal so komplex, daß sie hier nicht dargestellt werden können. Es sei vor allem auf die Arbeiten von Adam (1983), Pressmar (1974/77) und Dellmann (1974) hingewiesen.

C. Die Ablaufplanung

In Anwendung der Sukzessivplanung beim Produktionsvollzug haben wir zunächst die Größe der einzelnen Fertigungsaufträge (Lose) bestimmt und wenden uns nunmehr dem Problem zu,

- die Produktionsanlagen mit diesen Fertigungsaufträgen zu belegen (Reihenfolgeplanung) und
- Produktionsbeginn und -ende der einzelnen Aufträge auf jeder Produktionsanlage festzusetzen (Zeitplanung).

Die Auftragsfolgen aller Produktionsanlagen einschließlich der zugehörigen Start- und Endtermine nennen wir den **Ablaufplan** (vgl. Seelbach 1975, S. 16). Er ist so festzulegen, daß die Unternehmensziele erfüllt werden.

I. Zielkonflikte in der Ablaufplanung

a) Die ablaufplanerischen Zielgrößen

Für die Ablaufplanung sehen wir das Produktionsprogramm nach Art und Menge und die Größe der Fertigungsaufträge als fest vorgegeben an. Unter diesen Voraussetzungen ist folgende globale Zielsetzung sinnvoll:

Kostenminimale Ausführung der Fertigungsaufträge unter Beachtung vorgegebener Fertigstellungstermine.

Diese Zielfunktion erweist sich in der Praxis häufig als nicht genügend **operational**, da die genauen Einflüsse unterschiedlicher Ablaufpläne auf die Kosten des Produktionsvollzugs nicht immer erfaßbar sind. Daher wurden für die Ablaufplanung operationale Ersatzziele entwickelt, die als Näherungen für das globale Ziel gelten können und die im folgenden erörtert werden.

1. Minimierung der Durchlaufzeit aller Aufträge

Diese Zielsetzung beruht auf der Überlegung, daß die in den Produkten steckenden Kosten möglichst schnell durch Verkaufserlöse wieder hereingeholt werden sollen. Je kürzer die Durchlaufzeit der Aufträge ausfällt, um so schneller kann der Erlöseingang erwartet werden. Insbesondere die **Kapitalbindungskosten** können also durch die Minimierung der Durchlaufzeit vermindert werden.

Die **Durchlaufzeit** eines Auftrages ist definiert als die

Summe aller Produktions-, Transport- und Wartezeiten auf allen Produktionsstufen.

Im allgemeinen werden die Produktions- und Transportzeiten als technisch determiniert und damit vorgegeben unterstellt, so daß die Minimierung der Wartezeiten vor den einzelnen Maschinen das eigentliche Problem darstellt. Man muß dabei jedoch beachten, daß eine minimale Wartezeit nicht immer minimale Lagerkosten bedeutet, da der Lagerkostensatz pro Auftrag und Produktionsstufe unterschiedlich ist.

2. Minimierung der Zykluszeit

Diese Zielsetzung kommt in der angloamerikanischen Literatur häufig vor (z.B. Conway/Maxwell/Miller 1967) und ist darauf ausgerichtet, den Auftragsbestand **en bloc** möglichst schnell durchlaufen zu lassen. Die **Zykluszeit** ist nur definiert für den Fall, daß alle Aufträge gleichzeitig bereitstehen, als die

Zeit zwischen dem Eintreffen der Aufträge und der Beendigung des letzten Arbeitsganges am gesamten Auftragsbestand (Seelbach 1975, S. 15).

Anders ausgedrückt: Die Zykluszeit ist gleich der längsten Durchlaufzeit eines Auftrages. Ihre Minimierung soll ebenfalls die Kapitalbindungskosten senken.

3. Minimierung ablaufbedingter Maschinenstillstandszeiten

Die **Belegungszeit** einer Maschine (Produktionsanlage) ist die

Summe aller Produktions-, Rüst- und Stillstandszeiten.

Da die Produktionszeiten fest vorgegeben sind und die Rüstzeiten nur von der Bearbeitungsreihenfolge abhängen, worauf wir in Abschnitt II.b (S. 187) noch gesondert eingehen werden, minimieren kleinstmögliche Stillstandszeiten auch die Belegungszeit der Maschine. Ist dieses Ziel ökonomisch sinnvoll?

Falls genügend Kapazität auf allen Produktionsstufen vorhanden ist, um die vorgegebenen Liefertermine einhalten zu können, sind Stillstandszeiten grundsätzlich **irrelevant**, da durch ihre Vermeidung keine zusätzlichen Erlöse entstehen und die fixen Kosten der Produktionsanlagen durch die Ablaufplanung nicht beeinflußt werden können. Nur wenn die Maschinen während einer **Leerzeit** nicht abgeschaltet werden, verursachen sie vermeidbare **Leerkosten**, die zu minimieren wären.

Besteht hingegen auf einer Produktionsstufe ein **Kapazitätsengpaß,** würde jede Stillstandszeit zur Lieferverzögerung mit Erlösentgang führen, so daß eine Minimierung der Stillstandszeiten des **Engpasses** eine durchaus sinnvolle ökonomische Zielsetzung ist.

4. Einhaltung der Ablieferungstermine

Dieses Ziel ist manchmal nur erreichbar, wenn kostenungünstige Änderungen im Ablaufplan oder bei der intensitätsmäßigen Anpassung der Maschinen durchgeführt werden. Wegen seiner hohen Bedeutung in der betrieblichen Praxis wird dieses Ziel auch häufig als strikte Nebenbedingung formuliert.

b) Das Dilemma der Ablaufplanung

Die vier erörterten ablaufplanerischen Ziele können gegenläufig wirken und damit einen Zielkonflikt auslösen. Gutenberg erkannte diesen Zielkonflikt zwischen den Zielen Minimierung der Durchlaufzeit und Minimierung der Maschinenstillstandszeit und gab ihm den Namen **„Dilemma der Ablaufplanung"** (Gutenberg 1976, S. 216).

Wir wollen den Zielkonflikt an einem einfachen **Beispiel** demonstrieren, das von Reichwald (1981, S. 361ff) stammt.

Drei Aufträge (A, B, C) werden an vier Maschinen (1, 2, 3, 4) bearbeitet. Die technisch vorgegebene Reihenfolge der Maschinen, die als Produktionsstufen aufzufassen sind, ist 1 → 2 → 3 → 4. Weiter wird vorausgesetzt, daß die Reihenfolge der Aufträge bei allen Maschinen gleich sein muß (im engl. Sprachgebrauch ‚identical routing' genannt).

Für diese Planungssituation gibt es 3! = 6 mögliche Reihenfolgen. Die Produktionszeiten auf den einzelnen Maschinen (in Tagen) sind aus Tab. 50 zu ersehen.

Tab. 50 Produktionszeiten des Beispiels zur Ablaufplanung (in Tagen)

Maschine \ Auftrag	A	B	C
1	1	2	1
2	2	1	1
3	2	2	3
4	1	1	2
Σ	6	6	7

Mit Hilfe des Balkendiagramms von **Gantt** kann man die Ablaufplanung graphisch darstellen. Abb. 37 zeigt den Ablaufplan bei Minimierung der Gesamtdurchlaufzeit der Aufträge.

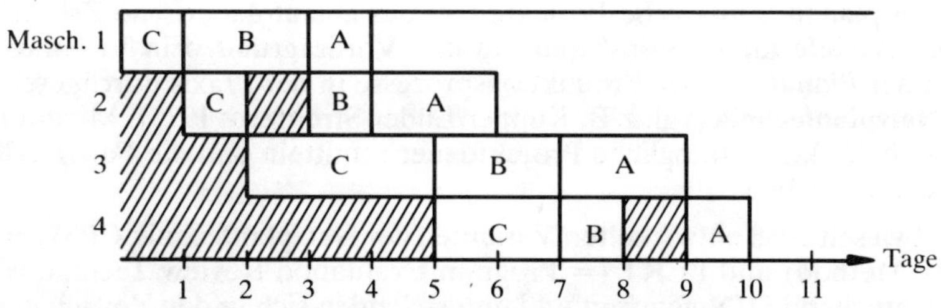

Abb. 37 Ablaufplan bei Minimierung der Gesamtdurchlaufzeit

Die Gesamtdurchlaufzeit beträgt 21 Tage, die gesamte Maschinenstillstandszeit 10 Tage. Die Aufträge A und B müssen je einen Tag Wartezeit inkauf nehmen. Die optimale Reihenfolge der Aufträge lautet C – B – A.

Minimiert man die Maschinenstillstandszeit, so ergibt sich der Ablaufplan von Abb. 38.

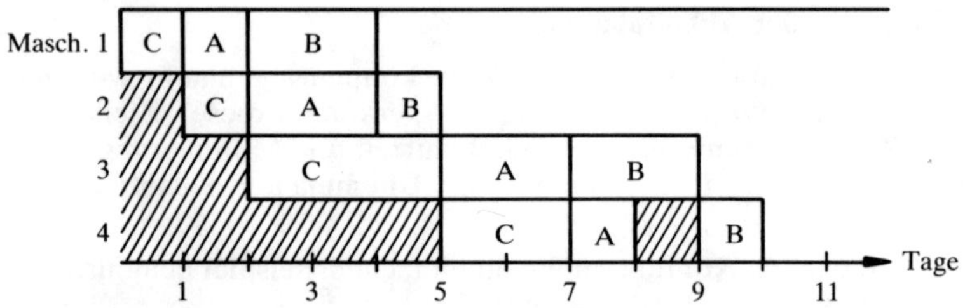

Abb. 38 Ablaufplan bei Minimierung der gesamten Maschinenstillstandszeit

Die Gesamtdurchlaufzeit der Aufträge beträgt nun 22 Tage, die Maschinenstillstandszeit 9 Tage. Auftrag A hat einen Tag Wartezeit, Auftrag B muß jetzt 2 Tage warten. Die optimale Reihenfolge der Aufträge lautet C – A – B.

Die beiden unterstellten ablaufplanerischen Zielsetzungen haben also in diesem Beispiel zu verschiedenen Reihenfolgen mit unterschiedlichen Durchlauf- und Stillstandszeiten geführt. Damit wurde gezeigt, daß Zielkonflikte in der Ablaufplanung möglich sind.

Wir werden in den beiden nächsten Abschnitten die wichtigsten quantitativen Verfahren zur Ablaufplanung, die auf den obigen Zielgrößen basieren, eingehend analysieren, wobei wir die Organisationsformen Werkstattfertigung und Fließfertigung wegen der unterschiedlichen Ablaufproblematik getrennt untersuchen.

II. Ablaufplanung bei Werkstattfertigung

a) Projektplanung bei Einzelfertigung

Großprojekte im Maschinen- und Schiffbau sowie in der Bauwirtschaft werden meistens in Einzelfertigung durchgeführt. Durch die Vielzahl von parallelen und sequentiellen Arbeitsgängen ist es sehr schwierig, den Fertigstellungstermin realistisch zu planen. Für solche Projekte tritt das ablaufplanerische Ziel „Einhaltung des Ablieferungstermins“ stark in den Vordergrund. Ein Verfahren, das sich bei der Planung dieser Produktionsprozesse in der Praxis durchgesetzt hat, ist die **Netzplantechnik** (vgl. z.B. Küpper/Lüder/Streitferdt 1975). Mit ihrer Hilfe lassen sich die kürzestmögliche Projektdauer ermitteln und die Fertigstellungstermine überwachen.

Die etwa seit 1958 entwickelten Varianten der Netzplantechnik CPM (= Critical Path Method) und PERT (= Program Evaluation Review Technique) sind heute weitgehend DIN-genormt und unterscheiden sich in den Zeitschätzungen der Arbeitsgänge. Wir werden uns im wesentlichen auf CPM stützen.

Man kann die Netzplantechnik in vier Phasen unterteilen:

- Strukturplanung
- Zeitplanung
- Kapazitätsplanung
- Kostenplanung

1. Strukturplanung

Der Produktionsprozeß wird in Vorgänge und Ereignisse zerlegt. Ein **Vorgang** ist ein

Projektteil mit zeitlich definierbarem Anfang und Ende (DIN 69900).

Ein **Ereignis** ist ein

definierter Zustand im Projektablauf (DIN 69900).

Die Grundregeln für die Konstruktion von CPM/PERT-Netzen können so zusammengefaßt werden:

- Ein Vorgang wird durch einen **Pfeil**, ein Ereignis durch einen **Knoten** dargestellt.
- Ein Vorgang (Pfeil) beginnt an einem Ereignis (Knoten) und endet an einem anderen Ereignis (Knoten), z.B.

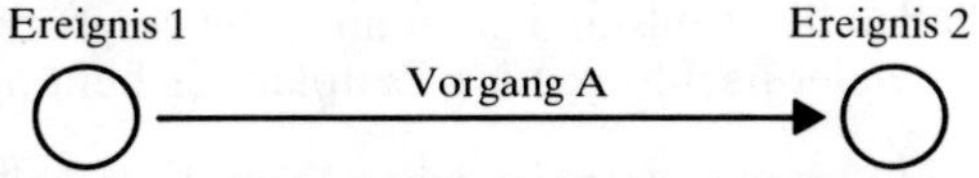

- Müssen mehrere Vorgänge beendet sein, bevor ein weiterer beginnen kann, so enden die Pfeile dieser Vorgänge am Anfangsknoten des nachfolgenden Vorgangs, z.B.

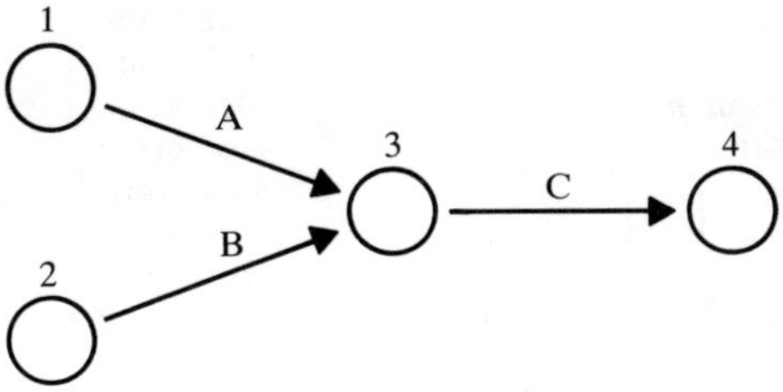

- Haben Vorgänge oder Vorgangs-Folgen gemeinsame Anfangs- und Endereignisse, so wird die logische Struktur durch den Einbau eines **Scheinvorgangs** S, der keine Zeit verbraucht, dargestellt.

D kann erst beginnen, wenn A und (B, C) beendet sind.

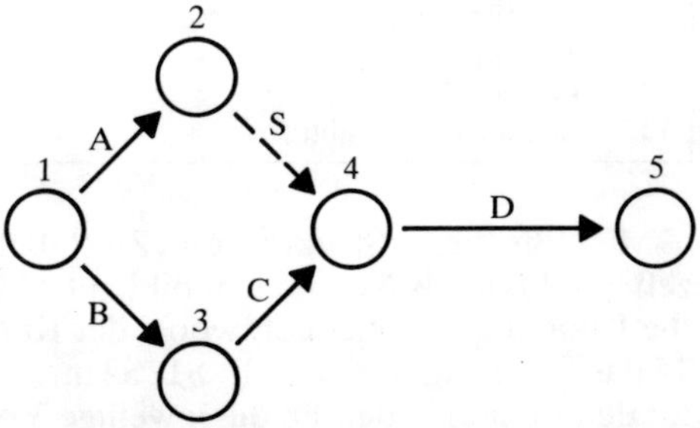

- In einem Netzplan dürfen keine Zyklen auftreten.

Mit diesen Grundregeln konstruieren wir nun einen Netzplan auf der Basis eines kleinen Anwendungsbeispiels aus der Praxis.

Beispiel:

Ein chemischer Reaktor und ein Tanklager sind durch eine isolierte Rohrleitung miteinander verbunden. Wegen der speziellen Verfahrensbedingungen muß die Leitung von Zeit zu Zeit ersetzt werden. Entlang der Leitung und an den Enden befinden sich Ventile, die ebenfalls zu ersetzen sind. Weder Rohrleitungsstücke noch Ventile befinden sich auf Lager, jedoch sind Bauzeichnungen dafür vorhanden.

Da die Leitung in etwa vier Meter Höhe verlegt ist, müssen Gerüste gebaut werden. Arbeitskräfte sind vorhanden.

Ferner ist zu beachten, daß der Ersatz der Leitung erst nach 15 Tagen (= 360 Stunden) erfolgen kann, da ein laufender Produktionsprozeß nicht unterbrochen werden darf. Schließlich kann die Anlagenunterhaltungsabteilung in den ersten sechs Tagen (= 144 Stunden) den Mann nicht freistellen, der die Materiallisten zusammenstellen soll.

Aus dieser Projektbeschreibung entwickeln wir eine Strukturtabelle der Vorgänge, die aus Gründen der Vollständigkeit auch die geschätzten Vorgangsdauern enthält, die wir bei der nachfolgenden Zeitplanung benötigen.

Tab. 51 Vorgänge und Vorgangsdauern im Beispiel Netzplantechnik

Nr.	Vorgang	Bezeichnung	Vorgänger	Vorgangsdauer (ZE)
1	Aufschub	Aufschub	–	360
2	Anlaufzeit	Anl. Zeit	–	144
3	Material zusammenstellen	Mat. zus.	2	8
4	Gerüst errichten	Ger. err.	3	12
5	Ventile fertigen	Vent. fert.	3	225
6	Rohfertigung der Rohrstücke	Roh. Rohr	3	200
7	Alte Leitung außer Betrieb setzen	alte Ltg.	1,3	8
8	Alte Leitung und Ventile abbauen	alte Ltg. abb.	4,7	35
9	Endfertigung der Rohrstücke	End. Rohr	6	40
10	Neue Rohrstücke in richtige Lage bringen	Neue Rohr.	5, 7, 9	32
11	Ventile in richtige Lage bringen und einsetzen	Vent. eins.	5,8	8
12	Rohrstücke verschweißen	Rohr schw.	10,11	8
13	Leitung isolieren	Ltg. isol.	12	24
14	Ventile in Leitung einpassen	Vent. einp.	12	8
15	Druckprüfung	Druck	14	6
16	Gerüst abbauen	Ger. abb.	13, 14	4
17	Säubern und Anlauf	Anl.	15, 16	4

Mit Hilfe dieser Struktur- und Zeittabelle können wir nun den Produktionsprozeß graphisch als Netzplan abbilden (Abb. 39). Die Vorgangs-Nummern sind in die Knoten eingezeichnet, wobei der Knoten 1 das Anfangsereignis und Knoten 14 das Endereignis darstellt. S1, S2 und S3 sind Scheinvorgänge. Die Zahlen unter den Pfeilen bedeuten die jeweilige Vorgangsdauer in ZE.

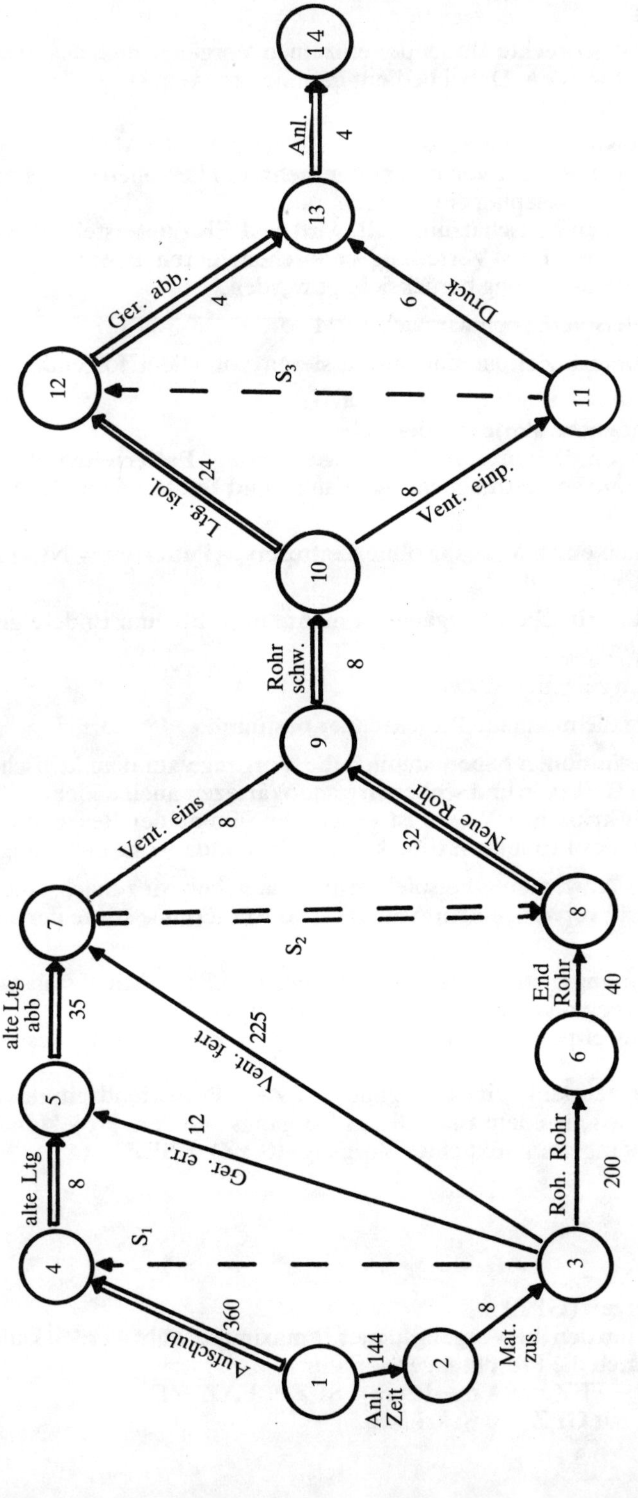

Abb. 39 Netzplan des Anwendungsbeispiels

⇒ = kritischer Weg

2. Zeitplanung

Die in Tab. 51 abgedruckte Dauer der einzelnen Vorgänge muß aus Erfahrungswerten geschätzt werden. Dabei bedient man sich entweder (vgl. Küpper/Lüder/Streitferdt 1975, S. 95f)

- der **deterministischen** Zeitschätzung, z.B. wird bei CPM der mutmaßliche Wert der Vorgangsdauer von einer oder mehreren Personen geschätzt und als Konstante in den Netzplan eingetragen, oder
- der **stochastischen** Zeitschätzung, z.B. wird bei PERT unterstellt, daß die Vorgangsdauern einer Beta-Verteilung gehorchen, deren Erwartungswert und Varianz bei der Schätzung berücksichtigt werden.

In unserem Beispiel gehen wir nach CPM vor.

Bei der Netzwerk-Zeitplanung interessieren vor allem folgende wichtigen Kenngrößen:

- die kürzestmögliche **Projektdauer**,
- die Zeitreserven der einzelnen Vorgänge, die sog. **Pufferzeiten**, die sich aus den frühest- und spätestmöglichen Anfangs- und Endterminen der Vorgänge ergeben.

Wir bezeichnen einen Vorgang ohne Zeitreserve (Pufferzeit = Null) als **kritischen Vorgang**.

Die Folge der kritischen Vorgänge vom Anfangs- bis zum Endereignis heißt **kritischer Weg**.

Man kann nun zeigen, daß der

kritische Weg die minimale Projektdauer bestimmt.

Nach den Definitionen haben nämlich die Vorgänge auf dem kritischen Weg keine zeitlichen Reserven und schließen ohne Wartezeit aneinander an. Die zeitliche Länge des kritischen Weges ist gleich der Summe der Bearbeitungs- und Transportzeiten des Produktes. Eine kürzere Projektdauer ist nicht möglich.

Bevor wir das Anwendungsbeispiel fortführen, geben wir zunächst die Definitionen der dort zu verwendenden Anfangs- und Endtermine sowie der einzelnen Zeitreserven.

- Frühester Anfangszeitpunkt eines Vorgangs (FAZ) = Mindestabstand zwischen Projektbeginn und Beginn dieses Vorgangs
- Frühester Endzeitpunkt eines Vorgangs (FEZ) = FAZ + Dauer des Vorgangs (D)
- Spätester Endzeitpunkt eines Vorgangs (SEZ) = Projektendzeitpunkt – Mindestabstand zwischen dem Ende dieses Vorgangs und dem Projektende
- Spätester Anfangszeitpunkt eines Vorgangs (SAZ) = SEZ – D

Zeitreserven

- Gesamtpufferzeit (GPZ)
  = Zeitraum, um den die Vorgangsdauer D maximal erhöht werden kann, ohne daß sich dadurch die Projektdauer verlängert.
  GPZ = SEZ – FEZ = SAZ – FAZ = SEZ – FAZ – D
  Ein Vorgang mit GPZ = 0 ist **kritisch**.

- Freie Pufferzeit (FPZ)
  = Zeitraum, um den D erhöht werden kann, wenn alle Vorgänge zum FAZ beginnen.
  $FPZ_{ij} = \min_k FAZ_{jk} - FAZ_{ij} - D_{ij}$ (k ε Menge der Nachfolger des Knotens i)
- Unabhängige Pufferzeit (UPZ)
  = Zeitraum, um den D erhöht werden kann, wenn alle Vorgänger zum SAZ und alle Nachfolger zum FAZ beginnen.
  $UPZ_{ij} = \min_k FAZ_{jk} - \max_h SEZ_{hi} - D_{ij}$ (k ε Nachfolgermenge von Knoten j
  h ε Vorgängermenge von Knoten i)

  Falls $UPZ_{ij} < 0$ setzt man $UPZ_{ij} = 0$

Wir errechnen nun die verschiedenen Zeitpunkte und Zeitreserven für unser Anwendungsbeispiel. Tab. 52 zeigt die Ergebnisse.

Tab. 52 Zeitpunkte und Zeitreserven im Beispiel zur Netzplantechnik

Vorgang	D	FAZ	FEZ	SAZ	SEZ	GPZ	FPZ	UPZ
Aufschub	360	0	360	0	360	0	0	0
Anl. Zeit	144	0	144	11	155	11	0	0
Mat. zus.	8	144	152	155	163	11	0	0
Ger. err.	12	152	164	356	368	204	193	204
Vent. fert.	225	152	377	178	403	26	15	26
Roh. Rohr	200	152	352	163	363	11	0	0
alte Ltg.	8	360	368	360	368	0	0	0
alte Ltg. abb.	35	368	403	368	403	0	0	0
End. Rohr	40	352	392	363	403	11	0	11
Neue Rohr.	32	403	435	403	435	0	0	0
Vent. eins.	8	403	411	427	435	24	0	24
Rohr schw.	8	435	443	435	443	0	0	0
Ltg. isol.	24	443	467	443	467	0	0	0
Vent. einp.	8	443	451	457	465	14	0	14
Druck	6	451	457	465	471	14	0	14
Ger. abb.	4	467	471	467	471	0	0	0
Anl.	4	471	475	471	475	0	0	0

Aus Tab. 52 kann der kritische Weg des Projektes abgelesen werden, wenn man die „Nullen" in der Spalte GPZ verfolgt. Die Vorgänge ohne Gesamtpufferzeit liegen auf dem **kritischen** Weg, der folgende Vorgänge enthält:

Aufschub, alte Ltg., alte Ltg. abb., Neue Rohr, Rohr schw., Ltg. isol., Ger. abb., Anl.

Die Länge des kritischen Weges und damit die **kürzestmögliche Projektdauer** beträgt 475 ZE.

Damit sind die beiden Hauptfragen der Zeitplanung beantwortet.

3. Kapazitätsplanung

Im Anschluß an die Zeitplanung muß nun untersucht werden, ob die Produktionskapazität ausreicht, um die minimale Projektdauer realisieren zu können. Die einzelnen Produktionsanlagen müssen zum Starttermin der Vorgänge unseres Projektes frei von anderen Aufträgen sein. Wird nur ein Projekt zur Zeit durchgeführt, ist die Kapazitätsplanung ohne zusätzliche Schwierigkeiten zu bewältigen.

Werden jedoch mehrere Projekte gleichzeitig auf denselben Produktionsanlagen bearbeitet, ergeben sich **überlappende** Netze, die zu einer unzulässigen zeitlichen Ablaufplanung führen können. Man braucht dafür eine **Multiprojektplanung** mit Verfahren wie z.B. RAMPS (Resource Allocation and Multi-Project Scheduling).

Über die Güte dieser z.T. kommerziell angewandten Verfahren, die Näherungslösungen anbieten, ist aber bisher wenig bekannt geworden, so daß wir hier nicht näher darauf eingehen wollen (vgl. dazu Küpper/Lüder/Streitferdt 1975, S. 209).

Reicht die Kapazität nicht aus, um einen zugesagten Ablieferungstermin einhalten zu können, sind Überlegungen darüber anzustellen, ob durch Verschiebungen von Personal- und/oder Maschinenkapazität von den Arbeitsgängen mit Pufferzeiten zu kritischen Arbeitsgängen eine Verminderung der Projektdauer zu erreichen ist. Da dies jedoch im Normalfall nicht ohne Erhöhung der Kosten möglich sein wird, gehen wir nun zur Kostenplanung als letzter Phase der Netzplantechnik über.

4. Kostenplanung

Wir nehmen an, daß die ermittelte kürzestmögliche Projektdauer von 475 ZE den vorher zugesagten Ablieferungstermin überschreitet, so daß einzelne kritische Vorgänge beschleunigt werden müssen. Neben der oben angesprochenen Verschiebung von Arbeitskräften, die möglicherweise keine zusätzlichen Kosten verursacht, kann man die **Intensität** der **Produktionsanlagen** über das Produktionsoptimum hinaus steigern oder ihre zeitliche Nutzung ausdehnen (Überstunden).

Aus der Produktions- und Kostentheorie ist bekannt, daß beide Maßnahmen mit überproportional anwachsenden Kosten verbunden sind, die bei unseren Überlegungen berücksichtigt werden müssen.

Wir unterstellen, daß die Isolierung durch ein neuartiges Material und Verfahren nur noch ein Drittel der bisherigen Zeit benötigt. Nun sind zwei Fragen zu beantworten:

- Wird durch die Beschleunigung dieses kritischen Vorgangs ein anderer Vorgang kritisch?
- Werden die zusätzlichen Kosten der Beschleunigung durch den zusätzlichen Nutzen der Projektverkürzung aufgewogen?

Die erste Frage läßt sich anhand der Pufferzeiten von Tab. 52 beantworten. Durch die Reduktion des kritischen Vorgangs Ltg. isol. um 16 ZE kann die Projektdauer nicht um 16 ZE verkürzt werden, da die Vorgänge Vent. einp. und Druck eine Gesamtpufferzeit von 14 ZE aufweisen und schon kritisch werden, wenn Ltg. isol. um 14 ZE beschleunigt wird. Es lohnt sich daher allenfalls, Ltg. isol. um 14 ZE zu verkürzen und dadurch eine um 14 ZE kürzere Projektdauer zu erreichen.

Zur Beantwortung der zweiten Frage sind zunächst die zusätzlichen Kosten des neuartigen Verfahrens und Materials zu ermitteln, die man der Kostenaufstellung des Herstellers entnimmt. Damit ist der Nutzen der Projektverkürzung zu vergleichen. Ein solcher Nutzen kann bestehen in

- Ersparnis an Konventionalstrafe durch die frühere Ablieferung,

- geringere Kapitalbindung des Projekts,
- die Möglichkeit, andere Projekte früher zu beginnen.

Insbesondere bei den beiden letzten Punkten muß der Nutzen sorgfältig quantifiziert werden, um einen realistischen Vergleich mit den zusätzlichen Kosten der Projektbeschleunigung zu ermöglichen.

Die vielfältigen Schwierigkeiten bei der Erfassung von Kosten und Nutzen einer Projektbeschleunigung sind die Ursache dafür, daß die Kostenplanung in der Praxis noch nicht so verbreitet ist wie die drei vorangehenden Phasen der Struktur-, Zeit- und Kapazitätsplanung.

Mit der Kostenplanung schließen wir die Projektplanung bei Einzelfertigung ab und gehen zur Ablaufplanung bei Serien- bzw. Sortenfertigung über.

b) Die Planung der Maschinenbelegung

1. Einstufige Fertigung

Die Ablaufplanung bei Serien- bzw. Sortenfertigung umfaßt im wesentlichen das Problem, die Produktionsanlagen (Maschinen) mit den zu produzierenden Aufträgen (Losen, Produktmengen) so zu belegen, daß die ablaufplanerischen Zielsetzungen erfüllt werden. Es wird also die im Hinblick auf ein bestimmtes Ziel optimale **Reihenfolge** der Aufträge gesucht.

Bei einstufiger Fertigung treten keine Wartezeiten der Aufträge vor einzelnen Produktionsstufen und auch keine ablaufbedingten Maschinenstillstandszeiten auf.

Ein sinnvolles ablaufplanerisches Ziel bei einstufiger Produktion ist die Minimierung der Umrüstkosten, da die Produktionsanlage nach jedem Auftrag gesäubert und für den neuen Auftrag hergerichtet werden muß. In vielen Produktionszweigen (z.B. Druckindustrie, Schleifmittelindustrie, kosmetische und z.T. chemische Industrie) hängen die Umrüstkosten von der **Reihenfolge** der Aufträge ab. Wir suchen also die Auftragsreihenfolge, die die Umrüstkosten minimiert.

Für diese Problemstellung ist das aus der Unternehmensforschung bekannte Travelling-Salesman-Model (Domschke 1982, S. 56ff) anwendbar. Wir wollen es an einem überschaubaren Beispiel demonstrieren.

Beispiel:

Fünf Aufträge werden nacheinander auf der Produktionsanlage bearbeitet. Eine einmal gewählte Reihenfolge soll auch für alle folgenden Bearbeitungszyklen Gültigkeit haben. Dann gibt es $4! = 24$ verschiedene Auftragsreihenfolgen, die man einzeln auswerten müßte, um die kostengünstigste Reihenfolge zu bestimmen. Dieses Verfahren der „vollständigen Enumeration" ist aber bei einer größeren Zahl von Aufträgen ($20! > 2 \cdot 10^{18}$) nicht mehr angebracht, so daß wir heuristische Verfahren oder Branch-and-Bound-Verfahren (Hansmann 1972c) anwenden müssen. Wir werden für unser Beispiel zwei heuristische Verfahren vorstellen und verweisen wegen des Branch-and-Bound-Verfahrens auf die Spezial-Literatur (Domschke 1982, S. 64ff).

Die Umrüstkosten des Beispiels sind in Tab. 53 wiedergegeben.

Tab. 53 Umrüstkosten in GE pro Umrüstung

von Auftrag \ auf Auftrag	A	B	C	D	E
A	–	24	20	35	28
B	22	–	27	21	36
C	25	21	–	30	18
D	40	28	25	–	20
E	27	33	22	24	–

Tab. 53 zeigt ein unsymmetrisches Umrüstproblem, da die Umrüstkosten von Auftrag A auf B nicht dieselben sind wie von B auf A.

Wir beginnen die Analyse mit dem sehr einfachen und wenig effizienten heuristischen Verfahren **des besten Nachfolgers**:

> Ausgehend von einem beliebigen Auftrag wählt man als Nachfolger stets den Auftrag mit den geringsten Umrüstkosten.
>
> Wir wählen als ersten Auftrag E und erhalten folgende
>
> Reihenfolge: E – C – B – D – A – E
> Umrüstkosten: 22 21 21 40 28

Die gesamten Umrüstkosten betragen **132 GE**.

Das Verfahren ist wenig rechenaufwendig, da es nur $\frac{1}{2}(n-1)n$ Vergleiche erfordert. Liegt nämlich der erste Auftrag fest, müssen für den zweiten Auftrag $(n-1)$ Möglichkeiten verglichen werden, für den dritten Auftrag $(n-2)$ Möglichkeiten usw. Die geringe Effizienz ergibt sich aus dem Sachverhalt, daß man am Ende des Verfahrens, wenn viele Aufträge schon fixiert sind, zu wenig Freiheitsgrade für die Minimierung hat und evtl. ungünstige Kombinationen in die Reihenfolge aufnehmen muß. Dies ist in unserem Beispiel beim Auftrag D der Fall. Da die Aufträge C, B und E schon vergeben sind, muß nun der Auftrag A an D angeschlossen werden, wobei die absolut höchsten Umrüstkosten von 40 GE anfallen.

Wir versuchen nun, die Ausgangslösung E – C – B – D – A – E durch ein **heuristisches Austauschverfahren** (Müller-Merbach 1983, S. 282ff) zu verbessern. Um Möglichkeiten zur Einsparung von Umrüstkosten aufzudecken, beziehen wir die Umrüstkosten auf die Ausgangslösung, d.h. wir setzen (fiktiv) fest, daß die Umrüstkosten der Reihenfolge E – C – B – D – A – E gleich **Null** sind. Dann erhalten wir für andere Kombinationen negative Umrüstkosten, wenn Kostenersparnisse gegenüber der Ausgangslösung zu erzielen sind und positive Umrüstkosten, wenn zusätzliche Kosten gegenüber der Ausgangslösung auftreten.

Formal verwirklichen wir diesen Gedankengang, indem wir von jeder Zeile und Spalte der Umrüstkostenmatrix (Tab. 53) (beliebig zu wählende) Konstanten abziehen. Dies ist erlaubt, wie wir aus der Analyse der Zielfunktion und der Nebenbedingungen des Travelling-Salesman-Problems erkennen:

Zielfunktion:

$$(121) \qquad K = \sum_{i=1}^{n} \sum_{j=1}^{n} U_{ij}\, x_{ij} \Rightarrow \text{Min!}$$

Nebenbedingungen:

(122) $\sum_{j=1}^{n} x_{ij} = 1$ (i = 1, 2, ..., n) (Jeder Auftrag hat genau einen Nachfolger)

(123) $\sum_{i=1}^{n} x_{ij} = 1$ (j = 1, 2, ..., n) (Jeder Auftrag hat genau einen Vorgänger)

(124) $x_{ij} = 0$ oder 1 (i = 1, 2, ..., n; j = 1, 2, ..., n)

(125) Es muß eine geschlossene Auftragsfolge – ohne Kurzzyklen – gewählt werden.

Die Symbole haben folgende Bedeutung:

U_{ij} = Umrüstkosten von Auftrag i auf Auftrag j
x_{ij} = Auftragsvariable: sie ist gleich Eins, wenn Auftrag j Auftrag i nachfolgt, sonst ist sie gleich Null.

Zieht man aus der Umrüstkostenmatrix von der Zeile i die Konstante v_i und von der Spalte j die Konstante w_j ab, so ergibt sich folgende Zielfunktion:

(126) $$\sum_{i=1}^{n}\sum_{j=1}^{n}(U_{ij} - v_i - w_j)\,x_{ij} = \sum_{i=1}^{n}\sum_{j=1}^{n} U_{ij}\,x_{ij} - \sum_{i=1}^{n} v_i \sum_{j=1}^{n} x_{ij} - \sum_{j=1}^{n} w_j \sum_{i=1}^{n} x_{ij}$$

Sie unterscheidet sich nur durch die Konstante $\sum_{i=1}^{n} v_i + \sum_{j=1}^{n} w_j$ von der Zielfunktion (121), da $\sum_{j=1}^{n} x_{ij}$ und $\sum_{i=1}^{n} x_{ij}$ nach (122) und (123) gleich Eins sein muß. Man erhält also durch Minimierung von (126) dieselbe optimale Auftragsreihenfolge wie bei (121).

Tab. 54 enthält die reduzierte Umrüstkostenmatrix.

Tab. 54 Matrix der reduzierten Umrüstkosten $U_{ij} - v_i - w_j$ (Ausgangslösung)[11]

nach Auftrag / von Auftrag	A	B	C	D	E	v_i
A	∞	−3	−5	10	0	14
B	−8	∞	6	0	12	10
C	−3	0	∞	11	− 4	8
D	0	−5	−6	∞	**−14**	20
E	−4	9	0	2	∞	11
w_j	20	13	11	11	14	$\sum_{i=1}^{n} v_i + \sum_{j=1}^{n} w_j = 132$

[11] Die Elemente der Hauptdiagonale sind mit dem Symbol ∞ dargestellt, um solche Auftragsfolgen zu verbieten. Numerisch ist ∞ durch eine sehr große positive Zahl zu ersetzen.

Die Matrix wurde so reduziert, daß die Umrüstkosten der Ausgangslösung sämtlich gleich Null gesetzt sind. Die negativen Zahlen weisen auf **Möglichkeiten** der Kosteneinsparung hin. Es muß allerdings betont werden, daß z.B. die Kosteneinsparung von 14 GE bei Aufnahme der Folge D – E nicht endgültig ist, da durch den Umbau der gesamten Reihenfolge an anderer Stelle Kostensteigerungen auftreten können, die u.U. 14 GE übertreffen. Gemäß unseres heuristischen Prinzips betrachten wir daher die Kombination D – E als „Anwärter" auf eine Lösungsverbesserung, die nun zu überprüfen ist.

Der Einbau der Kombination D – E in die Ausgangsreihenfolge spaltet diese zunächst in zwei Teile auf:

E – C – B – D – E und A

Um eine komplette Auftragsfolge zu erhalten, müssen wir A in die Kombination E – C, C – B oder B – D einbauen[12]. Wir vergleichen die Umrüstkosten dieser Auftragsfolgen.

E – A – C – B – D – E : K = 109 GE
E – C – A – B – D – E : K = 112 GE
E – C – B – A – D – E : K = 113 GE

Alle drei Auftragsfolgen sind kostengünstiger als die mit dem Verfahren des besten Nachfolgers errechnete Reihenfolge. Wir nehmen als

erste verbesserte Reihenfolge:

E – A – C – B – D – E

mit K = 109 GE.

Um weitere Möglichkeiten zur Kosteneinsparung zu finden, reduzieren wir die Umrüstkostenmatrix so, daß die neue Lösung mit Null GE Umrüstkosten erscheint. Tab. 55 zeigt das Ergebnis.

Tab. 55 Matrix der reduzierten Umrüstkosten $U_{ij} - v_i - w_j$ (verbesserte Lösung)

nach Auftrag / von Auftrag	A	B	C	D	E	v_i
A	∞	3	0	13	11	11
B	−2	∞	8	0	20	10
C	0	0	∞	8	1	11
D	12	4	2	∞	0	14
E	0	10	0	0	∞	13
w_j	14	10	9	11	6	$\Sigma v_i + \Sigma w_j = 109$

Nach Tab. 55 erscheint der Einbau der Kombination B – A in die Auftragsfolge erfolgversprechend zu sein. Dadurch werden die Kombinationen B – D und E – A der geltenden Reihenfolge gesperrt und die Auftragsfolge wird in die Teile B – A – C – B und D – E aufgespalten. Um zu einer kompletten Folge zu gelangen, können wir D – E zwischen A und C oder zwischen C und B eingliedern.

[12] Der Einbau zwischen D und E würde die alte Folge reproduzieren.

Das ergibt die Folgen

B – A – D – E – C – B : K = 120 GE
B – A – C – D – E – B : K = 125 GE

Mit diesen Folgen wird unsere geltende Lösung nicht verbessert. Da wir kein weiteres negatives Element in Tab. 55 erkennen, beenden wir den Suchprozeß und erhalten als **beste heuristische Reihenfolge**

E – A – C – B – D – E

mit Umrüstkosten von 109 GE.

Das tatsächliche Optimum läßt sich mit Branch-and-Bound-Algorithmen ermitteln (vgl. z.B. Hansmann 1972c und Domschke 1982), die jedoch im Rahmen dieses Lehrbuchs nicht dargestellt werden können. Mit einem am Lehrstuhl des Verfassers entwickelten Branch-and-Bound-EDV-Programm wurde festgestellt, daß die beste heuristische Lösung in unserem Beispiel das exakte Optimum ist. Auch in größeren Beispielen konnte festgestellt werden, daß das angeführte heuristische Verfahren recht gute Ergebnisse liefert und daher für praktische Anwendungen geeignet ist.

2. Mehrstufige Fertigung

α) Problemstellung

Bei mehrstufiger Fertigung müssen die optimalen Auftragsfolgen für jede Produktionsstufe bestimmt werden. n Aufträge und m Produktionsstufen (Maschinen) führen zu $(n!)^m$ verschiedenen Auftragsfolgen. Dieses kombinatorische Problem gehört zu den schwierigsten Aufgaben der Industriebetriebslehre, da z.B. $(10!)^5 > 6 \cdot 10^{32}$ ist.

Hinzu kommt, daß bei mehrstufiger Fertigung Wartezeiten der Aufträge vor den Maschinen und Maschinenstillstandszeiten auftreten können, so daß wir nicht wie bei einstufiger Fertigung nur die Umrüstkosten minimieren dürfen, sondern die globale Zielsetzung „Kostenminimierung bei der Ablaufplanung" zugrunde zu legen haben. Da diese, wie auf S. 177 gezeigt wurde, meistens **nicht operational** ist, müssen wir auf die vier beschriebenen Ersatzziele (S. 178-179) zurückgreifen und befinden uns damit vor dem „Dilemma der Ablaufplanung".

Es gibt noch kein befriedigendes Verfahren, das die Maschinenbelegung bei mehrstufiger Fertigung umfassend und zieladäquat zu planen gestattet. Ursachen sind

- die konfliktären Zielsetzungen (Dilemma der Ablaufplanung)
- der enorme Rechenaufwand für die kombinatorische Ablaufplanung.

Man versucht, praktikable Lösungen durch folgende radikale Vereinfachungen zu ermöglichen:

- Eine operationale Zielsetzung wird zugrunde gelegt, während die übrigen Ziele nicht explizit beachtet werden.
- Es wird unterstellt, daß die Reihenfolge der zu durchlaufenden Produktionsstufen für alle Aufträge technisch festgelegt und gleich ist (sog. identical routing) und ein Auftrag einen anderen während der Bearbeitung nicht überholen darf (sog. passing not permitted). Dadurch reduziert sich die Anzahl möglicher Auftragsfolgen auf n!.

Wir werden zunächst ein exaktes und ein heuristisches Optimierungsverfahren für die Maschinenbelegung vorstellen, die beide die Minimierung der Zykluszeit anstreben. Anschließend werden wir in einem Simulationsmodell überprüfen, welche heuristischen Regeln die anderen ablaufplanerischen Zielsetzungen möglichst gut erfüllen.

β) Ein exaktes Verfahren für die zweistufige Fertigung

Johnson (1954) hat ein Optimierungsverfahren entwickelt, das bei zweistufiger Produktion die Zykluszeit, also die Durchlaufzeit des langsamsten Auftrags, minimiert.

Dabei gelten folgende Prämissen:

- Die Umrüstkosten sind nicht abhängig von der Reihenfolge der Aufträge.
- Es gibt keine Konventionalstrafen bei Terminüberschreitung.
- Alle Aufträge durchlaufen **nach** der ersten Produktionsstufe die zweite Stufe (identical routing).

Der **Johnson-Algorithmus** läuft in folgenden Schritten ab:

1. Ermittle die insgesamt kleinste Bearbeitungszeit der vorliegenden Aufträge. Nenne den zugehörigen Auftrag i.
2. Ist die minimale Bearbeitungszeit Produktionsstufe 1 zugeordnet, so setze den Auftrag i an die **erste** freie Stelle der Auftragsfolge. Gehört diese Bearbeitungszeit jedoch zu Produktionsstufe 2, so setze den Auftrag i an die **letzte** freie Stelle der Auftragsfolge.
3. Streiche den Auftrag i.
4. Gehe zu 1., falls die Auftragsfolge unvollständig ist, sonst beende das Verfahren.

Begründung des Algorithmus

Die maximale Durchlaufzeit (Zykluszeit) kann nicht kleiner sein als die Summe aller Bearbeitungszeiten auf Produktionsstufe 1 plus der Bearbeitungszeit des letzten Auftrags auf Produktionsstufe 2. Bezeichnet man mit Z die Zykluszeit, mit t_{i1} die Bearbeitungszeit des i-ten Auftrags auf Produktionsstufe 1 und mit $t_{[n]2}$ die Bearbeitungszeit des an n-ter Stelle der Auftraggsfolge stehenden Auftrags auf Produktionsstufe 2, so ergibt sich die Ungleichung:

$$(127) \qquad Z \geq \sum_{i=1}^{n} t_{i1} + t_{[n]2}$$

Andererseits kann die Zykluszeit nicht kleiner sein als die Summe aller Bearbeitungszeiten auf Produktionsstufe 2 plus der Bearbeitungszeit des ersten Auftrags auf Produktionsstufe 1.

$$(128) \qquad Z \geq \sum_{i=1}^{n} t_{i2} + t_{[1]1}$$

Da die Summe der Bearbeitungszeiten eine Konstante ist, kann man nur durch Minimierung von $t_{[1]1}$ und $t_{[n]2}$ die Zykluszeit erniedrigen. Dies erfolgt in Schritt 2 des Algorithmus.

Für die restlichen n − 1 Aufträge nutzt man dieselbe Überlegung. Ein formaler Beweis der Optimalität des Johnson-Algorithmus findet sich in Conway/Maxwell/Miller (1967, S. 86f).

Anwendungsbeispiel

Wir betrachten fünf Aufträge, die zwei Produktionsstufen durchlaufen. Die Bearbeitungszeiten gibt Tab. 56 wieder.

Tab. 56 Bearbeitungszeiten der Aufträge in ZE (Johnson-Algorithmus)

Auftrag	Produktionsstufe 1	Produktionsstufe 2
A	8	11
B	5	3
C	2	5
D	7	1
E	10	6

Die kleinste Bearbeitungszeit der fünf Aufträge ist $t_{D2} = 1$. Der Auftrag D kommt also an die letzte Stelle der Auftragsfolge.

Nach Streichung von Auftrag D in Tab. 56 ist das neue Minimum $t_{C1} = 2$, so daß Auftrag C an erster Stelle der Auftragsfolge erscheint. Infolge $t_{B2} = 3$ wird Auftrag B an die vierte Stelle gelegt. Wegen $t_{E2} = 6$ erhält Auftrag E die dritte Stelle und schließlich Auftrag A die zweite Stelle.

Damit lautet die **optimale Auftragsfolge**

C − A − E − B − D mit einer **Zykluszeit** von 33 ZE,

die sich aus dem folgenden GANTT-Diagramm (Abb. 40) ergibt.

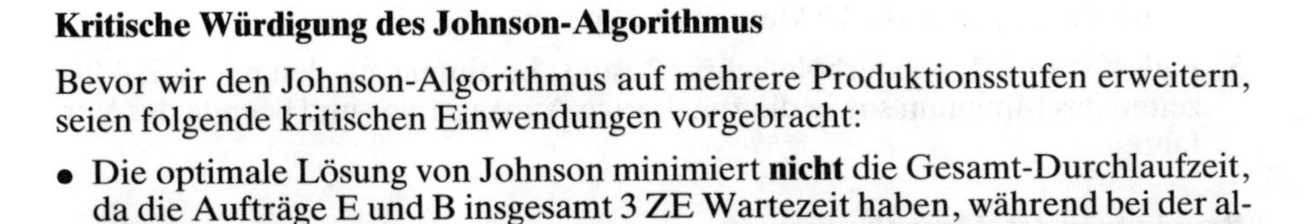

Abb. 40 GANTT-Diagramm der optimalen Auftragsfolge (Johnson-Algorithmus)

Kritische Würdigung des Johnson-Algorithmus

Bevor wir den Johnson-Algorithmus auf mehrere Produktionsstufen erweitern, seien folgende kritischen Einwendungen vorgebracht:

- Die optimale Lösung von Johnson minimiert **nicht** die Gesamt-Durchlaufzeit, da die Aufträge E und B insgesamt 3 ZE Wartezeit haben, während bei der alternativen Reihenfolge C − B − A − E − D mit gleicher Zyklus- und Maschinenstillstandszeit nur der Auftrag E eine ZE Wartezeit aufweist.
- Die Zykluszeit ist kein optimales Maß für die Kapitalbindungskosten. So verläßt z.B. das Produkt C unabhängig von der Zykluszeit bereits nach 7 ZE den Produktionsbereich; damit ist die Kapitalbindung für dieses Produkt beendet.

Trotzdem ist der Johnson-Algorithmus als Basis für eine heuristische Erweiterung auf m Produktionsstufen geeignet, falls das Ziel „Minimierung der Zykluszeit" den betrieblichen Gegebenheiten, z.B. bei gleichzeitigem Eintreffen aller Aufträge, ungefähr entspricht.

γ) Ein heuristisches Verfahren für m-stufige Fertigung

Es gibt kein exaktes Optimierungsverfahren für die Maschinenbelegung von n Aufträgen auf m Produktionsstufen bei $m > 3$. Campbell und Dudek (1970) haben ein heuristisches Verfahren entwickelt, das die fundamentalen Eigenschaften des Johnson-Algorithmus auf m Produktionsstufen überträgt. Auch hier gelten wieder die Voraussetzungen

- gleiche Reihenfolge der Maschinen für alle Aufträge,
- kein Überholen einzelner Aufträge.

Ablauf des Algorithmus von Campbell und Dudek

Aus dem vorliegenden Problem mit m Maschinen werden $m - 1$ Hilfsprobleme mit jeweils zwei fiktiven Maschinen entwickelt, die mit dem Johnson-Algorithmus gelöst werden.

Das k-te Hilfsproblem besteht in der Zusammenfassung der ersten k Maschinen zur fiktiven Maschine 1 und der letzten k Maschinen zur fiktiven Maschine 2, wobei die zugehörigen Bearbeitungszeiten addiert werden.

Die minimale Zykluszeit der $m - 1$ Hilfsprobleme ergibt die optimale Auftragsfolge.

Wir formalisieren nun die Schrittfolge des Algorithmus.

1. Setze $k = 0$.
2. Setze $k = k + 1$. Bestimme für alle Aufträge i ($i = 1, 2, \ldots, n$)

   $$t^{*k}_{i1} = \sum_{j=1}^{k} t_{ij} \qquad \text{und} \qquad t^{*k}_{i2} = \sum_{j=m+1-k}^{m} t_{ij}$$

   (i = Index der Aufträge
   j = Index der Produktionstufen)
3. Ermittle mit dem Johnson-Algorithmus die optimale Auftragsfolge für die n Aufträge auf den beiden fiktiven Maschinen 1 und 2 mit den Bearbeitungszeiten
   t^{*k}_{i1} und t^{*k}_{i2} ($i = 1, 2, \ldots, n$).
4. Berechne für die optimale Auftragsfolge unter Verwendung der **tatsächlichen** Bearbeitungszeiten die Zykluszeit und speichere das Ergebnis.
5. Falls $k < m - 1$, wiederhole Schritt 2, sonst bestimme aus den $m - 1$ Zykluszeiten das Minimum sowie die zugehörige Auftragsfolge und beende das Verfahren.

Begründung des Algorithmus

Es wird versucht, die optimierenden Eigenschaften des Johnson-Algorithmus auf m Produktionsstufen zu übertragen. Die Zusammenfassung der Maschinen ergibt für die Zykluszeit eine **Untergrenze** (Bound), die aber möglicherweise unzulässig ist, da eventuelle Wartezeiten nicht berücksichtigt werden.

Aus den n! Auftragsfolgen werden $m - 1$ ausgewertet, die möglichst unterschiedliche Richtungen bei der Optimumsuche repräsentieren sollen. Dies wird durch die Überlappung der Zusammenfassungen erreicht; z.B. werden bei m = 4 und k = 3 die Maschinen 1, 2, 3 und 2, 3, 4 zusammengefaßt.

Zur Erläuterung des Verfahrens geben wir nun ein **Anwendungsbeispiel**, in dem wir unseren Fall von S. 193 auf vier Produktionsanlagen erweitern. Die Bearbeitungsmatrix ist in Tab. 57 wiedergegeben.

Tab. 57 Bearbeitungszeiten in ZE (Beispiel zum Campbell/Dudek-Algorithmus)

Auftrag	Produktionsstufe			
	1	2	3	4
A	8	11	4	3
B	5	3	9	12
C	2	5	5	8
D	7	1	6	4
E	10	6	3	5

Wir wenden nun die formalisierte Schrittfolge des Algorithmus von Campbell und Dudek an.

Schritt 1 k = 0

Schritt 2 **1. Hilfsproblem**
k = 1 $t_{i1}^{*1} = t_{i1}$ $t_{i2}^{*1} = t_{i4}$

Schritt 3
Die optimale Auftragsfolge für diese beiden Maschinen lautet
C – B – E – D – A

Schritt 4
Für diese Reihenfolge wird nun das GANTT-Diagramm mit den echten Bearbeitungszeiten auf allen Maschinen entwickelt (Abb. 41).

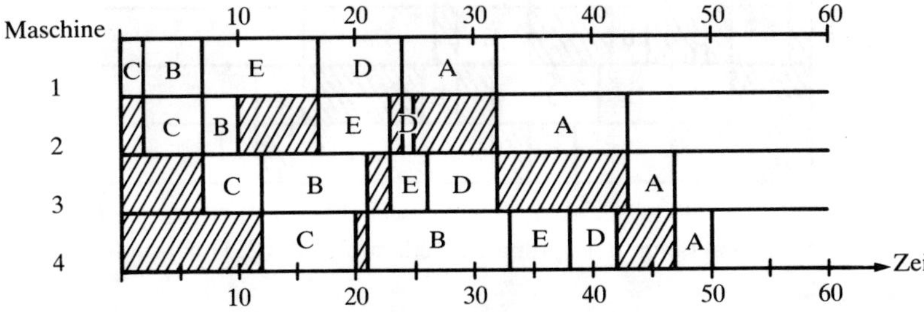

Abb. 41 GANTT-Diagramm des 1. Hilfsproblems

Die Zykluszeit beträgt 50 ZE für die Folge C – B – E – D – A.

Zu Vergleichszwecken ermitteln wir

- die gesamte Wartezeit der Aufträge: 16 ZE
- die Maschinenstillstandszeit (in Abb. 41 schraffiert): 55 ZE

Es erfolgt nun der Rücksprung zu Schritt 2 für das 2. Hilfsproblem.

Schritt 2 2. Hilfsproblem

$k = 2 \qquad t_{i1}^{*2} = t_{i1} + t_{i2} \qquad t_{i2}^{*2} = t_{i3} + t_{i4}$

Tab. 58 gibt die zusammengefaßten Bearbeitungszeiten der fiktiven Maschinen wieder.

Tab. 58 Bearbeitungszeiten für das 2. Hilfsproblem

Auftrag	Maschine 1	Maschine 2
A	19	7
B	8	21
C	7	13
D	8	10
E	16	8

Schritt 3

Die optimale Auftragsfolge nach Johnson lautet

C – D – B – E – A,

gleichwertig ist die Reihenfolge

C – B – D – E – A.

Wir verfolgen die erste Auftragsfolge weiter.

Schritt 4

Für diese Auftragsfolge enthält Abb. 42 das GANTT-Diagramm auf der Basis der echten Bearbeitungszeiten.

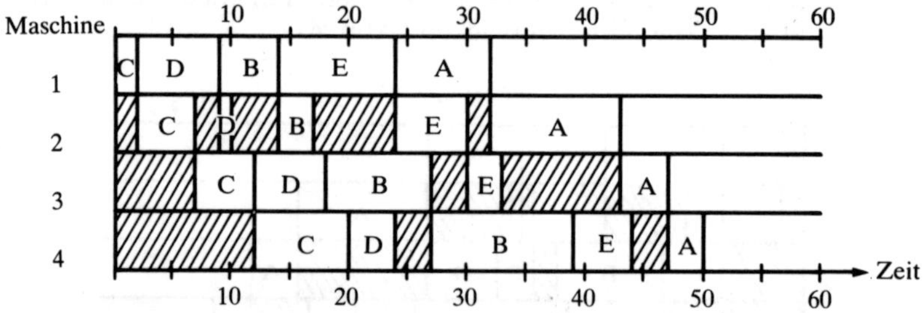

Abb. 42 GANTT-Diagramm der optimalen Reihenfolge des 2. Hilfsproblems

Die Zykluszeit beträgt wiederum 50 ZE für die Folge C – D – B – E – A.
Gesamte Wartezeit der Aufträge: 11 ZE
Maschinenstillstandszeit (in Abb. 42 schraffiert): 56 ZE

Schritt 5

Da $k < 3$ erfolgt Rücksprung zu Schritt 2.

Schritt 2 2. Hilfsproblem

$k = 3 \qquad t_{i1}^{*3} = t_{i1} + t_{i2} + t_{i3} \qquad t_{i2}^{*3} = t_{i2} + t_{i3} + t_{i4}$

Die addierten Bearbeitungszeiten finden sich in Tab. 59.

Tab. 59 Bearbeitungszeiten für das 3. Hilfsproblem

Auftrag	Maschine 1	Maschine 2
A	23	18
B	17	24
C	12	18
D	14	11
E	19	14

Schritt 3

Die optimale Auftragsfolge des 3. Hilfsproblems lautet:

C – B – A – E – D

Schritt 4

Abb. 43 zeigt das GANTT-Diagramm für diese Auftragsfolge.

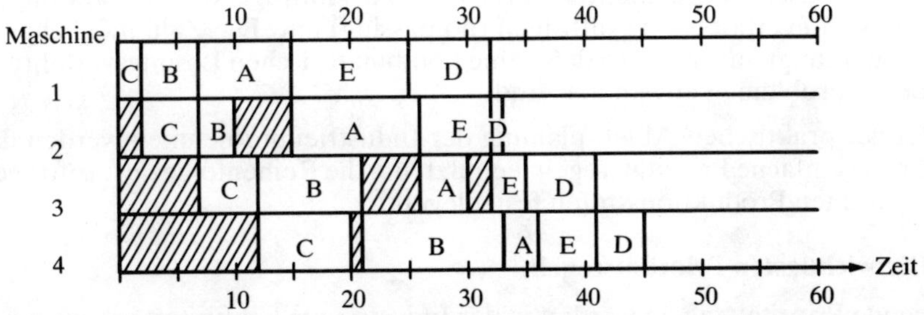

Abb. 43 GANTT-Diagramm der optimalen Reihenfolge des 3. Hilfsproblems

Die Zykluszeit beträgt 45 ZE für die Folge C – B – A – E – D.
Gesamte Wartezeit der Aufträge: 9 ZE
Maschinenstillstandszeit (in Abb. 43 schraffiert): 34 ZE

Schritt 5

Da k = 3 = m – 1, wird kein weiteres Hilfsproblem gelöst. Die zuletzt gefundene Lösung ist damit die

optimale heuristische Auftragsfolge C – B – A – E – D

mit einer minimalen Zykluszeit von 45 ZE.

Wir erkennen, daß diese Folge zugleich die minimale Wartezeit der Aufträge wie auch die minimale Maschinenstillstandszeit bewirkt. Eine solche Übereinstimmung bei den drei ablaufplanerischen Zielen ist jedoch **nicht** häufig anzutreffen.

Zum Abschluß unterziehen wir den Campbell/Dudek-Algorithmus noch einer kurzen **kritischen Würdigung**.

- Der Algorithmus ist einfach, leicht zu programmieren und erfordert keinen hohen Rechenaufwand.
- Kapazitätsgrenzen der Produktionsstufen werden **nicht** berücksichtigt.
- Die Umrüstkosten sind reihenfolgeunabhängig.
- Eine Terminüberwachung wird nicht durchgeführt.

- Es fehlt ein heuristischer Vertauschungsalgorithmus, um lokale Suboptima zu überwinden.
- Durch Simulationsstudien müßte geprüft werden, ob auch die anderen Zielsetzungen (Minimierung von Durchlauf- und Maschinenstillstandszeit) gut erfüllt werden, wie dies in unserem Beispiel der Fall war.
- Manche Aufträge benötigen aus technischen Gründen eine andere Maschinenreihenfolge; dies kann nicht berücksichtigt werden.

Trotz dieser Einwendungen kann der Campbell/Dudek-Algorithmus wegen seiner einfachen heuristischen Struktur bei praktischen Ablaufplanungsproblemen gute Dienste leisten. Will man die einschränkenden Prämissen aufheben, bleibt nur noch übrig, die Ablaufplanung mit einfachen Prioritätsregeln durchzuführen, denen wir uns nun zuwenden.

c) Simulation der Ablaufplanung mit Prioritätsregeln

Wir heben jetzt die einschneidendsten Prämissen der bisherigen Ansätze, nämlich die identische Maschinenreihenfolge für alle Aufträge (identical routing) und das „Überholverbot" von Aufträgen (no passing) auf. Die Zahl möglicher Reihenfolgen steigt auf $(n!)^m$, so daß keine kombinatorischen Lösungsverfahren bei größeren Problemen anwendbar sind.

Bei der praktischen Ablaufplanung der Industrieunternehmen werden daher als Ersatz einfache Prioritätsregeln benutzt, um die Reihenfolge der Aufträge vor den einzelnen Produktionsstufen festzulegen.

1. Die wichtigsten Prioritätsregeln

Folgende Prioritätsregeln werden in der Industrie am häufigsten angewendet:

1. **K**ürzeste **O**perations**z**eit (KOZ-Regel)
   Der Auftrag mit der kürzesten Bearbeitungszeit auf der jeweiligen Produktionsstufe wird als erster dort bearbeitet. Entsprechend werden die übrigen Aufträge angeordnet.
2. Längste Operationszeit (LOZ-Regel)
3. Längste Wartezeit (First come, first served)
   Der Auftrag mit der längsten Wartezeit wird als erster bearbeitet.
4. Kürzester Fertigstellungstermin
5. Kleinste Schlupfzeit
   Der Auftrag mit der kleinsten Differenz zwischen der Zeit bis zum vorgegebenen Fertigstellungstermin und der Summe der Bearbeitungszeiten aller noch nicht abgeschlossenen Operationen wird als erster bearbeitet.
6. Größte bzw. kleinste Summe der noch ausstehenden Bearbeitungszeiten
7. Maximale Kapitalbindung bis zur gegenwärtigen Produktionsstufe
8. Geringste Umrüstkosten

Alle Prioritätsregeln sind heuristisch aus einzelnen Zielen der Ablaufplanung (Minimierung der Durchlauf-, Zyklus- und Stillstandszeit sowie der Terminüberschreitung) abgeleitet und erfüllen dementsprechend die übrigen Ziele unterschiedlich gut.

Da es jedoch kein **analytisches** Verfahren gibt, um die Optimalität einer Prioritätsregel nachzuweisen, bleiben zwei Möglichkeiten des Vorgehens:

- Anwendung einer gewichteten Kombination verschiedener Prioritätsregeln,
- Gütetest einiger Prioritätsregeln mit Hilfe der Simulation.

Die erste Möglichkeit wird bei Anwender-Software, z.B. im IBM-CLASS-System (Mertens 1978, S. 233) realisiert. Dabei muß jedoch das Problem der geeigneten Wahl der Gewichte gelöst werden. Darüber hinaus ist nicht sicher, ob die benutzte **lineare** Kombination der Gewichte problemangemessen ist.

Wir wollen im folgenden auf die zweite Möglichkeit näher eingehen und in einer Simulation einige Prioritätsregeln daraufhin testen, wie sie die Ziele der Ablaufplanung erfüllen.

2. Ablauf der Simulation

Für jeden Simulationslauf werden die Bearbeitungszeiten der Aufträge auf den Produktionsstufen mit Hilfe von gleich- oder normalverteilten Zufallszahlen simuliert. Anschließend wird die Maschinenbelegung mit jeder Prioritätsregel auf der Grundlage dieser Bearbeitungszeiten geplant, und die Durchlauf-, Zyklus- und Stillstandszeiten sowie die Terminüberschreitungen werden gespeichert.

Nach Beendigung der Simulationsläufe sind die Kennwerte jeder Prioritätsregel zu errechnen: die mittlere Durchlauf-, Zyklus- und Maschinenstillstandszeit sowie die Terminüberschreitungswahrscheinlichkeit.

Wir zeigen die Ermittlung der Kenngrößen am Beispiel der mittleren Durchlaufzeit.

t^D_{ij} sei die Durchlaufzeit des Auftrags i im j-ten Simulationslauf. Dann beträgt die durchschnittliche Durchlaufzeit der n Aufträge im Laufe j:

$$(129) \qquad \mu^D_j = \left(\sum_{i=1}^{n} t^D_{ij}\right)/n$$

Die mittlere Durchlaufzeit der n Aufträge über alle m Simulationsläufe ergibt sich zu

$$(130) \qquad \mu^D = \sum_{j=1}^{m} \mu^D_j/m$$

mit der Standardabweichung (Streuung der Durchlaufzeiten)

$$(131) \qquad s^D = \sqrt{\frac{\sum_{j=1}^{m} (\mu^D_j - \mu^D)^2}{m-1}}$$

Darüber hinaus läßt sich, wenn man normalverteilte Durchlaufzeiten unterstellt, ein Konfidenzintervall für die mittlere Durchlaufzeit μ^D berechnen, z.B. auf dem 95%-Signifikanzniveau

$$(132) \qquad \mu_D \pm 1{,}96 \cdot \frac{s^D}{\sqrt{m}} \qquad (\text{für } m > 100).$$

Die gleichen Kennwerte sind nun auch für die Zykluszeit und die Maschinenstillstandszeit zu ermitteln. Die Terminüberschreitungswahrscheinlichkeit ist für jeden Auftrag gleich dem Verhältnis: Anzahl der Simulationsläufe mit Terminüberschreitung zur Anzahl aller Simulationsläufe.

Die Kenngrößen können natürlich nur einen Hinweis auf die Güte einer Prioritätsregel geben. Wir haben jedoch Grund zu der Annahme, daß eine Prioritätsregel, die in vielen Simulationsläufen einer anderen überlegen gewesen ist und dadurch günstigere Kennwerte erreicht hat, auch in der Praxis zu besseren Lösungen des Ablaufplanungsproblems tendieren wird, selbst wenn es in einem konkreten Fall einmal anders aussieht.

Ein Industriebetrieb sollte daher die Prioritätsregel in der Ablaufplanung anwenden, die im Hinblick auf seine individuellen ablaufplanerischen Zielsetzungen die günstigsten Kennwerte im Simulationsmodell erreicht hat.

3. Anwendungsbeispiel

Wir legen wieder ein Ablaufproblem mit 5 Aufträgen und 4 Produktionsstufen zugrunde. Die Maschinenreihenfolge soll aber nicht mehr für alle Aufträge gleich, sondern gemäß Tab. 60 festgelegt sein.

Tab. 60 Reihenfolge der von den Aufträgen durchlaufenen Maschinen

Auftrag	Maschinenfolge (M)			
A	M1	M2	M3	M4
B	M3	M2	M4	M1
C	M2	M1	M4	M3
D	M1	M3	M2	M4
E	M1	M3	M2	M4

Wir vergleichen in der Simulation die beiden Prioritätsregeln

- Kürzeste Operationszeit (KOZ-Regel),
- Größte Summe der noch ausstehenden Operationszeiten.

Für den ersten Simulationslauf verwenden wir aus Gründen der Vergleichbarkeit die Bearbeitungszeiten unseres Beispiels zum Campbell/Dudek-Algorithmus aus Tab. 57 (S. 195).

Das Ergebnis dieses ersten Laufs zeigt eine klare Überlegenheit der KOZ-Regel im Vergleich zur Regel der größten Summe der noch ausstehenden Operationszeiten.

Bei Anwendung der **KOZ-Regel** ergeben sich folgende Kennwerte im ersten Simulationslauf:

Mittlere Durchlaufzeit pro Auftrag	32 ZE
Zykluszeit	42 ZE
Maschinenstillstandszeit	33 ZE

Wird hingegen der Auftrag als erster bearbeitet, der die **größte Summe** noch **ausstehender Operationszeiten** aufweist, resultieren folgende Kennwerte:

Mittlere Durchlaufzeit pro Auftrag	47,6 ZE
Zykluszeit	54 ZE
Maschinenstillstandszeit	55 ZE

Die KOZ-Regel erfüllt also drei ablaufplanerische Ziele in diesem Beispiel besser als die Vergleichsregel. Die Zielsetzung Termineinhaltung wurde nicht beachtet, da die Termine nur willkürlich hätten festgesetzt werden können und damit keine Aussage erlaubt gewesen wäre. Die GANTT-Diagramme der Maschinenbelegung im ersten Simulationslauf zeigen die Abb. 44 und 45.

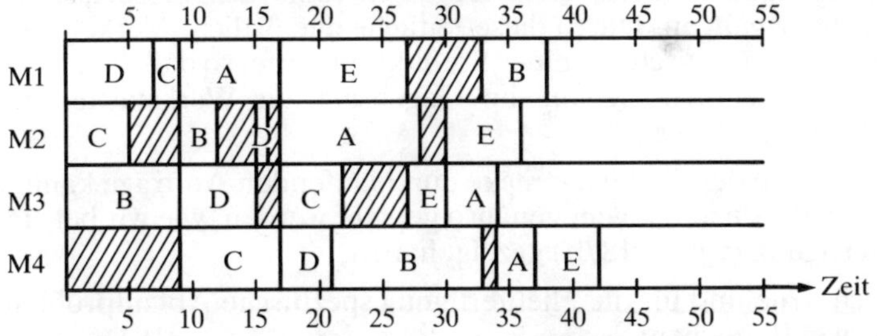

Abb. 44 GANTT-Diagramm bei Anwendung der KOZ-Regel

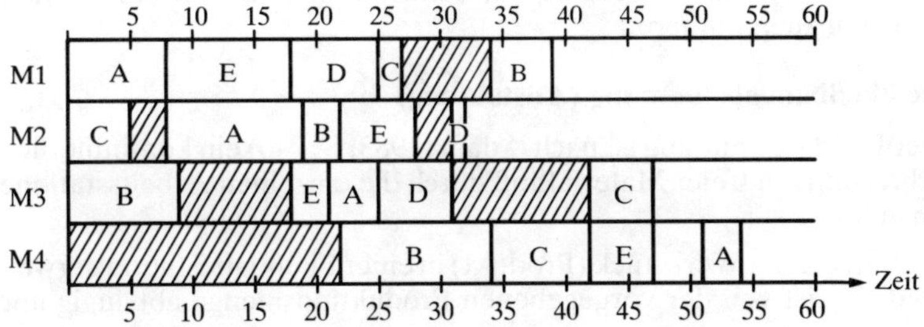

Abb. 45 GANTT-Diagramm bei Anwendung der Regel „Größte Summe der noch ausstehenden Bearbeitungszeiten“

Ein Simulationslauf ist jedoch für statistische Aussagen nicht ausreichend. Nach 20 Läufen ergibt sich folgendes Bild, das in Tab. 61 wiedergegeben ist. Die Indizes D, Z und M bedeuten Durchlauf-, Zyklus- und Maschinenstillstandszeit.

Tab. 61 Kennwerte von zwei Prioritätsregeln nach 20 Simulationsläufen

Kennwert	KOZ-Regel	Regel „größte Summe der noch ausstehenden Bearbeitungszeiten“
μ^D	33,07	38,65
s^D	4,35	5,08
μ^Z	46,60	47,35
s^Z	6,39	4,98
μ^M	74,20	77,20
s^M	21,52	14,44

Aus Tab. 61 geht hervor, daß die KOZ-Regel hier vorzuziehen ist, da sie bei allen drei Zielen bessere Ablaufplanungsergebnisse liefert als die Vergleichsregel.

III. Ablaufplanung bei Fließfertigung

Die Fließfertigung ist – wie wir von S. 85f wissen – eine lückenlose, also verkettete Folge von Arbeitsgängen. Durch diese zeitliche und örtliche Verkettung besteht die Fließfertigung praktisch aus einer Produktionsstufe, so daß die Probleme der mehrstufigen Maschinenbelegung im Gegensatz zur Werkstattfertigung hier nicht auftreten.

Die Reihenfolge der die Fließstrecke durchlaufenden Aufträge kann, falls die Umrüstkosten davon abhängen, genauso geplant werden, wie wir bei einstufiger Werkstattfertigung (vgl. S. 187ff) gezeigt haben.

Wesentlich neue und für die Fließfertigung spezifische Ablaufprobleme ergeben sich in zwei Bereichen:

- Fließbandabstimmung, d.h. Austaktung der Fließfertigung und
- Errichtung von Pufferlagern an den Bandstationen, um die Auswirkungen von Störungen zu minimieren.

a) Die Fließbandabstimmung (Austaktung)

Ziel der Bandabstimmung ist nach Adam (1983, S. 746) ein kontinuierlicher, von Unterbrechungen freier Materialfluß durch die einzelnen Arbeitsstationen eines Fließbandes.

Die Zeit, die ein Werkstück (Produkt) in einer Fließbandstation verweilt, heißt **Taktzeit**. Sie ist von der vorgegebenen Produktionsmenge abhängig und ergibt sich nach S. 86:

$$(133) \qquad \text{Taktzeit} = \frac{\text{Arbeitszeit pro Schicht}}{\text{Sollproduktion pro Schicht}} \times \text{Bandwirkungsfaktor}$$

Das Problem der Fließbandabstimmung besteht aus vier Komponenten (Adam 1983, S. 746):

- Planung der **Bearbeitungszeiten** der am Werkstück vorzunehmenden Arbeiten (Arbeitselemente),
- Festlegung der **Bearbeitungsreihenfolge** der einzelnen Arbeitselemente im technisch zulässigen Rahmen,
- Zusammenfassung der geordneten Arbeitselemente zu **Arbeitsoperationen** und ihre **Zuordnung** zu den einzurichtenden **Bandstationen**,
- Bestimmung der **Taktzeit** des Bandes.

Normalerweise sind die Bearbeitungszeiten durch das Produktionsverfahren und die Nutzungsintensität der Produktionsanlagen bestimmt, und die Taktzeit ergibt sich aus Gleichung (133).

Das eigentliche Ablaufplanungsproblem liegt in der **Reihenfolge** der Arbeitselemente und ihrer **Zuordnung** zu **Bandstationen**. Dies Problem läßt sich mit Hilfe des Branch and Bound-Verfahrens (Hansmann 1972c) lösen, was wir im folgenden anhand eines kleinen überschaubaren Zahlenbeispiels (Salveson, 1955) demonstrieren wollen.

Lösung der Bandabstimmung mit Branch and Bound

Wir gehen von acht Arbeitselementen aus, deren technisch mögliche Reihenfolge in Abb. 46 wiedergegeben ist.

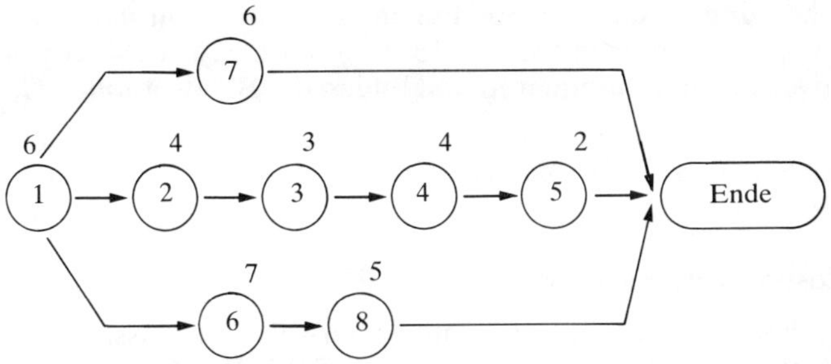

Abb. 46 Technisch mögliche Reihenfolge der Arbeitselemente zur Bandabstimmung

Die Knoten enthalten die Nummern der Arbeitselemente. Über den Arbeitselementen stehen die Bearbeitungszeiten. Die Pfeile geben die technisch zulässige Reihenfolge an. So kann z.B. Arbeitselement 6 parallel zu den Arbeitselementen 2, 3, 4 und 5 durchgeführt werden, muß aber vor Arbeitselement 8 beendet sein.

Aus der vorgegebenen Produktionsmenge pro Schicht leiten wir für unser Beispiel eine Taktzeit von T = 10 ZE pro ME ab.

Zunächst ermitteln wir die theoretisch minimale Anzahl von Bandstationen. Sie ergibt sich aus der Summe der Bearbeitungszeiten aller Arbeitselemente (37 ZE/ME) dividiert durch die Taktzeit (10 ZE/ME).

Da nur ganzzahlige Bandstationen eingerichtet werden können, beträgt die **theoretisch minimale** Anzahl somit 4 Stationen.

Könnten also die Arbeitselemente tatsächlich auf 4 Bandstationen verteilt werden, würde das Produkt in 40 ZE den Produktionsprozeß durchlaufen und dabei in 37 ZE bearbeitet werden.

Daraus errechnet sich die **Gesamtwartezeit** der Arbeitskräfte (W).

(134) W = Zahl der Bandstationen × Taktzeit − Summe der Bearbeitungszeiten

$= 4 \times 10 - 37 = 3$ ZE/ME

Dies ist somit die minimale Wartezeit bei 4 Bandstationen.

Das anzuwendende Branch and Bound-Verfahren geht nun in zwei Schritten vor:

- Suche nach einer guten zulässigen Lösung,
- Verbesserung der Lösung durch Prüfen alternativer Zuordnungen, wobei die zulässige Lösung als Abbruchkriterium des Verfahrens verwendet wird.

Schritt 1: Suche nach einer zulässigen Lösung

Es ist unser Ziel, die Arbeitselemente so zusammenzufassen und den Bandstationen zuzuordnen, daß die Wartezeit der Arbeitskräfte minimiert wird. Unser heuristisches Prinzip legt nahe, zunächst **benachbarte** Arbeitselemente in einer Bandstation zu kombinieren. Es muß jedoch darauf geachtet werden, daß die Taktzeit von der Gesamtbearbeitungszeit der kombinierten Arbeitselemente **nicht** überschritten wird. Daher können wir z.B. die Elemente 6 und 8 nicht kombinieren.

Unter Beachtung dieser Nebenbedingung vereinigen wir die Arbeitselemente 1 und 2 zur Bandstation A und 3, 4 und 5 zur Station B. Die Arbeitselemente 6, 7 und 8 lassen sich nicht kombinieren und bilden die Bandstationen C, D und E.

Diese Kombination ist eine zulässige Lösung mit **5 Bandstationen** und einer Gesamtwartezeit **W = 13 ZE/ME**. Sie dient im folgenden Schritt als Abbruchkriterium für Verbesserungsversuche.

Schritt 2: Lösungsverbesserung

Man beginnt beim theoretischen und möglicherweise unzulässigen Minimum von 4 Stationen und einer Wartezeit von W = 3 ZE/ME. Man kombiniert die Arbeitselemente in der numerischen Reihenfolge (1, 2, .., 8) und speichert die Gesamtwartezeit W. Sobald W > 3 gilt, kommen wir mit 4 Stationen nicht mehr aus, da dann mindestens 41 ZE/ME (einschließlich Bearbeitung) verbraucht werden. Einen solchen Lösungsaufbau brauchen wir nicht weiterzuverfolgen, da er unsere Ausgangslösung mit 5 Stationen nicht verbessern kann (Abbruchkriterium).

Wir verfolgen den Ablauf des Verfahrens an dem graphischen **Entscheidungsbaum**, der in Abb. 47 wiedergegeben ist. Jeder Knoten enthält die Nummern der zu einer Station zusammengefaßten Arbeitselemente. Oberhalb des Knotens steht die Wartezeit, die durch alle auf diesem Zweig des Entscheidungsbaums vom Start bis zu diesem Knoten realisierten Zusammenfassungen zu Stationen verursacht wird.

Unterhalb ist die Anzahl der dadurch mindestens benötigten Bandstationen angegeben.

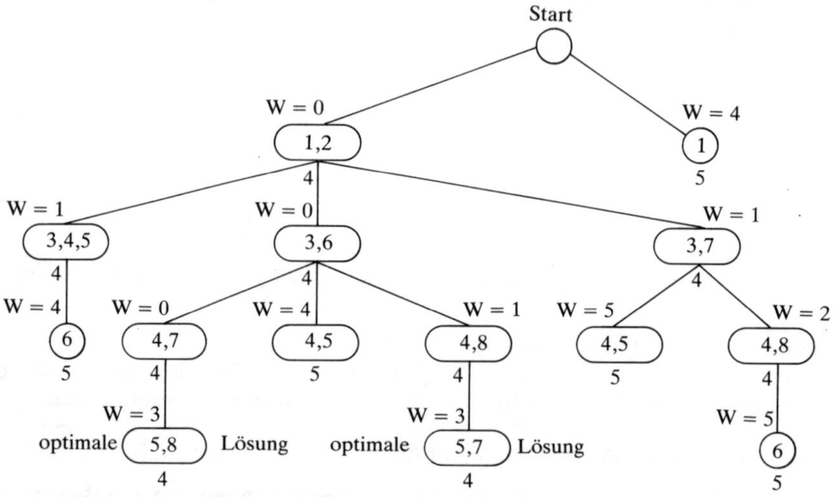

Abb. 47 Entscheidungsbaum zur Fließbandabstimmung

Der Entscheidungsbaum zeigt, daß wir **zwei optimale** zulässige Lösungen gefunden haben, die beide mit **vier Bandstationen** und einer Gesamtwartezeit von **W = 3 ZE/ME** auskommen.

Die **erste** optimale Lösung besteht aus den Bandstationen

A mit den Arbeitselementen 1 und 2
B mit den Arbeitselementen 3 und 6
C mit den Arbeitselementen 4 und 7
D mit den Arbeitselementen 5 und 8.

Die **zweite** optimale Lösung besteht aus den Bandstationen

A mit den Arbeitselementen 1 und 2
B mit den Arbeitselementen 3 und 6
C mit den Arbeitselementen 4 und 8
D mit den Arbeitselementen 5 und 7.

Zur Erläuterung des Branch and Bound-Verfahrens sei der Lösungsweg für die erste optimale Lösung kurz nachgezeichnet. Wir fassen die Elemente 1 und 2 mit $6 + 4 = 10$ ZE/ME Bearbeitungszeit zu einer Station zusammen und haben damit noch keine Wartezeit, da die Taktzeit von 10 ZE/ME gerade verbraucht ist. Die Zusammenfassung von 3 und 6 zur zweiten Station ergibt ebenfalls 10 ZE/ME und noch keine Wartezeit. Dasselbe gilt für die Kombination 4 und 7 zur dritten Station. Erst die Bildung der vierten Station mit 5 und 8 ergibt eine Wartezeit von 3 ZE/ME, da die Taktzeit nicht ausgenutzt wird. In gleicher Form wurden die anderen Knoten des Entscheidungsbaums berechnet.

Während des ganzen Verfahrens muß darauf geachtet werden, daß beim Zusammenfassen von Elementen die Taktzeit nicht überschritten wird.

b) Einrichtung von Pufferlagern an den Bandstationen

Nach Einrichtung der Bandstationen auf der ganzen vorgesehenen Fließstrecke kann der Produktionsprozeß im Rhythmus der Taktzeit ablaufen. Fällt jedoch vorübergehend eine Bandstation aus, so steht das gesamte Fließband still.

Diese störungsbedingte Stillstandszeit kann vermindert werden, wenn vor der gestörten Station ein Pufferlager aufgebaut und hinter der gestörten Station ein Pufferlager abgebaut wird. Das Fließband kann dadurch noch eine begrenzte Zeit weiterlaufen.

Pufferlager haben zwei gegensätzliche Wirkungen:

- sie senken durch Verringerung der Stillstandszeit und Verbesserung des Materialdurchflusses die **Kapitalbindungskosten** (schnellerer Erlöseingang),
- sie belegen Raum und verursachen **Lagerkosten**.

Es gilt daher folgende **Zielsetzung**:

Die Pufferlager sind so zu dimensionieren, daß die Summe aus **Pufferlagerkosten, Kapitalbindungskosten** und durch Bandstillstand verursachte **Opportunitätskosten** (entgangener Gewinn) minimiert wird.

Um dieses Ziel zu verwirklichen, sind drei Probleme zu lösen, nämlich

- die Zahl der Pufferlager,
- den Standort der Pufferlager und
- die Kapazität der Pufferlager

zu bestimmen.

Eine analytische Methode, diese Probleme zu lösen, gibt es nicht, da die komplizierte Zielfunktion und viele Einflußfaktoren dies verhindern.

Wir müssen daher auch hier **heuristisch** vorgehen. Man konstruiert ein **Simulationsmodell** für eine bestimmte Zahl von Pufferlagern mit Standortvorgabe und Kapazitätsbegrenzung.

Durch Simulation von Störungen auf der Basis von empirisch ermittelten Ausfall-Verteilungsfunktionen der Bandstationen errechnet man eine mittlere Bandstillstandszeit mit zugehöriger Standardabweichung und Konfidenzintervall.

Auf diese Weise können mehrere Zahl-, Standort- und Kapazitätsvorgaben für die Pufferlager eines Fließbandes getestet und die günstigste Kombination ausgewählt werden. Für diese Auswahl ist die Zielsetzung von S. 205 zugrunde zu legen. Wegen Einzelheiten zu diesem Verfahren, das natürlich nicht die optimale Dimensionierung der Pufferlager finden, sondern nur die günstigste der getesteten Lösungen sichtbar machen kann, sei auf Domke (1966) verwiesen.

Schlußbetrachtung

In diesem Lehrbuch wurde versucht, dem Leser die wesentlichen Erkenntnisse und die repräsentativen Methoden der modernen Industriebetriebslehre in gestraffter Form und praxisorientierter Ausrichtung zu vermitteln.

Grundlage der Untersuchung war das Konzept, den Entscheidungsprozeß eines Industriebetriebs aus der Sicht der strategischen und der operativen Unternehmensführung zu beschreiben. Innerhalb des strategischen Managements wurde besonderer Wert auf die Analyse der langfristigen Markt- und Produktionsprogrammentscheidungen gelegt, da hiervon die Existenzsicherung des Industriebetriebs in hohem Maße abhängt.

Eine leistungsfähige langfristige Absatzprognose zur rechtzeitigen Erkennung der Marktchancen und des Gewinnpotentials der Unternehmung sowie die konsequente Anwendung der Produktinnovationsstrategien sind Voraussetzung einer zieladäquaten Entscheidung über die langfristig zu besetzenden Produktfelder (Produktionsprogramm).

Auf der Grundlage dieser Programmentscheidungen wurden anschließend die strategischen Entscheidungen über das Produktionsverfahren (Standort, Organisationsformen der Produktion und Beschaffung der Produktionsanlagen) untersucht.

Für das operative Management sind die durch strategische Entscheidungen festgelegten Produktfelder und Produktionsverfahren Rahmenbedingungen, innerhalb derer sich die kurz- und mittelfristige Planung bewegen muß. Das gilt insbesondere für die Personal- und die kurzfristige Produktionsplanung.

Da eine simultane Produktionsplanung für eine praxisorientierte Industriebetriebslehre wegen der zu komplizierten Modellstrukturen nicht operational ist, wurden die Teilbereiche Materialbereitstellung, Lagerwirtschaft und Ablauforganisation sukzessive analysiert, wobei der vorangehende Bereich jeweils die Rahmenbedingungen für den nachfolgenden setzte.

Auf der Grundlage dieses Konzepts sollte die ökonomische Aktivität des Industriebetriebs von der Abschätzung der Marktchancen in den potentiellen Produktfeldern über die Wahl der Produktionsverfahren bis hin zur konkreten zeitlichen und räumlichen Ablaufplanung bei einer Fließfertigung in geschlossener Form und einheitlicher Konzeption sichtbar gemacht werden. Der Verfasser hofft, daß es ihm gelungen ist, in diesem Lehrbuch die thematische Weite der industriebetrieblichen Problemstellungen, ihre gegenseitigen engen Beziehungen und darüber hinaus die innere Einheit der Industriebetriebslehre herauszuarbeiten und hinreichend zu verdeutlichen.

Literaturverzeichnis

Adam, D. (1969): Produktionsplanung bei Sortenfertigung, Wiesbaden 1969.

Adam, D. (1976): Produktionspolitik, Wiesbaden 1976.

Adam, D. (1983): Produktionsdurchführungsplanung, in: Industriebetriebslehre, 2. Aufl., Hrsg.: Jacob, H., Wiesbaden 1983.

Albach, H. (1978): Strategische Unternehmensplanung bei erhöhter Unsicherheit, in: Zeitschrift für Betriebswirtschaft, 48. Jg., 1978, Nr. 8, S. 702-738.

Andler, K. (1929): Rationalisierung der Fabrikation und optimale Losgröße, Dissertation, Stuttgart 1929.

Aubin, H., Zorn, W. (1971): Handbuch der Deutschen Wirtschafts- und Sozialgeschichte, Bd. 1, Stuttgart 1971.

Aubin, H., Zorn, W. (1976): Handbuch der Deutschen Wirtschafts- und Sozialgeschichte, Bd. 2, Stuttgart 1976.

Backhaus, K. (1979): Fertigungsprogrammplanung, Stuttgart 1979.

Bendeich, E. (1974): Fertigungssteuerung mit Systemen der zentralen Arbeitsverteilung (ZAV), in: Arbeitsvorbereitung, 11. Jg., 1974, S. 167-172.

Berthel, J. (1979): Personal-Management, Stuttgart 1979.

Bleicher, K., Meyer, E. (1976): Führung in der Unternehmung, Reinbek bei Hamburg 1976.

Bloech, J.; Lücke, W. (1981): Produktionswirtschaft, Göttingen 1981.

Böcker, F., Thomas, L. (1981): Marketing, Stuttgart 1981.

Böhrs, H. (1959): Leistungslohn, Wiesbaden 1959.

Brockhoff, K. (1981): Produktpolitik, Stuttgart-New York 1981.

Buddenberg, H. (1982): Strategieplanung und -umsetzung am Beispiel der Deutschen BP Aktiengesellschaft, in: Schriften zur Unternehmensführung, Bd. 29, Strategisches Management 1, Hrsg.: Jacob, H., Wiesbaden 1982.

Bundesminister für Verkehr (1983): Verkehr in Zahlen, Bonn 1983.

Campbell, H. G., Dudek, R. A. (1970): A Heuristic Algorithim for the n job m Machine Problem, in: Management Science, Vol. 16, S. B-630ff

Conway, R. W., Maxwell, W. L., Miller, L. W. (1967): Theory of Scheduling, Reading-Palo Alto-London 1967.

Czeranowsky, G. (1974): Programmplanung bei Auftragsfertigung unter besonderer Berücksichtigung des Terminwesens, Wiesbaden 1974.

Czeranowsky, G. (1975): Ein Lösungsansatz zur simultanen Programm- und Ablaufplanung bei Einzelfertigung, in: Zeitschrift für Betriebswirtschaft, 45. Jg., 1975, S. 353-370.

Dellmann, K. (1974): Ein heuristisches Modell zur gewinnmaximalen Seriengrößen- und Seriensequenzplanung, in: Zeitschrift für Betriebswirtschaft, 44. Jg., 1974, S. 139ff.

Dielmann, K. (1981): Betriebliches Personalwesen, Stuttgart 1981.

Dinkelbach, W. (1977): Ablaufplanung in entscheidungstheoretischer Sicht, in: Zeitschrift für Betriebswirtschaft, 47. Jg., 1977, S. 545-566.

Domke, E. (1966): Betriebswirtschaftliche Probleme bei der Integration automatischer Aggregate zu Fertigungsketten, Dissertation, Hamburg 1966.

Domschke, W. (1982): Logistik: Rundreise und Touren, München-Wien 1982.

Domschke, W., Drexl, A. (1984): Logistik: Standorte, München-Wien 1984.

v. **Eckardstein, D., Schnellinger, F.** (1978): Betriebliche Personalpolitik, 3. Aufl., München 1978.

Fandel, J. (1980): Zum Stand der betriebswirtschaftlichen Theorie der Produktion, in: Zeitschrift für Betriebswirtschaft, 50. Jg., 1980, S. 86-111.

Florian, M.; Klein, M. (1971): Deterministic Production Planning with Concave Costs and Capacity Constraints, in: Management Science, Vol. 18, 1971, S. 12-20.

Gerlach, H. H. (1975): Stücklistenwesen, in: Handbuch der modernen Fertigung und Montage, Hrsg.: Brankamp, H., München 1975.

Grochla, E. (1978): Grundlagen der Materialwirtschaft, 3. Aufl., Wiesbaden 1978.

Große-Oetringhaus, W. F. (1974): Fertigungstypologie unter dem Gesichtspunkt der Fertigungsablaufplanung, Berlin 1974.
Gutenberg, E. (1976): Grundlagen der Betriebswirtschaftslehre, Bd. 1: Die Produktion, 22. Aufl., Berlin-Heidelberg-New York 1976.
Hahn, D. (1972): Industrielle Fertigungswirtschaft in entscheidungs- und systemtheoretischer Sicht, in: Zeitschrift für Organisation, 41. Jg., 1972, Teil 1, S. 269-278, Teil 2, S. 369-370, Teil 3, S. 427-439.
Hammer, E. (1977): Industriebetriebslehre, 2. Aufl., München 1977.
Hansmann, K.-W. (1972a): Dynamische Optimierung, in: WISU, 1. Jg., 1972, H. 1, S. 7-12.
Hansmann, K.-W. (1972b): Fallstudien 1 und 2 zur dynamischen Optimierung, in: WISU, 1. Jg., 1972, Teil I: H. 3, S. 113-114, Teil II: H. 4, S. 163-164.
Hansmann, K.-W. (1972c): Das Branch and Bound-Verfahren, in: WISU, 1. Jg., 1972, H. 7, S. 305-310.
Hansmann, K.-W. (1974): Entscheidungsmodelle zur Standortplanung der Industrieunternehmen, Wiesbaden 1974.
Hansmann, K.-W. (1975): Ganzzahlige Optimierung, in: WISU, 4. Jg., 1975, Teil I: H. 1, S. 6-11, Teil II: H. 2, S. 56-60, Teil III: H. 3, S. 105-108.
Hansmann, K.-W. (1980): Die Anwendung der Spektral- und Regressionsanalyse bei der Absatzprognose von Zeitschriften, in: Angewandte Prognoseverfahren, Hrsg.: Schwarze, J., Herne-Berlin 1980, S. 231-244.
Hansmann, K.-W. (1982): Eine empirische Untersuchung des deutschen Biermarktes mit multivariaten Analysemethoden, in: Proceedings in Operations Research, Nr. 11, Würzburg-Wien 1982.
Hansmann, K.-W., Paetow, G., Zetsche, W. (1983): Darstellung und Anwendung der Multi-Dimensionalen Skalierung, in: WISU, 12. Jg., 1983, Teil I: H. 1, S. 22-27, Teil II: H. 2, S. 69-72, Teil III: H. 3, S. 111-114.
Hansmann, K.-W. (1983): Kurzlehrbuch Prognoseverfahren, Wiesbaden 1983.
Hansmann, K.-W. (1984): Die langfristige Entwicklung des Einsatzes von Industrierobotern in der BRD, in: Forschungspapier Nr. 2 des Instituts für Industriebetriebsforschung der Hochschule der Bundeswehr Hamburg, Hamburg 1984.
Hansmeyer, K.-H., Rürup, B. (1973): Umweltgefährdung und Gesellschaftssystem, in: Wirtschaftspolitische Chronik, H. 2, Köln 1973.
Hanssmann, F. (1982): Quantitative Betriebswirtschaftslehre, München-Wien 1982.
Hartmann, H. (1978): Materialwirtschaft, Gernsbach 1978.
Heinen, E. (1983): Industriebetriebslehre, 7. Aufl., Wiesbaden 1983.
Heinen, E. (1982): Industriebetriebslehre – Arbeitsbuch, Wiesbaden 1982.
Hemphill, J. K. (1950): Leader Behaviour Discription, Personell Research Board, Columbus (Ohio) 1950.
Hertz, D. B., Carlson, Ph. G. (1963): Selction, Evaluation and Control of Research and Development, in: Operations Research and Development, Proceedings of a Conference at Case Institute of Technology, Hrsg.: Dean, B. V., New York-London 1963.
Hilke, W. (1978): Zielorientierte Produktions- und Programmplanung, Neuwied 1978.
Hinterhuber, H. H. (1980): Strategische Unternehmensführung, Berlin-New York 1980.
Hoffmann, W. G. (1965): Das Wachstum der deutschen Wirtschaft seit der Mitte des 19. Jahrhunderts, Berlin-Heidelberg 1965.
Hoss, K. (1965): Fertigungsablaufplanung mittels operationsanalytischer Methoden, Würzburg-Wien 1965.
Hummeltenberg, W. (1981): Optimierungsmethoden zur betrieblichen Standortwahl, Würzburg-Wien 1981.
Jacob, H. (1976): Zur Standortwahl der Unternehmung, 3. Aufl., Wiesbaden 1976.
Jacob, H. (1979): Kurzlehrbuch Investitionsrechnung, 2. Aufl., Wiesbaden 1979.
Jacob, H. (Hrsg.) (1982): Schriften zur Unternehmensführung, Bd. 29: Strategisches Management 1, Wiesbaden 1982.
Jacob, H. (Hrsg.) (1983): Industriebetriebslehre, 2. Aufl., Wiesbaden 1983.
Johnson, S. M. (1954): Optimal Two- and Three-Stage Production Schedules with Setup-Times Included, in: Naval Research Logistics Quarterly, (1) 1954, S. 61ff.

Kahle, E. (1980): Produktion, München-Wien 1980.
Kalveram, W. (1972): Industriebetriebslehre, Wiesbaden 1972.
Kellenbenz, H. (1977): Deutsche Wirtschaftsgeschichte, Bd. I, München 1977.
Kellenbenz, H. (1981): Deutsche Wirtschaftsgeschichte, Bd. II, München 1981.
Kern, W. (1980): Industrielle Produktionswirtschaft, Stuttgart 1980.
Kilger, W. (1973): Optimale Produktions- und Absatzplanung, Opladen 1973.
Kortzfleisch, G. (1983): Systematik der Produktionsmethoden, in: Industriebetriebslehre, 2. Aufl., Hrsg.: Jacob, H., Wiesbaden 1983.
Kotler, P. (1977): Marketing Management, 2. Aufl., Stuttgart 1977.
Kreikebaum, H. (1981): Strategische Unternehmensplanung, Stuttgart-Berlin-Köln-Mainz 1981.
Kruschwitz, L. (1978): Investitionsrechnung, Berlin 1978.
Krycha, K. Th. (1978): Produktionswirtschaft, Bielefeld-Köln 1978.
Küpper, W., Lüder, K., Streitferdt, L. (1975): Netzplantechnik, Würzburg 1975.
Kuhn, H. W. (1965): Locational Problems and Mathematical Programming, in: Colloquium an Applications of Mathematics and Economics, Hrsg.: Prékopa, A., Budapest 1965.
Landes, D. S. (1973): Der entfesselte Prometheus, Köln 1973.
Lange, Chr. (1978): Umweltschutz und Unternehmensplanung, Wiesbaden 1978.
Lewandowski, R. (1974): Prognose- und Inforamtionssysteme und ihre Anwendung, Bd. 1, Berlin-New York 1974.
Lewandowski, R. (1980): Prognose- und Informationssysteme und ihre Anwendung, Bd. 2, Berlin-New York 1980.
Lücke, W. (1983): Arbeitsleistung, Arbeitsbewertung, Arbeitsentlohnung, in: Industriebetriebslehre, 2. Aufl., Hrsg. Jacob, H., Wiesbaden 1983.
Lüder, K. (1983): Standortwahl, in: Industriebetriebslehre, 2. Aufl., Hrsg.: Jacob, H., Wiesbaden 1983.
Lütge, F. (1966): Deutsche Sozial- und Wirtschaftgeschichte, Berlin-Heidelberg 1966.
Mäckbach, F., Kienzle, O. (Hrsg.) (1926): Fließarbeit, Berlin 1926.
Makridakis, S., Wheelwright, S. C. (1978): Forcasting, Methods and Applications, New York 1978.
Meffert, H., Steffenhagen, H. (1977): Marketing-Prognosemodelle, Stuttgart 1977.
Mellerowicz, K. (1981a): Betriebswirtschaftslehre der Industrie, Bd. I: Grundfragen und Führungsprobleme industrieller Betriebe, 7. Aufl., Freiburg i. Br. 1981.
Mellerowicz, K. (1981b): Betriebswirtschaftslehre der Industrie, Bd. II: Die Funktionen des Industriebetriebes, 7. Aufl., Freiburg i.Br. 1981.
Mertens, P. (1978): Industrielle Datenverarbeitung, Bd. 1: Administrations- und Dispositionssysteme, 3. Aufl., Wiesbaden 1978.
Mertens, P., Giese, J. (1979): Industrielle Datenverarbeitung, Bd. 2: Informations- und Planungssysteme, 2. Aufl., Wiesbaden 1979.
Mertens, P. (Hrsg.) (1981): Prognoserechnung, 4. Aufl., Würzburg-Wien 1981.
Müller-Merbach, H. (1983): Operations Research, 3. Aufl., 7. Nachdruck, München 1983.
Oberhoff, W. D. (1975): Integrierte Produktionsplanung, Deterministische Entscheidungsmodelle zur Planung optimaler Losgrößen und des optimalen Produktionsprogrammes, Bochum 1975.
Poensgen, O. H., Hort, H. (1983): F + E-Aufwand, Firmensituation und Firmenerfolg, in: Zeitschrift für betriebswirtschaftliche Forschung, 35. Jg., 1983, H. 2, S. 73-93.
Pressmar, D. B. (1974): Stationäre Planung und Losgrößenanalyse, in: Zeitschrift für Betriebswirtschaft, 44. Jg., 1974, S. 729ff.
Pressmar, D. B. (1977): Zur optimalen Bestimmung einer nichtstationären Losgrößenpolitik unter Berücksichtigung von Verzugsmengenkosten, in: Zeitschrift für Betriebswirtschaft, 47. Jg., 1977, S. 609ff.
Reichwald, R., Sievi, Chr. (1981): Produktionswirtschaft, in: Industriebetriebslehre, 7. Aufl., Hrsg.: Heinen, E., Wiesbaden 1983.
Reisch, K. (1979): Industriebetriebslehre, Wiesbaden 1979.
Salveson, M. E. (1955): The Assembly Line Balancing Problem, in: Journal of Industrial Engineering, Vol. 6

Sand, H. (1973): Fragen zur Arbeitszufriedenheit, in: Management International Review, 13. Jg., 1973, S. 45-64.

Schäfer, E. (1978): Der Industriebetrieb, 2. Aufl., Wiesbaden 1978.

Schierenbeck, H. (1980): Grundzüge der Betriebswirtschaftslehre, 5. Aufl., München-Wien 1980.

Schneefeld, W. (1978): Die wirtschaftliche Bestellmenge, München 1978.

Schneeweiss, H. (1978): Ökonometrie, 3. Aufl., Würzburg-Wien 1978.

Schuchard-Ficher, C., Backhaus, K., Humme, U., Lohrberg, W., Plinke, W.; Schreiner, W. (1980): Multivariate Analysemethoden, Berlin-Heidelberg-New York 1980.

Schütz, W. (1975): Methoden der mittel- und langfristigen Prognose, München 1975.

Seelbach, H. (1975): Ablaufplanung, Würzburg-Wien 1975.

Statistisches Bundesamt: Statistisches Jahrbuch der Bundesrepublik Deutschland, lfd. Jahrgänge.

Stefanic-Allmayer, K. (1927): Die günstigste Bestellmenge beim Einkauf, in: Zeitschrift für wirtschaflichen Betrieb, Wien 1927, S. 504-508.

Steffen, R. (1976): Produktionsplanung bei Fließbandfertigung, Wiesbaden 1976.

Steinhausen, D., Langer, K. (1977): Clusteranalyse, Berlin 1977.

Strebel, H. (1980): Umwelt und Betriebswirtschaft, Berlin 1980.

Taff, C. A. (1968): Management of Traffic and Physical Distribution, Homewood 1968.

Taylor, F. W. (1911): The Principles and Methods of Scientific Management, New York 1911.

Vazsonyi, A. (1962): Die Planungsrechnung in Wirtschaft und Industrie, Wien-München 1962.

VDI (1975): VDI-Richtlinie 3590, Blatt 1: Komissionierungssysteme, Düsseldorf 1975.

Volkswagenwerk AG (1981): Festschrift zur Produktion des 20-millionsten VW-Käfers, Wolfsburg 1981.

Voss, E. (1981): Industriebetriebslehre für Ingenieure, 4. Aufl., München-Wien 1981.

Weber, A. (1922): Über den Standort der Industrie, Tübingen 1922.

Winters, P. R. (1960): Forecasting Sales by Exponentially Weighted Mooving Averages, in: Management Science, Vol. 6, 1960, S. 324-342.

Wöhe, G. (1981): Einführung in die Allgemeine Betriebswirtschaftslehre, 14. Aufl., München 1981.

Zäpfel, G. (1975): Ausgewählte fertigungswirtschaftliche Optimierungsprobleme von Fließfertigungssystemen, Berlin-Köln-Frankfurt a.M. 1975.

Zäpfel, G. (1982): Produktionswirtschaft, Berlin-New York 1982.

Zimmer, D. E. (1975): Der Streit um die Intelligenz, München-Wien 1975.

Zoller, K. (1980): Effiziente Bestellpolitik in Mehrproduktlägern, in: Proceedings in Operations Research, Nr. 9, 1980, S. 79-85.

Zoller, K. (1982): Zur Bereitstellung und Nutzung von Lagerraum, in: Zeitschrift für betriebswirtschaftliche Forschung, 34. Jg., 1982, H. 1, S. 83-102.

Zwicky, F. (1971): Entdecken, Erfinden, Forschen im morphologischen Weltbild, München-Zürich 1971.

Stichwortregister